66/
2416/11

MARKUS SÖHNCHEN

Die historische Entwicklung der rechtlichen Gründungsvoraussetzungen von Handels- und Aktiengesellschaften

D1935531

Schriften zur Rechtsgeschichte

Heft 118

Die historische Entwicklung der rechtlichen Gründungsvoraussetzungen von Handels- und Aktiengesellschaften

Von

Markus Söhnchen

Duncker & Humblot · Berlin

Der Fachbereich Rechtswissenschaft der FernUniversität – GH Hagen
hat diese Arbeit im Jahre 2002 als Dissertation angenommen.

Bibliografische Information Der Deutschen Bibliothek

Die Deutsche Bibliothek verzeichnet diese Publikation in
der Deutschen Nationalbibliografie; detaillierte bibliografische
Daten sind im Internet über <http://dnb.ddb.de> abrufbar.

Ausgeschieden
HTW Berlin
Karlshorst
Bibliothek
11/1742

Alle Rechte vorbehalten
© 2005 Duncker & Humblot GmbH, Berlin
Fremddatenübernahme: L101 Mediengestaltung, Berlin
Druck: AZ Druck und Datentechnik GmbH, Kempten (Allgäu)
Printed in Germany

ISSN 0720-7379
ISBN 3-428-11099-4

Gedruckt auf alterungsbeständigem (säurefreiem) Papier
entsprechend ISO 9706 ♾

Internet: http://www.duncker-humblot.de

Vorwort

Die vorliegende Arbeit wurde im Sommersemester 2002 von dem Fachbereich Rechtswissenschaft der Fernuniversität – Gesamthochschule-Hagen als Dissertation angenommen. Das Manuskript wurde im April 2002 in Wien abgeschlossen.

Mein besonderer Dank gilt Herrn Professor Dr. Ulrich Eisenhardt, der die Arbeit angeregt und stets kritisch betreut hat. Herrn Professor Dr. Eberhard v. Olshausen danke ich für die zügige Erstellung des kenntnisreichen Zweitgutachtens. Des weiteren gilt mein besonderer Dank auch Herrn Professor Dr. Thomas M. J. Möllers, der mir promotionsbegleitend die Gelegenheit gab, als wissenschaftlicher Mitarbeiter an seinem Lehrstuhl an der Juristischen Fakultät der Universität Augsburg tätig zu sein, und mir im Rahmen meiner Tätigkeit die notwendige Freiheit für die Anfertigung dieser Arbeit ließ. Die vorliegende Arbeit ist zu großen Teilen während meiner Zeit in Augsburg entstanden.

Ein großer Dank geht an meine Ehefrau Ilka und an meine Eltern Dietrich und Monika Söhnchen für die sehr wertvolle Unterstützung während der langen Jahre meines Studiums. Danken möchte ich auch meinen Großeltern Hans und Ursula Trecker, meiner Tante Karin Söhnchen sowie meinen Schwiegereltern für ihre ebenfalls wertvolle Unterstützung.

Frankfurt am Main, im Oktober 2002 *Markus Söhnchen*

Inhaltsverzeichnis

Zweiter Teil

Die historische Entwicklung der rechtlichen Voraussetzungen für die Gründung von Aktiengesellschaften

Erster Abschnitt

Die brandenburgischen Handelskompagnien des 17. und 18. Jahrhunderts

Zweiter Abschnitt

Die Gründung von Aktiengesellschaften im 19. Jahrhundert unter dem ALR und dem Konzessionssystem 133

Abkürzungsverzeichnis

A.	Auflage
a. A.	andere Auffassung
a. a. O.	am angegebenen Ort
ABGB	Allgemeines Bürgerliches Gesetzbuch von 1811
ABl.	Amtsblatt
Abs.	Absatz
ADHGB	Allgemeines deutsches Handelsgesetzbuch
a. E.	am Ende
a. F.	alter Fassung
AG	Aktiengesellschaft
AJM	Allgemeine Juristische Monatsschrift für die preußischen Staaten
AktG	Aktiengesetz
ALR	Allgemeines Landrecht für die preußischen Staaten von 1794
Alt.	Alternative
Anm.	Anmerkung
Art.	Artikel
badisches HGB	Anhang von den Handelsgesetzen zum Landrecht für das Großherzogtum Baden von 1809
Bd.	Band
BGBl.	Bundesgesetzblatt
Bl.	Blatt
bzw.	beziehungsweise
CCom	Code de Commerce
CMBC	Codex Maximilianeus Bavaricus Civilis
D.	Digestenstelle
ders.	derselbe
d.h.	das heißt
Diss.	Dissertation
dt.	deutsch
e. g.	exempli gratia (zum Beispiel)
EG	Europäische Gemeinschaften
f.	folgende
ff.	fortfolgende
Fn.	Fußnote
FS	Festschrift
Gai.	Gaius

GmbH	Gesellschaft mit beschränkter Haftung
GmbHG	Gesetz betr. die Gesellschaft mit beschränkter Haftung
GS	Gesetzessammlung für die königlich Preußischen Staaten
GStA	Geheimes Staatsarchiv
HGB	Handelsgesetzbuch
HRG	Handwörterbuch der Rechtsgeschichte
Hrsg.	Herausgeber
i. S. d.	im Sinne des
i. V. m.	in Verbindung mit
Jhdt.	Jahrhundert
JuS	Juristische Schulung
JW	Juristische Wochenschrift
KG	Kommanditgesellschaft
KGaA	Kommanditgesellschaft auf Aktien
LRS	Landrechtssatz
m. E.	meines Erachtens
Mrd.	Milliarde
m. w. N.	mit weiteren Nachweisen
NDB	Neue Deutsche Biographie
n. F.	neue Fassung
NJW	Neue Juristische Wochenschrift
Nr.	Nummer
NSRA	Neue Sammlung der Reichsabschiede
OHG	Offene Handelsgesellschaft
PrAktG	Preußisches Aktiengesetz von 1843
PrEisenbahnG	Preußisches Eisenbahngesetz von 1838
Prot.	Protokolle
RA	Reichsabschied
RAG	Rheinischer Appellationsgerichtshof zu Köln
Rdn.	Randnummer
RG	Reichsgericht
RGBl.	Reichsgesetzblatt
ROHG	Reichsoberhandelsgericht
ROHGE	Entscheidungen des Reichsoberhandelsgerichts
RPO	Reichspolizeiordnung
S.	Seite
s.	siehe
s. o.	siehe oben
Tit.	Titel
u. a.	unter anderem
Ulp.	Ulpian

v.	von
vgl.	vergleiche
VO	Verordnung
VSWG	Vierteljahresschrift für Sozial- und Wirtschaftsgeschichte
z.B.	zum Beispiel
ZGR	Zeitschrift für Gesellschafts- und Unternehmensrecht
ZHR	Zeitschrift für das gesamte Handels- und Konkursrecht
Ziff.	Ziffer
zit.	zitiert
ZRG GA	Zeitschrift der Savigny-Stiftung für Rechtsgeschichte, Germanistische Abteilung

Einleitung

Das Gründungsrecht von Gesellschaften zum Betrieb eines Unternehmens ist auch in jüngster Zeit Gegenstand gesetzgeberischer Maßnahmen gewesen. Am Beispiel der Aktiengesellschaft wird dies besonders deutlich. Durch das Gesetz für kleine Aktiengesellschaften und zur Deregulierung des Aktienrechts von 1994 wurde die Möglichkeit geschaffen, Aktiengesellschaften auch als Einpersonengesellschaften zu gründen.[1] Damit wurde die seit der Aktienrechtsreform von 1884 über 100 Jahre unverändert bestehende Rechtslage geändert, nach der zur Gründung einer Aktiengesellschaft mindestens fünf Gründer notwendig waren.

Das Gründungsrecht der OHG und der KG ist ebenfalls in jüngster Zeit Gegenstand gesetzgeberischer Maßnahmen gewesen. Durch die Änderung des § 1 HGB im Rahmen der Handelsrechtsreform von 1998[2] und den Wegfall des engen Katalogs der Grundhandelsgewerbe kommt des für den Abschluß des für die Gründung einer OHG bzw. KG konstitutiven Gesellschaftsvertrags nicht mehr darauf an, daß der Gesellschaftszweck als notwendiger Vertragsbestandteil i.S.d. §§ 105 HGB, 705 BGB grundsätzlich den Betrieb eines Grundhandelsgewerbes erfassen muß. Der Gesellschaftszweck, d.h. der Betrieb eines Handelsgewerbs, muß sich nur noch ganz allgemein auf den Betrieb eines Gewerbes i.S.d. § 1 HGB beziehen.[3] Dadurch ist die rechtliche Möglichkeit, Personenhandelsgesellschaften als Unternehmensträger gründen zu können, nicht unerheblich erweitert worden.[4] Praktische Auswirkungen hat diese Änderung u.a. für Arbeitsgemeinschaften großer Bauunternehmen zur Ausführung gemeinsamer Bauprojekte auf Großbaustellen. Solche Zusammenschlüsse waren wegen der Nichtberücksichtigung des Bauunternehmens als Grundhandelsgewerbe i.S.d. § 1 Abs. 2 HGB a.F.[5] grundsätzlich nur BGB-Gesellschaften. Durch die Ausweitung des Kaufmannsbegriffs auf alle gewerblichen Tätigkeiten werden nun auch Bauunternehmen von § 1 HGB n.F. erfaßt. Die Gründung von

---

1 Gesetz v. 2.8.1994 (BGBl. I S. 1961).

2 BGBl. I 1998, S. 1474.

3 Vgl. *K. Schmidt,* Handelsrecht, S. 297.

4 Vgl. *K. Schmidt,* in: NJW 1998, S. 2164 und *Körber,* in: Jura 1998, S. 454.

5 Vgl. *Bülow/Artz,* in: JuS 1998, S. 680.

Arbeitsgemeinschaften von Bauunternehmen erfolgt nun grundsätzlich in Form der OHG.

An diesen beiden Beispielen wird deutlich, daß das heute geltende Gründungsrecht von Personenhandels- und Kapitalgesellschaften in einem historischen Entwicklungsprozeß entstanden ist. Der Beginn dieses Entwicklungsprozeßes liegt dabei teilweise schon einige Jahrhunderte zurück. Ein vollständiges Verständnis der aktuellen gesetzlichen Regelungen zur Gründung von Handelsgesellschaften, also der Dogmatik des Gründungsrechts, ist daher nur durch eine rechtsgeschichtliche Untersuchung desselben möglich. Im Rahmen dieser Untersuchung soll gezeigt werden, daß die Grundlagen des heutigen Gründungsrechts im wesentlichen bereits im 19. Jahrhundert oder früher gelegt worden sind. Ziel und Aufgabe dieser Arbeit soll es sein, die historische Entwicklung der rechtlichen Gründungsvoraussetzungen von Personenhandels- und Aktiengesellschaften bis zum Ende des 19. Jahrhunderts zu untersuchen. Durch ständige Bezüge zum heutigen Gesellschaftsrecht soll die Arbeit dazu beitragen, anhand einer zusammenhängenden Darstellung das Verständnis für diesen wichtigen Teilbereich des Gesellschaftsrechts zu verbessern.

Die Arbeit beginnt mit der Entwicklung der Personenhandelsgesellschaften in Gestalt der süddeutschen Fernhandelsgesellschaften, da diese in Form der offenen Handelsgesellschaft bereits im 15. Jahrhundert und damit weit vor den ersten Aktiengesellschaften im Rechtsverkehr in Erscheinung traten. In Form der Stadtrechtsreformationen von Nürnberg (1479 und 1564) und Frankfurt (1578) findet sich ihr Recht bereits zu Beginn des 16. Jahrhunderts in kodifizierter Form. Ausgangspunkt der weiteren Bearbeitung sind die Kodifikationen im Zeitalter der Aufklärung, der Codex Maximilianus Bavaricus Civilis von 1756, das Allgemeine Landrecht für die preußischen Staaten (ALR) von 1794, das badische Handelsrecht von 1810, das österreichische Allgemeine Bürgerliche Gesetzbuch (ABGB) von 1811, der Entwurf eines allgemeinen Handelsgesetzbuches für Deutschland von 1848 und als vorläufiger Schlußpunkt der historischen Entwicklung des Gründungsrechts dieser Gesellschaften das Allgemeine Deutsche Handelsgesetzbuch (ADHGB) von 1861.

Die Untersuchung der rechtlichen Gründungsvoraussetzungen von Aktiengesellschaften beginnt mit den brandenburgischen Handelskompagnien des ausgehenden 17. Jahrhunderts, weitere Schwerpunkte der Untersuchung bilden das ALR von 1794, das badische HGB, das preußische Eisenbahngesetz von 1838, das preußische Aktiengesetz von 1843 und das ADHGB von 1861. Den wesentlichen Bestandteil der Untersuchung des zweiten Teils bilden aber die beiden Aktienrechtsreformen von 1870 und 1884, die das heutige Gründungsrecht der AG und später auch das der GmbH entscheidend geprägt haben. Nach der umfassenden Reform des Aktienrechts von 1884 ist das Gründungsrecht der AG nur noch marginal verändert worden.[6] Der Vollständigkeit halber wird auf diese marginalen Änderungen ebenfalls eingegangen werden.

[6] Vgl. *Hommelhoff,* in: Schubert/Hommelhoff, Hundert Jahre modernes Aktienrecht, S. 103.

Erster Teil

Die Entwicklung der rechtlichen Voraussetzungen für die Gründung von offenen Handels- und Kommanditgesellschaften

Erster Abschnitt

Die süddeutschen Handelsgesellschaften im 15. und 16. Jahrhundert

A. Untersuchungsgegenstand

I. Die süddeutschen Fernhandelsgesellschaften

Im süddeutschen Raum entwickelten sich im 15. und 16. Jahrhundert in den Reichsstädten bedeutende Handelsgesellschaften. Das Wirtschafts-, Geistes- und Rechtsleben nahm in dieser Zeit in ganz Westeuropa einen glänzenden Aufschwung. Vor allem die aufblühenden Städte wie Augsburg, Nürnberg, Frankfurt oder Ulm mit ihrem Nah- und Fernhandel, ihrer gut organisierten Verwaltung und ihrem entstehenden Stadtrecht waren Träger dieser Entwicklung.[1] Die Entwicklung dieses Handels mit anderen Regionen und anderen Ländern, auch über kontinentale Grenzen hinweg, war der auslösende Faktor für die untersuchten Gründungen von Handelsgesellschaften.[2] Der Handel mit Waren aus der ganzen Welt erforderte einen erheblichen Kapitaleinsatz. Ein Einzelkaufmann konnte das erforderliche Kapitals oft nicht allein aufbringen. Um den Handel organisatorisch und kapitalmäßig zu bewältigen, war daher der Zusammenschluß von mehreren Personen zu einer gemeinsamen Unternehmung, d. h. einer Handelsgesellschaft notwendig.[3] Diese Gesellschaften wurden stets für eine gewisse Dauer gegründet und bestanden über einen längeren Zeitraum. Sie waren die ersten Handelsgesellschaften moderner Prägung in Deutschland. Als Un-

---

1 *Gmür,* S. 41.

2 *Coing* (Hrsg.), Handbuch, Band II/2, S. 623, vgl. auch *Orth,* S. 507.

3 *Coing,* Handbuch, Band II/2, S. 623 und *Bauer,* S. 17; vgl. auch *Kroeschell,* Bd. 2, S. 89.

tersuchungsgegenstand sind sie daher besonders geeignet, um den Beginn der rechtsgeschichtlichen Entwicklung auf dem Gebiet des Gesellschaftsrechts im Bereich der Handelsgesellschaft und ihrer Gründung darzustellen, die, wie noch zu zeigen sein wird, erst im 19. Jahrhundert ihren weitgehenden Abschluß fand. Zur Untersuchung eignen sich die süddeutschen Handelsgesellschaften der beginnenden Neuzeit auch unter dem Gesichtspunkt, daß in Form von Gesellschaftsverträgen umfangreiches Quellenmaterial erhalten ist.

II. Die Saigerhandelsgesellschaften

Ein weiteres Augenmerk soll in diesem Zusammenhang auf die sogenannten Saigerhandelsgesellschaften gelegt werden. Zur gleichen Zeit wie der Fernhandel erfuhr der Bergbau seinen Aufschwung. Der Grund dafür lag im wesentlichen in der Ausdehnung des oben dargestellten Fernhandels, der zur endgültigen Umstellung auf eine Geldwirtschaft und damit zu einem gesteigerten Bedarf an Metallen in Form von gemünztem Gold und Silber führte. Außerdem eröffnete der Handel mit Metallen und Erzen beachtliche Einnahme- und Gewinnmöglichkeiten. Stützen konnte sich das Aufblühen des Bergbaus in Mitteleuropa auf reiche Erzvorkommen in den Alpen, den süddeutschen Mittelgebirgen und im slowakischen Erzgebirge.[4]

Um 1450 wurde in Nürnberg das Saigerverfahren erfunden, mit dem man mittels Bleizusatz das Silber vom Rohkupfer trennen konnte.[5] Nürnberger, Augsburger und Leipziger Geldgeber gründeten in der Folgezeit die nach dem Verfahren bezeichneten Gesellschaften. Der Gesellschaftszweck bestand darin, das Silber aus dem Rohkupfer mittels des neu entwickelten Verfahrens zu gewinnen und mit diesem zu handeln.[6] Die Saigerhandelsgesellschaften wiesen auch aufgrund der teilweise identischen Gesellschafterstruktur in ihrem rechtlichen Gebilde große Ähnlichkeiten zu den Handelsgesellschaften mit universellem Geschäftsbereich auf.[7] Oft waren Gesellschafter der Fernhandelsgesellschaften auch an den Saigerhandelsgesellschaften beteiligt. In einigen Punkten ergeben sich jedoch interessante Unterschiede, die auch Rückschlüsse auf die rechtliche Situation der allgemeinen Handelsgesellschaften, die den Schwerpunkt der Untersuchung bilden soll, zulassen. Teilweise findet sich aufgrund der bereits im Vergleich zu den allgemeinen Handelsgesellschaften fortgeschritteneren Trennung von Arbeit und Kapital eine weiter entwickelte rechtliche Struktur. An den Stel-

---

4 *Schimke,* S. 44.

5 Zur genaueren Darstellung des Saigerverfahrens vgl. *Möllenberg,* S. 5.

6 *Strieder,* Gesellschaftsverträge, S. 46; *Bauer,* S. 91 ff.

7 Vgl. *Kammerer,* S. 233; *Bauer,* S. 58.

len, die zur Verdeutlichung der rechtsgeschichtlichen Entwicklung dienen, sind die Saigerhandelsgesellschaften ebenfalls Bestandteil dieser Arbeit.[8]

III. Die hansischen Handelsgesellschaften

Im norddeutschen Hanseraum wurden Handelsgesellschaften zumeist als Gelegenheitsgesellschaften gegründet. Der Handel wurde in diesem Raum im 15. und wohl auch zu Beginn des 16. Jahrhundert vor allem über den Einzelkaufmann abgewickelt. Zu diesem Ergebnis kommt die auf dem Gebiet des hansischen Gesellschaftsrechts aktuellste Arbeit von Cordes, die sich mit der Entwicklung und den Erscheinungsformen des spätmittelalterlichen Gesellschaftshandels im Hanseraum beschäftigt.[9] Zwar gab es in diesem Raum gesellschaftsrechtliche Beziehungen zwischen Kaufleuten, da sich auch der Einzelkaufmann verschiedener Kapitalgeber bediente, um seine geschäftlichen Aktivitäten zu finanzieren. Diese als „Widerlegung" bezeichnete Gesellschaft war aber durch eine klare Trennung der Aufgabenbereiche gekennzeichnet. Der Kapitalgeber trat nach außen überhaupt nicht in Erscheinung. Der Einzelkaufmann als Kapitalführer tritt gegenüber dritten Geschäftspartnern allein und im eigenen Namen auf. Zwischen den Parteien bestand somit eine reine Innengesellschaft.[10] Ein solcher Zusammenschluß erfolgte oft nur für die Durchführung eines oder einiger weniger Geschäfte, danach endete die Gesellschaft mit der Abwicklung des speziellen geschäftlichen Projekts. Von einem allgemeinen, auf Dauer angelegten Gesellschaftszweck kann daher nicht gesprochen werden.[11] Erst gegen Ende des 15. Jahrhunderts wird in einem Lübecker Ratsurteil zum ersten Mal eine sog. „vulle mascopey"[12] als Form der offenen Handelsgesellschaft erwähnt, die durch die Außenhaftung aller Gesellschafter charakterisiert ist.[13] Im Gegensatz zu den süddeutschen Handelsgesellschaften, bei denen in Form von Gesellschaftsverträgen umfangreiches Quellenmaterial vorhanden ist, ist dies bei den hansischen Gesellschaften nicht der Fall. In der Zeit von 1465 bis 1544 finden sich nur wenige Urteile, die sich mit der „vulle mascopey" auseinandersetzen.[14] In den Urteilen finden sich auch nur spär-

---

[8] Zu den Unterschieden zwischen den Fernhandelsgesellschaften und den Saigerhandelsgesellschaften vgl. auch *Schimke,* S. 63.

[9] *Cordes,* Spätmittelalterlicher Gesellschaftshandel im Hanseraum, Habil. Freiburg 1998.

[10] *Cordes,* S. 325; a.A. *Keutgen,* in: VSWG 4 (1906), S. 278–324, 461–514, 567–612.

[11] *v. Stromer,* in: Tradition 1/1968, S. 31.

[12] Dies bedeutet im heutigen Sprachgebrauch „volle Gesellschaft".

[13] *Cordes,* S. 308.

[14] *Cordes,* S. 308.

liche Informationen über diese Gesellschaftsform.[15] Gesellschaftsverträge standen nicht zur Verfügung. Daher ist es nicht möglich, die rechtlichen Gründungsvoraussetzungen der „vulle mascopey“ zu untersuchen. Cordes stellt fest, daß dieser Gesellschaftstyp nur eine seltsam schemenhafte Existenzform besaß.[16]

Erst gegen Ende des 16. Jahrhunderts führte die Hansestadt Lübeck im „Revidierten Lübecker Stadtrecht“ von 1586, also teilweise weit nach Einführung der bedeutenden Stadtrechtsreformationen in Süddeutschland, eigene Regeln über Handelsgesellschaften ein.[17] Die „vulle mascopey“ wurde nach diesem Stadtrecht aber als „Gesellschaft aller Güter“, also als gemeinrechtliche „societas omnium bonorum“ betrachtet. Die süddeutschen Handelsgesellschaften waren aber bereits beschränkte Gemeinschaften („societas certae pecuniae“ oder „particularis“).[18] Bestandteil des Gesellschaftsvermögens war bei der societas particularis nicht das gesamte Vermögen der Gesellschafter, sondern nur das, was in die Gesellschaft eingelegt wurde. Dies entspricht den Grundsätzen zum Gesellschaftsvermögen der offenen Handelsgesellschaft. Die rechtliche Struktur der „vulle mascopey“ ist daher nicht als Vorbild für die rechtsgeschichtliche Entwicklung der modernen Handelsgesellschaften heranzuziehen.

Im Rahmen eines Zwischenergebnisses bleibt also festzuhalten, daß die rechtlichen Konturen der süddeutschen Handelsgesellschaften im 15. und 16. Jahrhundert im Gegensatz zu den im Hanseraum vorhandenen Gesellschaftstypen wesentlich deutlicher zu Tage treten. Die Darstellung der historischen Entwicklung des Gründungsrechts soll sich daher im 15. und 16. Jahrhundert auf den süddeutschen Raum konzentrieren. Von dort führen die Entwicklungslinien zur neuzeitlichen Gesellschaftsform der offenen Handelsgesellschaften.

B. Gründung einer Handelsgesellschaft – Voraussetzungen nach dem im 15. und 16. Jahrhundert geltenden Recht

Die Gründung von Handelsgesellschaften richtete sich im 15. und 16. Jahrhundert entweder nach dem Gesellschaftsrecht des gemeinen Rechts oder dem, das in den Partikularrechten der Städte enthalten war.[19] Bevor

---

[15] Vgl. *Cordes,* S. 266.

[16] Vgl. *Cordes,* S. 266 und 308.

[17] Allerdings entstand das neue Stadtrecht nicht auf eigene Initiative der Stadt Lübeck, sondern auf Drängen der mit lübschen Recht beliehenen Tochterstädte.

[18] Vgl. *Lutz,* Bd. I, S. 256.

näher auf die einzelnen Gründungsvoraussetzungen einzugehen ist, soll zunächst das im Untersuchungszeitraum vorhandene Gesellschaftsrecht dargestellt werden.

I. Das Gesellschaftsrecht des gemeinen Rechts

Das Gesellschaftsrecht des gemeinen Rechts beruhte zunächst auf den Grundsätzen zur societas des römischen Rechts, basierend auf dem Corpus Juris Civilis des Kaisers Justinian[20], weiterentwickelt im 11. Jahrhundert durch die Rechtsschule von Bologna[21], auch Glossatorenschule[22] genannt, und die Postglossatoren[23]. Im Rahmen der Rezeption wurde es im 15. Jahrhundert Bestandteil des gemeinen Rechts (ius commune) in Deutschland. Das Gesellschaftsrecht ist im 3. Buch, 25. Titel der Institutionen mit der Überschrift „de societate" geregelt, im 17. Buch, 2. Titel der Digesten mit der Überschrift „pro socio" und im 4. Buch, 37. Titel des Codex mit der Überschrift „pro socio". Weitere Regelungen finden sich in den Gaius-Institutionen.

Im Corpus iuris findet die Handelsgesellschaft keine Erwähnung. Nach römischem Recht war die Gesellschaft (societas) lediglich ein reines Schuldverhältnis, daß nur im Innenverhältnis bestand und nach außen keine Wirkungen entfaltete. Im Gegensatz zur Handelsgesellschaft, die zu Beginn der Neuzeit bereits Außengesellschaft war[24], ist die auf dem römischen Recht basierende *societas* eine reine Innengesellschaft.[25] Es fehlte ihr die

---

[19] Vgl. *Thöl,* Bd. I, S. 36. Das gemeine Recht trat als die Gesamtheit gemeinsamer Rechtsgrundsätze und Rechtslehren umfassendes und in der Praxis zur Anwendung kommendes Recht neben die Partikularrechte. Deren Regelungsvielfalt und in verschiedene Rechtskreise aufgegliederte Partikularität derogierte, ersetzte oder ergänzte es kraft des Prinzips der Universalität oder Spezialität. Grundsätzlich hatte es aber im Verhältnis zu den Partikularrechten subsidiäre Geltung, vgl. m.w.N. *Schlosser,* S. 2 (7. A. 1993).

[20] Dieses römische Recht ist eine Rechtssammlung aus den Jahren 533/534 n.Chr. Es besteht aus den Institutionen, den Digesten (im 19. Jahrhundert auch Pandekten genannt), dem Codex (repetita praelectionis) und den Novellen.

[21] Zu den Glossatoren s. *Ebel/Thielmann,* Bd. I, S. 169 und *Lange,* Bd. I die Glossatoren, S. 118 ff.

[22] Die Glossatoren tragen ihren Namen nach der Grund- und Hauptform ihrer literarischen Arbeiten, den sog. Glossen. Das Wort „glossa" bedeutet seit dem 6. Jhrdt. n.Chr. allgemein Erklärung. Savigny definierte sie als „diejenigen Erklärungen, welche ein Jurist seinem Exemplar des Textes beigeschrieben hatte, daß sie wie andere Bücher erhalten, abgeschrieben und verbreitet werden sollen", vgl. *v. Savigny,* Geschichte des römischen Rechts im Mittelalter, Bd. III, S. 558.

[23] Zu den Postglossatoren (auch Kommentatoren genannt) s. *Schlosser,* S. 36 f.

[24] Dies wird u.a. deutlich an den Regelungen im Privileg Friedrichs III. v. 1464.

[25] *Kaser,* Erster Abschnitt, S. 574.

organisatorische Wirkung nach außen. Sie ist nicht rechts-, handlungs- und vermögensfähig.[26] Insoweit kann das im Rahmen der Rezeption nach Deutschland eingeflossene römische Gesellschaftsrecht für die rechtliche Beurteilung der Handelsgesellschaft im 15. und 16. Jahrhundert nur herangezogen werden, soweit das Innenverhältnis betroffen ist.

Das Handels- und Gesellschaftsrecht des Gemeinen Rechts beruhte aber nicht allein auf dem römischen Recht, sondern ebenso auf Gebräuchen und Regeln, welche die Praxis der Kaufleute des Mittelalters entwickelt hatte[27]; das gilt auch für die Gründung einer Handelsgesellschaft, die im Untersuchungszeitraum ein anerkanntes Rechtsinstitut des gemeinen Rechts war.[28] Besonders deutlich wird dieser Umstand am Privileg Friedrichs III. für die Reichsstadt Nürnberg von 1464, das bereits vor Schaffung des ersten Stadtrechts Nürnbergs von 1479 die Handelsgesellschaft als Gesellschaftsform erwähnte und Regelungen über die Haftung für die Schulden dieser Gesellschaft traf.[29] Im Bereich des Handelsgesellschaftsrechts lassen vor allem die als Quellenmaterial vorhandenen Gesellschaftsverträge der Fernhandelsgesellschaften Rückschlüsse auf das handels- und gesellschaftsrechtliche Gewohnheitsrecht in der damaligen Zeit zu; dies auch unter dem Aspekt, daß sich ein großer Teil der Fernhandelsgesellschaften in Städten ohne Stadtrecht mit gesellschaftsrechtlichem Inhalt befand.[30]

II. Durch die Gesetzgebung vorgegebene Regelungen

Bei der Gesellschaftsrechtsgesetzgebung im 15. und 16. Jahrhundert ist zu unterscheiden zwischen der Gesetzgebung des Reiches und der Territorien. Hinsichtlich der Territorien sind nur die Reichsstädte oder Städte mit gewisser Selbständigkeit von Bedeutung. Nur in diesen hatten die Fernhandelsgesellschaften ihren Sitz.[31]

Was die Gründung von Handelsgesellschaften betrifft, ist die Gesetzgebung des Reiches untätig geblieben. Generell kann erst gegen Ende des 15. Jahrhunderts überhaupt von einer gesetzgeberischen Tätigkeit durch das Reich auf dem Gebiet des Gesellschaftsrechts gesprochen werden. Das Privileg Friedrichs III. von 1464 für die Reichsstadt Nürnberg enthielt gesellschaftsrechtliche Regelungen, die für die Unterscheidung des Gesellschafterkreises interessant sind, rechtlich wollte es aber vor allem Regelungen

---

[26] *Endemann,* S. 159.

[27] *Coing,* Europäisches Privatrecht, Bd. I, S. 36, 519; *Thöl,* S. 36.

[28] Vgl. unten B. II. 2.

[29] s. unten B. III. 3. a).

[30] Dieser Aspekt wird überhaupt nicht berücksichtigt von *Riebartsch,* S. 43 ff.

[31] *Lutz,* Bd. I, S. 61.

über die Haftung für Gesellschaftsschulden treffen. Auch im 16. Jahrhundert zeigte sich kein wesentlich anderes Bild. Eine umfassende Gesetzgebung auf dem Gebiet des Privat- und Gesellschaftsrechts, die auch die Gründung von Gesellschaften berührte, gab es nicht.[32]

1. Die Reichspolizeiordnungen

Gesetzgeberische Maßnahmen fanden nur im Hinblick auf die Monopolbildung der Handelsgesellschaften statt, gegen die sich wegen der damit verbundenen Konzentration von wirtschaftlicher Macht Widerstand breit machte.[33] Bereits in Reichsabschieden von 1512[34] und 1530[35] wurden Handelsmonopole durch große Handelsgesellschaften verboten. Die in beiden Abschieden identischen Regelungen dienten aber eher dem Verbot der Monopolbildung und Beschränkung der wirtschaftlichen Macht bereits bestehender Handelsgesellschaften:

> „Und nachdem etwa viel große Gesellschafft in Kaufmanschafften in kurtzen Jahren im Reich auffgestanden, auch etliche sondere Personen sind, die allerley War und Kauffmannsgüter als Specerey, Erz, Wollentuch und dergleichen, in ihre Hand und Gewalt allein zu bringen understehn, Fürkauff damit zu treiben, setzen und machen ihnen zum Vortheil solcher Güter den werth selbst, ihres gefallens, fügen damit dem H. Reich, und allen Ständen desselbigen mercklichen Schaden zu, wider gemein beschriebene keyserliche Recht und alle Erbarkeit: Haben wir zur Fürderung gemeines Nutz und der Notturfft nach, geordnet und gesetzt, und thun das hiermit ernstlich, und wollen, daß solche schädliche Handthierung hinfüro verbotten und absey, und sie niemands treiben oder uben sol. Welche aber wieder solches thun würden, deren Haab und Güter sollen confisciert werden unnd der Obrigkeit jeglichs orts verfallen seyn (...)“.[36]

Im nächsten Abschnitt wird deutlich, daß die Gründung von Handelsgesellschaften grundsätzlich nicht beschränkt werden sollte[37]:

---

32 *Heße,* S. 41.

33 *Peterka,* in: ZHR 73, S. 390; generell zur Monopolbildung in dieser Zeit, *Höffner,* Wirtschaftsethik und Monopole im fünfzehnten und sechzehnten Jahrhundert.

34 RA (Reichsabschied) des Reichstages zu Köln und Trier von 1512. Die Monopoltatbestände finden sich in Tit. IV, §§ 16–18, abgedruckt in *Schmauss/v. Senckenberg* (Hrsg.), Teil II, S. 136–146. Zur Entwicklung der auch gegen die Handelsgesellschaften gerichteten Gesetzgebung des Reiches vgl. *Härter,* in: Ius Commune, Bd. XX (1993), S. 61 ff. Zur Funktion des Reichstages vgl. *Conrad,* Deutsche Rechtsgeschichte, Bd. II, S. 88 f.

35 RA des Reichstages zu Augsburg von 1530, NSRA Teil II, §§ 134–136 (Monopoltatbestände), S. 306–345. Im Gegensatz zu den Entwürfen von 1521, 1524 und 1530 wurde das Verbot monopolistischer Handelsgesellschaften nicht in der Policeyordnung, sondern im Reichsabschied behandelt. Zur rechtlichen Einordnung der Reichsabschiede vgl. *Eisenhardt,* Rechtsgeschichte, S. 187.

36 Tit. IV § 16 des RA von 1512.

„Doch soll hierdurch niemands verbotten seyn, sich mit jemandt in Gesellschafftn zu thun, Waar von ihnen zu kauffen unnd zu verhandthieren (...)".[38]

Diese Regelung, die sich auch in den Reichpolizeiordnungen wiederfindet[39], richtet sich gegen Extremforderungen eines völligen Verbots der Handelsgesellschaften, auch hinsichtlich möglicher Neugründungen.[40] Diese Forderung fand sieben Jahre später Eingang in die Wahlkapitulation Karls V.[41] Sie wurde aber nicht in die Tat umgesetzt.[42]

Auch die Reichspolizeiordnungen von 1548[43] und 1577[44] wandten sich ausdrücklich gegen das monopolistische Bestreben der Handelsgesellschaften und verboten diesen, durch Aufkauf oder Ausschließlichkeitsvereinbarungen mit Verkäufern und Käufern eine Monopolstellung im Handel mit Waren zu erlangen. Eingriffe, die sich gegen die rechtliche Unternehmensstruktur der Handelsgesellschaften, also Anforderungen an den Vertrag und die Gründung der Gesellschaften richteten, fehlten aber in den Monopolverboten der Reichspolizeiordnungen.[45] Inhaltlich knüpfen die Reichspolizeiordnungen in bezug auf die Monopolgesetzgebung stark an den Wortlaut der Reichsabschiede von 1512 und 1530 an. Dem folgend wurde auch in der RPO von 1548 ausdrücklich festgestellt, daß die Gründung von Handelsgesellschaften nicht verboten werden sollte:

---

[37] So auch *Mertens,* S. 21.

[38] Tit. IV § 17 des RA von 1512.

[39] Zu den Reichspolizeiordnungen vgl. auch *Wieacker,* Privatrechtsgeschichte, S. 200.

[40] *Mertens,* S. 21.

[41] Abgedruckt in: Deutsche Reichstagsakten. Jüngere Reihe. Deutsche Reichstagsakten unter Kaiser Karl V, Bd. 1, S. 872. Die Kurfürsten hatten ihm das Versprechen abgerungen, er wolle „die grossen geselschaften der kaufgewerbsleut, so bisher mit irem gelt regirt, irs willens gehandelt und mit teurung vil ungeschicklichkeit dem reich, des inwonern und unertahn merklich schaden, nachteil und beswerung zugefugt ... gar abethun."

[42] Vgl. *Mertens,* S. 29 ff.

[43] Reichpolizeiordnung (RPO) vom 30.6.1548, verabschiedet auf dem Reichstag zu Augsburg, abgedruckt in NSRA Teil II, S. 587–606. Das Monopolverbot wurde in Tit. XVIII, §§ 6–8 geregelt.

[44] RPO vom 9.11.1577, abgedruckt in NSRA Teil III, S. 379–398.

[45] Vgl. *Mertens,* S. 22; *Heße,* S. 41; vgl. ferner *Conrad,* Deutsche Rechtsgeschichte, Bd. II, S. 359. Es gab zwar Vorschläge zu Einführung von Regelungen zur Unternehmensstruktur, diese fanden aber keinen Eingang in die Gesetzgebung. Ein am 4.12.1522 erstelltes Gutachten der Stadt Ulm zur Vorbereitung des nächsten Reichstages schlägt vor, Regelungen bezüglich der Gründung einer Handelsgesellschaft einzuführen. Um wirtschaftliche Macht einzudämmen, sollen sich nur noch Vater, Sohn und Schwiegersohn zu einer Gesellschaft zusammenschließen dürfen und die Höchstsumme der Einlage soll 1000 Gulden betragen, vgl. *Mertens,* S. 40.

„Doch soll hierdurch niemands verbotten seyn, sich mit jemands in Gesellschafft zu thun (...)".

Die Städte waren als Gesetzgeber im Bereich des Privatrechts wesentlich aktiver.[46] Hier gab es vor allem in den Reichsstädten Nürnberg und Frankfurt eine umfangreichere Gesetzgebung auf dem Gebiet des Gesellschaftsrechts. Zu nennen sind hier die Nürnberger Reformationen von 1479 und 1564 sowie die Frankfurter Reformation von 1578.[47] Augsburg blieb dagegen hinter den gesetzgeberischen Bemühungen Nürnbergs und Frankfurts zurück, obwohl es als eine der bedeutendsten Handelsstädte einige große Handelsgesellschaften besaß. Bis zum 17. Jahrhundert gelang man nicht über den Reformationsentwurf von 1596 hinaus, der hinsichtlich des Gesellschaftsrechts wörtlich den 18. Titel der Nürnberger Reformation von 1564 übernahm.[48]

Auch in den Flächenstaaten gab es umfangreichere Gesetzgebungen auf dem Gebiet des Privatrechts. Zu nennen sind hier u. a. das Württembergische Landrecht von 1555 und das Solmser Landrecht von 1571.[49] Regelungen auf dem Gebiet des Handels- oder Gesellschaftsrechts umfaßten diese Gesetzgebungsmaßnahmen aber nicht.[50]

---

46 Im Laufe des Mittelalters nahmen die städtischen Rechtsetzungsbestrebungen zu. Dies basierte aber nicht auf dem Bedürfnis einer Auseinandersetzung mit dem vordringenden römisch-kanonischen Recht. Diese Entwicklung hatte vor allem den verfassungsgeschichtlichen Hintergrund, daß die Städte sich zu selbständigen Körperschaften entwickelten. Mit dieser rechtlichen Verselbständigung ging häufig der Wunsch nach wachsender Souveränität einher. Der politische und kulturelle Aufschwung sollte durch die Schaffung von eigenem Recht manifestiert werden. Vgl. zu dieser Entwicklung *Kunkel/Thieme/Beyerle,* Quellen zur neueren Privatrechtsgeschichte Deutschlands, Bd. 1, 1. Hlbd., Einleitung S. XIV; *Stobbe,* Geschichte der deutschen Rechtsquellen, Bd. 2, § 70, S. 209; *Wieacker,* Privatrechtsgeschichte, S. 189 f.

47 Zu den Stadtrechtsreformationen Nürnbergs im 15. und 16. Jahrhunderts vgl. *Köbler,* Reformation der Stadt Nürnberg. Arbeiten zur Rechts- und Sprachwissenschaft, Bd. 25, S. XXIV. Die Reformationen sollten das althergebrachte Recht verbessern (reformieren), indem sie es neu ordneten und dabei in verschieden starkem Maß römisches Recht aufnahmen (rezipieren). Nach Köbler suchte die Nürnberger Reformation auch den Anschluß an die einheimische Rechtssprache, sie bemühte sich um die Übertragung der romanistischen Terminologie in ein deutsches Gewand. Vgl. auch *ders.,* Rechtsgeschichte, S. 137 ff. Zur Ausbreitung der Errungenschaften der Nürnberger Reformation in anderen Gebieten vgl. *Wieacker,* Privatrechtsgeschichte, S. 199.

48 *Kammerer,* S. 61; vgl. auch *Hecker,* in: ZRG GA 113, S. 391. Augsburg brachte es auch nicht zu einer eigenen Stadtrechtsreformation, obwohl man mit dem Stadtschreiber Conrad Peutinger einen hochangesehenen Juristen besaß, dessen Rat und Gutachten überall gefragt waren.

49 Zur Reformation der Stadt- und Landrechte und deren Bezug zum ius commune, vgl. auch *Schlosser,* S. 72.

2. Die Nürnberger Reformation von 1479

Die Nürnberger Reformation von 1479 ist die älteste und zugleich einflußreichste Stadtrechtsreformation und zählt zu den bedeutenden Partikularrechten des 15. und 16. Jahrhunderts.[51] Als ihr Verfasser gilt ein Rechtsgelehrter, der versucht hat, einheimisches Recht mit dem aus Oberitalien im Zuge der Rezeption eingeflossenen römischen und kanonoischen Recht zu verbinden.[52] Sie ist die erste systematische Zusammenfassung von Gesellschaftsrecht in Deutschland in kodifizierter Form[53] und ist das erste Gesetzeswerk, das die Handelsgesellschaft als besondere Gesellschaftsform aufnimmt. Die Entwicklung des Gesellschaftsrechts beruhte aber nicht nur auf der Rezeption des römischen Rechts, sondern mehr noch auf Grundsätzen, die sich durch die Entwicklung des Handels als Gewohnheitsrecht herausgebildet haben.[54]

In einem eigenen Abschnitt wird das Gesellschaftsrecht in 10 Gesetzen geregelt. Der dreißigste Titel wird mit folgender Überschrift eingeleitet: „Gesetze von geselschaften, irer vertrege, auch den gewynn und verlust, freyung des schadens und verpflicht ir leptag, verbindung der geselschaft, auch ir schuld zebezahlen, der verhandlung irem abschied und entrichtung, und irer verneuung, auch fließ der handler und haltung der rechnung.“[55]

---

[50] Rein rechtlich war die Gründung einer Handelsgesellschaft aber auch hier möglich. So herrschte beispielsweise nach dem Württembergischen Landrecht von 1555 ausdrücklich der Grundsatz der Vertragsfreiheit. Neben speziellen Verträgen wie Kauf oder Leihe wurde im 5. Kapitel des 2. Abschnitts „von unbenannten Contracten und Gedingen“ der atypische Vertrag ausdrücklich zugelassen (abgedruckt in den Quellen zur Neueren Privatrechtsgeschichte Deutschlands, erster Band, zweiter Halbband, S. 108). Die besonderen Voraussetzungen für die Gründung einer Handelsgesellschaft richteten sich dann wieder nach dem susidiär anzuwendenden gemeinen Recht.

[51] Die Reformation von 1479 hatte aufgrund des Inhalt und der drucktechnischen Vervielfältigung Einfluß auf eine Reihe nachfolgender Gesetzgebungen. Sie diente u. a. als Vorbild für das Tübinger Stadtrecht von 1493, der hessischen Gerichtsordnung von 1497, der Wormser Reformation von 1499, der Windsheimer Reformation von 1521 sowie dem Dinkelsbühler Stadtrecht von 1536; vgl. dazu *Schultheiß,* S. 13.

Das Dinkelsbühler Stadtrecht von 1536 wurde 1738 überarbeitet und in einer neuen Auflage herausgegeben. Bis zur Übernahme durch Bayern 1806 hatte es Bestand. Statuten über die Gesellschaft sind in den §§ 174–179 geregelt, vgl. *v. Weber,* Bd. 2 Mittelfranken, Teil II, S. 969 ff.

[52] *Eisenhardt,* Rechtsgeschichte, S. 245; grundsätzlich zum Einfluß des römischen Rechts auf die Nürnberger Reformationen von 1479 und 1564, *Wagenseil,* Der römische Gehalt des Nürnberger Schuldrechts zur Zeit der Entstehung der Reformationen von 1479 bis 1564; *Schlosser,* S. 72.

[53] *Bauer,* S. 77.

[54] Vgl. oben Fn. 27 und 34.

[55] Abgedruckt in *Kunkel/Thieme* (Hrsg.), S. 73 ff.

Hinsichtlich der Gründung von Gesellschaften sagt vor allem das erste Gesetz etwas aus, wenn dort in der Überschrift geschrieben steht: „Von haltung der vertrege und geding der geselschafter, so die zymlich sein, den also nachzekomen.“ Als Gesetzestext findet sich folgender Passus: „So etlich Personen einich gesellschaft ires gewerbs und hantierung miteinander treffen und machen, wie sie sich dann gegeneinander verpinden, doch das sölche verbindung zymlich sei, also mügen sie der nachgen und nachkommen.“

Daraus läßt sich erkennen, daß die Gesetzgebung bereits die Gründung von Handelsgesellschaften rudimentär regeln wollte. Auch verstand man unter Gesellschaften in der Gesellschaftsrechtsgesetzgebung der Stadtrechte damals allein die Handelsgesellschaften. Denn durch die Formulierung „ires gewerbs und hantierung“ wird deutlich, daß man bei der Gründung einer Gesellschaft offensichtlich von einen handelsgewerblichen Zweck ausging. Das in diesem Titel kodifizierte Gesellschaftsrecht läßt den Vertragsparteien an dieser Stelle einige Gestaltungsmöglichkeiten, es wird der Vertragsfreiheit grundsätzlich viel Raum gelassen. Die Gründung im Rahmen des Gesellschaftsvertrages und die Regelungen im Innenverhältnis sind weitgehend frei. Hinsichtlich des Inhalts des Gesellschaftsvertrages wird eine Beschränkung dahingehend aufgestellt, daß der Vertrag „Zymlich sey“, d.h. nicht gegen die Billigkeit und gegen die guten Sitten verstößt.[56] Daraus läßt sich weiter ableiten, daß auch der Gesellschaftszweck als solcher nicht sittenwidrig seien durfte. Dieser bildet schließlich das entscheidende Motiv für den Abschluß eines Gesellschaftsvertrages. Die Gesellschafter untereinander sind nach Gesetz 1 durch den Abschluß eines Vertrages, der nicht gegen die Billigkeit verstößt, gebunden. Der Vertrag ist nach der Nürnberger Reformation Entstehungsgrund der Gesellschaft[57] und elementare Gründungsvoraussetzung.

Die Vertragsfreiheit und der Gesellschaftsvertrag werden ferner durch das dritte Gesetz beschränkt:

> „Von verlegung und freyung des schadens einem umb sein mue und arbeitzetun, und von unkraft des, das einer gewynnung allein und der ander schaden allein tragen solte.
>
> So man yemant in der gesellschaft einem voraus oder vortail tut um sein mue, arbeit oder ubung in verlegung einer summ oder freyung des schadens oder anderm, das mag wol sein und sol auch gehalten und volzogen werden, doch ist das geding unkreftig, das einer die gewynn allein und der ander allein den schaden tragen soll.“

Danach sind Vertragsvereinbarungen, durch die ein Partner allein am Gewinn, ein anderer allein am Verlust beteiligt ist, ungültig. Sie begrenzen die

---

[56] *Bauer,* S. 78.

[57] *Lutz,* Bd. I, S. 160.

Gestaltungsmöglichkeiten des Gesellschaftsvertrages und haben daher auch einen Einfluß auf die Gründung.

Die weiteren den Gesellschaftsvertrag betreffenden Normierungen sind nur subsidiäres Recht, d. h. sie finden nur Anwendung, soweit im Gesellschaftsvertrag nicht etwas anderes ausdrücklich geregelt ist. So wurde im zweiten Gesetz eine Gewinnverteilungsregelung für den Fall aufgestellt, daß der Gesellschaftsvertrag hierüber keine Bestimmung trifft. Dann sollte die Verteilung anteilig gemäß der Höhe der Kapitaleinlage erfolgen.

Auf die Regelungen hinsichtlich Außenverhältnis und Haftung soll hier nicht eingegangen werden, da diese für die eigentliche Gesellschaftsgründung nicht von Interesse sind. Sie stellen den größeren Teil der Gesellschaftsrechtsgesetzgebung dar.

3. Die Nürnberger Reformation von 1564

Die Nürnberger Reformation von 1564[58] befaßt sich im 18. Abschnitt in sechs Gesetzen mit dem Gesellschaftsrecht. Sie knüpft im wesentlichen an die Regelungen der Reformation von 1479 an, fügt aber noch dispositive Vorschriften über Nachfolge und Abfindung der Erben eines Gesellschafters hinzu. Das dritte Gesetz der Reformation von 1479 wurde durch eine klarstellende Regelung ergänzt. Ein Gesellschaftsvertrag war zwar weiterhin unwirksam, wenn ein Gesellschafter nur den Gewinn, ein anderer nur den Verlust zu tragen hatte. Jedoch wurde klargestellt, daß unter gewissen Voraussetzungen Vereinbarungen über eine ungleiche Gewinnverteilung im Gesellschaftsvertrag möglich waren, nämlich dann, wenn ein Gesellschafter *„wegen besonderer Mühe und Wagnis vor dem anderen ein größerer Antheil an dem Gewinn, oder ein minderer Verlust"* zu tragen hat.

Die Reformation von 1564 hatte teilweise Bestand bis zur Übernahme Nürnbergs durch Bayern im Rahmen der Mediatisierung im Jahre 1806. Bereits in der 2. Hälfte des 16. Jahrhunderts beginnt der Stillstand der Reichsstadt.[59] Wirtschaftskrisen sowie der Dreißigjährige Krieg und die merkantilistische Politik der deutschen und europäischen Staaten waren Gründe für den schleichenden Niedergangs Nürnbergs.[60] Die Stadt konnte sich daher seit dem 17. Jahrhundert grundsätzlich nicht mehr zu größeren und prinzipiellen gesetzgeberischen Leistungen aufschwingen.[61] Eine Ausnahme auf

---

58 Abgedruckt in neuerer sprachlicher Fassung in: *v. Weber,* Bd. 2 Mittelfranken, Teil II, S. 912 f.

59 *Schultheiß,* S. 15.

60 Zum Niedergang der Städte infolge der um 1600 einsetzenden Wirtschaftskrise s. *Boldt,* Deutsche Verfassungsgeschichte, Bd. I, S. 228.

61 *Schultheiß,* S. 15.

dem Gebiet des Handelsrechts stellen allerdings die Wechselordnungen im 17. und 18. Jahrhundert dar.

4. Die Frankfurter Reformation von 1578

Kurz nach der Einführung der Nürnberger Reformationen gab sich auch die Stadt Frankfurt ihr eigenes Recht. Einer ersten noch unvollständigen Reform aus dem Jahre 1509 folgte 1578 eine erneuerte Reformation. Als Vorbild diente die Nürnberger Reformation von 1564, die Regelungen des neuen Frankfurter Stadtrechts waren aber wesentlich umfangreicher.[62] Dies trifft auch auf das Gesellschaftsrecht zu.

Regelungen im Bereich des Gesellschaftsrechts finden sich in 14. Gesetzen im 23. Abschnitt des 2. Teils. Auch die Frankfurter Reformation geht wie die Nürnberger Reformationen grundsätzlich vom Grundsatz der Vertragsfreiheit aus.[63] Die Gründung einer Gesellschaft erfolgt allein durch Vertrag. Weitere Voraussetzungen wie etwa eine öffentliche Genehmigung sind nicht erforderlich. Hinsichtlich des Gründungsvertrages trifft § 1 umfangreiche Regelungen, die hinsichtlich ihrer Genauigkeit die entsprechenden Regelungen der Nürnberger Reformationen übertreffen:

> „Nachdem in anfänglicher Auffrichtung einer Gesellschaft, zwischen handthierenden Personen, gewöhnlich und gebräuchlich ist, daß wie dieselbig abgeredt worden, und künftiglich soll gehalten werden, ein glaubwürdige Verschreibung, under ihre der Gesellschafter Subscription und Insigeln auffgerichtet wird: So serr dann die darinn verleibte Abreden, Pacta und Geding, ehrbar, ziemlich, und den Rechten gemäß sind: Als, daß kein Gesellschafter, ohn Vorwissen und Bewilligung seiner Mitgesellschafter, namhafte Schulden auff den Handel aufnemmen, und verschreiben, auch kein fremde Bürgschaft auff sich laden solle: Item, vor Endung bestimmter Zeit, die Gesellschaft nicht auffsagen: Item, daß er des Handels Gelegenheit sich in geheim behalten, und andern darzu nicht gehörigen, nicht offenbahren wolle: Item, daß einer, so der Handel besser verständig, oder erfahren, oder die meiste Mühe und Wagnis, haben müßte, einen Vorteil vor dem andern, im Gewinn, oder Befreyung im Verlust, haben solte:Und was dergleichen mehr ehrbarer, und der Gesellschaft nützlicher Pacta seyn möchten: Dieselben sollen aoch also, wie sie abgeredt, und verbriefft, under ihnen den Gesellschaftern, gehalten werden."

Regelungen über die Verteilung von Gewinn und Verlust, Liquidation der Gesellschaft, Rechnung und Eintritt der Erben regelt die Frankfurter Reformation nur dispositiv. Die §§ 2 bis 6 des II. Teils, 23. Abschnitt gelten nur, soweit die *„nothwendige Articul in der Gesellschaft Verschreibung nicht außtrücklich eingesetzt"*, d.h. im Gesellschaftsvertrag *„nichts außtrückli-*

---

62 Zum Verhältnis beider Reformationen zueinander s. *Coing,* Reformation, S. 5.
63 *Kammerer,* S. 144.

ches versehen" oder „*sonderlichs bedingt were*". Zwingendes Recht waren aber die II., 23 §§ 7–14, die Bestimmungen über Sorgfaltspflichten, Haftung der Gesellschafter, interne Ausgleichspflichten und die Verpflichtung der Gesellschaft durch Gesellschafter trafen.

III. Der Gesellschaftsvertrag als konstituierendes Element einer Gesellschaftsgründung

Nach den das Gesellschaftsrecht betreffenden maßgeblichen Stadtrechten und dem durch die Rezeption beeinflußten Ius Commune[64] herrschte bei der Gründung einer Gesellschaft weitgehende Vertragsfreiheit. Die Gründung einer Gesellschaft erfolgte durch den Abschluß eines konstituierenden Vertrages. Er ist der Rechtsgrund für die Entstehung einer Handelsgesellschaft.

Nach F. G. A. Schmidt[65] sollte dagegen ursprünglich die fortdauernde Vermögensgemeinschaft der Erben der Entstehungsgrund und die Wurzel der Handelsgesellschaften gewesen sein. Als herausragendes Beispiel führt er die Gesellschaft der Augsburger Fugger an.

Dieser Ansicht widerspricht zutreffend Peterka und stimmt letztlich der Ansicht Webers[66] zu, daß als alleiniger Entstehungsgrund der Gesellschaftsvertrag und nicht eine fortgesetzte Vermögensgemeinschaft anzusehen ist.[67] Gerade am Beispiel der Fugger, die F. G. A. Schmidt als Beispiel für seine These benutzt, läßt sich diese Ansicht widerlegen. Zwar ist schon vor Abschluß des ersten Vertrages aus dem Jahr 1494 das Bestehen einer besonderen Betriebsgemeinschaft bezeugt, mit Abschluß des ersten Vertrages ist aber allein dieses Rechtsverhältnis in Form der neu gegründeten Gesellschaft maßgebend.[68] Durch den formellen Abschluß eines umfangreicheren Vertrages haben die Gründungsgesellschafter gerade zum Ausdruck gebracht, daß sie etwas Neues schaffen wollten, was sich rechtlich von bisherigen Gemeinschaften abheben sollte. Eines ausdrücklichen Vertragsschlusses hätte es gerade nicht bedurft, wenn man nur an etwas Bestehendes hätte anknüpfen wollen. Dies zeigt sich auch durch wiederkehrende Formulierungen, daß die vertragliche Verpflichtung „*in kraft diss briffs*" oder „*mit urkund dis briefs*" erfolgt sei[69]. Dadurch kommt eindeutig der Wille der Ver-

---

[64] Zur Bedeutung des ius commune vgl. auch *Möllers,* S. 8.

[65] *F. G. A. Schmidt,* S. 8.

[66] *Weber,* Zur Geschichte der Handelsgesellschaften im Mittelalter. Nach südeuropäischen Quellen.

[67] *Peterka,* in: ZHR 73, S. 395; dem zustimmend auch *Lutz,* Bd. I, S. 160.

[68] Vgl. auch *Strieder,* Gesellschaftsverträge, S. 43.

[69] Vgl. Fuggervertrag von 1494, abgedruckt bei *Lutz,* Bd. II (Urkundenband).

tragspartner zum Ausdruck, eine neue unabhängige Verpflichtung einzugehen. Entstehungsgrund ist daher unter rechtlichen Gesichtspunkten allein der Vertrag.[70] Die alten Rechtsverhältnisse zwischen den Gründungsgesellschaftern finden durch den Vertragsschluß eine eindeutige rechtliche Zäsur. Die durch Ganerbschaft fortgesetzte Vermögensgemeinschaft ist nicht als Entstehungsgrund für eine Handelsgesellschaft anzusehen.

Bei den Saigerhandelsgesellschaften ergibt sich generell kein Zusammenhang bei einer Gesellschaftsgründung im Hinblick auf eine bereits existierende Familiengemeinschaft. Hier bestand von Anfang an eine striktere Trennung zwischen Arbeit und Kapital. Die Gesellschaftsgründungen beruhten auf einem neuartigen Metallgewinnungsverfahren und dienten in erster Linie der Aufbringung des zum Betrieb einer Hütte erforderlichen Kapitals.[71]

Welche Anforderungen bei der Gründung einer Handelsgesellschaft an den konstituierenden Vertrag zu stellen waren und welche Regelungen als Mindestvoraussetzungen inhaltlich für eine wirksame Errichtung getroffen werden mußten, um eine funktionierende Gesellschaft zu errichten, soll nun im folgenden rechtlich untersucht werden.

Neben dem Gesellschaftsrecht des ius commune und der Stadtrechtsreformationen werden auch Regelungsinhalt und Vertragsbestimmungen untersucht, wie sie sich in der Mehrzahl der untersuchten Verträge feststellen lassen.[72]

1. Das Zustandekommen des Gesellschaftsvertrages – Allgemeine Voraussetzungen

Um einen wirksamen Gesellschaftsvertrag einer Handelsgesellschaft zu schließen, bedarf es nach heutigem Recht der Willenserklärungen von mindestens zwei Personen, die sich im Hinblick auf die Person der Gesellschafter, den Gesellschaftszweck in Form eines kaufmännischen Gewerbes unter gemeinschaftlicher Firma sowie die Leistung der notwendigen Beiträge einig sein müssen.[73]

Der Begriff der Willenserklärung und das Rechtsgeschäft als solches sind erst in der Rechtswissenschaft der Neuzeit entwickelt worden.[74] Insofern

---

[70] Diese Ansicht vertritt schon *Woelckern,* Bd. II, Nürnberg 1737, S. 145; vgl. auch *Eisenhardt,* Rechtsgeschichte, S. 65.

[71] Vgl. dazu *Schimke,* S. 45.

[72] Vgl. *Peterka,* in: ZHR 73, S. 392.

[73] *Eisenhardt,* Gesellschaftsrecht, Rdn. 210.

[74] *Mitteis/Lieberich,* S. 27.

können die heutigen Grundsätze auf den Vertragsschluß der hier untersuchten Gesellschaftsverträge nicht angewendet werden. Ursache für diese späte Entwicklung dürfte gewesen sein, daß das römische Recht die Begriffe Rechtsgeschäft und Willenserklärung nicht kannte und es deshalb an Vorbildern fehlte. Entwickelt worden sind derartige Grundsätze zum ersten Mal durch den niederländischen Juristen Hugo Grotius im 17. Jahrhundert.[75]

Einen maßgeblichen Einfluß auf das Vertragsrecht dieser Zeit hatte das kanonische Recht. Erst durch die Kanonisten wurde die Wendung zu einem einheitlichen, allgemeinem Vertragsrecht vollzogen.[76] In Deutschland hatte es auf die Rechtsentwicklung einen nicht unerheblichen Einfluß. Noch vor dem römischen Recht fand das kanonische Recht an den deutschen Universitäten Eingang in die Rechtswissenschaft.[77] Erst durch das kanonische Recht wurde der Grundsatz „pacta sunt servanda" aufgestellt. Damit wurden im Gegensatz zum römischen Recht grundsätzlich alle Verträge für klagbar erklärt, der Typenzwang des römischen Rechts wurde durch den Grundsatz der Vertragsfreiheit ersetzt.[78]

Die wesentlichen Elemente der kanonistischen Vertragslehre sind vom Ius Commune übernommen worden.[79] Der Grundsatz „pacta sunt servanda" läßt sich auch im 1. Gesetz des 30. Abschnitts der Nürnberger Reformation von 1479 für den Gesellschaftsvertrag finden, wenn es heißt, daß *„mügen sie der nachgen und nachkommen"*, die Verträge also zu halten und auszuführen sind.[80]

---

[75] *Coing,* Europäisches Privatrecht, Bd. I, S. 406.

[76] *Coing,* Europäisches Privatrecht, Bd. I, S. 399.

[77] *Eisenhardt,* Rechtsgeschichte, S. 103.

[78] *Eisenhardt,* Rechtsgeschichte, S. 112. Die Glossatoren hatten unter Weiterentwicklung römischrechtlicher Grundsätze noch zwischen dem klagbaren begründetem pactum vestitum und dem pactum nudum als unklagbarer Naturalobligation unterschieden. Das Festhalten an diesem Typenzwang hatte sich jedoch in der Folgezeit aufgrund einer von der Natural- zur Geldwirtschaft gewandelten Sozialordnung als zu schwerfällig erwiesen, vgl. *Schlosser,* S. 62 f.

[79] *Coing,* Europäische Rechtsgeschichte, Bd. I, S. 400.

[80] Generell zum europäischen Einfluß auf das deutsche Handelsrecht, vgl. *Eisenhardt,* in: Unternehmen, Recht und Wirtschaftsordnung, Festschrift für Peter Raisch, 1995, S. 51 ff. Die dort getroffene Feststellung Eisenhardts, daß das in der Praxis angewandte Handelsrecht – ob es nun in gesetzlichen Bestimmungen niedergelegt war oder nicht – in Deutschland keine rein nationale Entwicklung genommen hat, sondern in eine gesamteuropäische Entwicklung eingebunden war, findet auch Unterstützung durch die Darstellung von Mittermaier über die Entwicklung des italienischen Handelsrechts. Dieser weist nach, daß handelsrechtliche Gesetzgebungen aus Italien in Europa im 16. Jahrhundert in großem Ansehen standen. Im Jahre 1506 ersuchte beispielsweise die Stadt Nürnberg den Senat von Venedig um Übersendung der Venezianischen Handelsgesetze, vgl. *Mittermaier,* in: ZHR 4 (1861), S. 327, 330.

Der im Mittelalter entwickelte Grundsatz der Vertragsfreiheit war für die Entstehung von Handelsgesellschaften eine günstige Voraussetzung, erst dadurch war es möglich, die Interessen der Gesellschafter bei Gründung einer gemeinsamen Gesellschaft im Rahmen eines Vertrages flexibel zu berücksichtigen. Für das moderne Gesellschafts- und Vertragsrecht kann diese Entwicklung sicherlich nicht hoch genug geschätzt werden[81]. Nach dem Typenzwang des römischen Rechts wäre die Gründung einer Handelsgesellschaft, die diesem unbekannt war, nicht möglich gewesen.

Beschränkt wurde der Grundsatz der Vertragsfreiheit lediglich dadurch, daß die Gesellschaftsverträge nicht sittenwidrig sein und nicht gegen die Billigkeit verstoßen durften. Dieser Grundsatz wurde infolge der Rezeption aus dem römischen Recht übernommen. Danach ist jede Vereinbarung ungültig, wenn sie insbesondere mit den Anschauungen der Sittlichkeit und der öffentlichen Ordnung in Widerspruch steht[82]. Unvereinbar mit diesem Grundsatz war die Gründung einer Handelsgesellschaft, die darauf gerichtet war, ein nicht staatlich gebilligtes Monopol hinsichtlich des Handels mit bestimmten Waren bilden zu wollen.[83]

Generell ergibt sich die Beschränkung der Vertragsfreiheit auch aus dem 1. Gesetz der Nürnberger Reformation von 1479, nach der die Verträge „zymlich" sein mußten. Eine Einzelfallregelung traf diesbezüglich das 3. Gesetz. Danach war eine Abmachung, nach der eine Partei allein den Gewinn, eine andere allein den Verlust zu tragen hatte, ungültig.[84] Eine derartige Vertragsklausel entsprach nicht dem allgemeinen Anstandsgefühl, sie war nicht „zymlich".[85]

Das kanonische Recht als maßgebliches Recht für die Entwicklung der allgemeinen Vertragslehren in dieser Zeit ging aber ebenfalls von der Überlegung aus, daß Voraussetzung für eine vertragliche Bindung ein entsprechender Wille war. Diese sollte grundsätzlich genügen, um rechtswirksame Verpflichtungen zu begründen.[86] Insoweit war für das Zustandekommen

---

Zum Einfluß des im Zuge der Rezeption eingeflossenen römischen und kanonischen Rechts auf die Nürnberger Reformation von 1479 vgl. wiederum *Eisenhardt,* Rechtsgeschichte, S. 245; ähnliche Regelungen in 18, 1. Gesetz Nürnberg 1564 und II, 23 § 1 Frankfurt 1578.

[81] Vgl. *Gmür,* S. 57; zum Einfluß des kanonischen Rechts auf die europäische Rechtskultur vgl. auch *Eisenhardt,* Rechtsgeschichte, S. 109 ff.

[82] *Scherer,* S. 26.

[83] *Woelckern,* S. 146.

[84] Eine derartige Vertragsgestaltung wurde in Anlehnung an eine aesopische Fabel als societas leonina bezeichnet, vgl. *Glück,* Bd. XV, S. 414.

[85] *Orth,* S. 508, ähnliche Regelungen finden sich in II. 23, § 1 Frankfurt 1578 und 18, 1. Gesetz Nürnberg 1564.

[86] *Coing,* Europäisches Privatrecht, Bd. I, S. 400.

eines Gesellschaftsvertrages grundsätzlich ein entsprechender Wille der an der Gründung beteiligten Gesellschafter ausreichend, der darauf gerichtet war, eine gemeinsame Gesellschaft vertraglich zu errichten. Aus diesem Grund konnten sich Kinder, taube und stumme Menschen, sowie Betrunkene nicht am Vertragsschluß beteiligen, da man ihnen die Fähigkeit, einen freien Willen zu äußern, absprach.[87]

Obwohl die Stadtrechtsreformationen eine Reihe von verschiedenen Vertragstypen regelten, nahmen sie allgemeine Grundsätze wie über das Zustandekommen von Verträgen nicht auf, was in modernen Gesetzgebungswerken üblich ist.[88] Für das Zustandekommen der Gesellschaftsverträge galten somit allein die Grundsätze der Vertragslehre des gemeinen Rechts, im wesentlichen beeinflußt durch die kanonistische Vertragslehre.

2. Formerfordernisse

a) Abschlußform

Das gemeine Recht sah für den Abschluß des Vertrages keine Formvorschriften vor. In ihm galt das Prinzip der Formfreiheit.[89] Dies galt auch für den Abschluß von Gesellschaftsverträgen.

Die Nürnberger Reformation von 1479 enthielt ebenfalls keine Regelungen in der Gestalt, daß zur Gründung einer wirksamen Gesellschaft eine bestimmte Form bei Abschluß des Gesellschaftsvertrages einzuhalten gewesen wäre. Sie geht daher von dem über das kanonische Recht in das Ius Commune übergegangenen Grundsatz aus, daß alle Verträge, unabhängig von ihrer Form Gültigkeit haben, sofern sie nicht unbillig sind.[90]

In der Reformation von 1564 wird im 1. Gesetz von einem „gegeneinander verpinden oder verschreiben" gesprochen. Hier werden folglich für den Abschluß des Vertrages sowohl die schriftliche als auch die mündliche Form anerkannt. Diese Gesetzesregelung hat aber nur klarstellenden Charakter, sie stellt kein zwingendes Formerfordernis auf. Dafür spricht auch der Grundsatz des gemeinen Rechts, nach dem eine schriftliche Urkunde allgemein des besseren Beweises dient, aber nicht Voraussetzung für einen Vertragsschluß ist.[91]

---

[87] *Woelckern,* S. 146.

[88] Vgl. *Wagenseil,* S. 3.

[89] *Coing,* Europäisches Privatrecht, Bd. I, S. 408.

[90] Zur Form von Verträgen in den Nürnberger Reformationen vgl. allgemein *Wagenseil,* S. 7 ff.

[91] *Coing,* Europäisches Privatrecht, Bd. I, S. 408.

Auch nach der vorher geltenden Rechtslage gemäß der Reform von 1479 war die schriftliche Abschlußform möglich, da die Möglichkeit des freien, formlosen Vertragsschlusses niemanden daran hinderte, nicht doch, auch wegen der besseren Beweisbarkeit der getroffenen Regelungen, einen schriftlichen Vertrag abzuschließen. Eine bestimmte Form als Wirksamkeitsvoraussetzung für einen wirksamen Gesellschaftsvertrag war auch hier nicht einzuhalten.

Auch die Frankfurter Reformation läßt den mündlichen Vertragschluß ausreichen. Danach sei *„gewoehnlich und brauchlich"*, daß *„in anfenglicher auffrichtung einer Gesellschaft" darüber, wie dieselbig abgeredt worden und kunfftiglich soll gehalten werden, ein glaubwurdige Verschreibung under ihre der gesellschafftersubscription und Insigeln auffgericht"* werde.[92] Der schriftliche Vertrag soll das mündlich Vereinbarte aus Gründen der besseren Beweisbarkeit festlegen. Die schriftliche Form war daher auch hier nicht zwingend, sie wurde eher als eine Empfehlung in gesetzlicher Form angesehen.[93]

Abschließend kann daher festgehalten werden, daß eine Gesellschaft grundsätzlich durch eine mündliche Vereinbarung gegründet werden konnte, die schriftliche Form war keine Wirksamkeitsvoraussetzung. Die schriftliche Form wird nur aus Gründen der Beweiserleichterung gewählt. Ein schriftlicher Vertrag konnte aber konstitutiv, d.h. Wirksamkeitsvoraussetzung für die Entstehung der Gesellschaft sein, wenn die Gesellschafter dies im Vertrag ausdrücklich festlegten.[94]

Ein Großteil der damaligen Gesellschaftsverträge wurde jedoch in der Regel aus Gründen der größeren Rechtssicherheit schriftlich abgeschlossen, und zwar in Form einer Urkunde mit Siegel und Unterschrift.[95]. Ferner zogen die Gründungsgesellschafter bei einigen Vertragsschlüssen Zeugen und sogenannte Mitsiegler hinzu. Im Imhofvertrag von 1490 werden die Ulrich Haller und Hans v. Zyl, die mit den Gesellschaftern verwandt waren, zu dem Vertragsschluß hinzugezogen und bestätigen diesen mit ihren Siegeln. Das Hinzuziehen von dritten Personen dürfte ebenfalls aus Beweisgründen geschehen sein, um nicht am Vertragsschluß beteiligte Person im Fall von Streitigkeiten unter den Gesellschaftern als Zeugen zur Verfügung zu haben.[96] Dies ergibt sich aus den in einem Großteil der Verträge auftretenden Formulierungen „zu merer Sicherheit" oder „zur mer vestigung". Es sollte

[92] II. 23 § 1 Frankfurt 1578.

[93] *Lutz,* Bd. I, S. 162.

[94] *Orth,* S. 504, 507 Anm. a) zu II. 23 § 1; auch *Woelckern,* S. 147.

[95] *Falke,* Bd. II, S. 330.

[96] Vgl. *Orth,* S. 504.

zur Sicherheit aller Gesellschafter möglich sein, gegebenenfalls auf Dritte als Beweismittel zurückgreifen zu können.

b) Treuegelöbnis

In einer großen Anzahl der damaligen Verträge werden Formhandlungen bei Abschluß des Vertrages erwähnt. Die am häufigsten erwähnten Formhandlungen sind das Reichen der Hand und das Gelöbnis an Eides statt.[97] Die Bedeutung derartiger Gelöbnisse im Untersuchungszeitraum ist schwierig festzustellen.[98]

Gierke sieht im Treuegelöbnis die Form der Haftungsbegründung neben der Schuldbegründung.[99] Das durch den Schuldvertrag begründete rechtliche Sollen wird durch den Haftungsvertrag zu einem rechtlichen Müssen.[100] Für den Fall der Nichterfüllung unterwirft sich der Schuldner mit seiner eigenen Person der Zugriffsmacht des Gläubigers.[101] Dies hätte beim Gesellschaftsvertrag dazu geführt, daß der vertragswidrig handelnde Gesellschafter nicht nur mit seinem Vermögen, sondern auch mit seiner Person durch Schuldknechtschaft haftet.[102]

Von einer solchen Bedeutung des Treuegelöbnisses kann aber aufgrund des Entwicklungsstands des deutschen Privatrechts im Untersuchungszeitraum nicht mehr ausgegangen werden.[103] Das Schuldrecht erfuhr im Mittelalter eine Fortbildung und Umgestaltung. Der alte Unterschied zwischen Schuld und Haftung entfiel.[104] Die Verweisung auf das Treuegelübde und das Handreichen in den Gesellschaftsverträgen diente nur noch einer besonderen Bekräftigung des Vertragsschlusses.[105] Als wesentliches Formerfordernis ist das Treuegelöbnis im 15. und 16. Jahrhundert daher nicht mehr anzusehen.[106]

---

[97] *Lutz,* Bd. I, S. 168 mit Hinweisen auf die Verträge, in denen derartige Wendungen vorkommen.

[98] *Lutz,* Bd. I, S. 171.

[99] *Gierke,* Schuld und Haftung, S. 131.

[100] *Lex,* S. 68 f.

[101] *Gierke,* Schuld und Haftung, S. 132.

[102] *Lutz,* Bd. I, S. 172; zur Schuldknechtschaft vgl. *Mitteis/Lieberich,* S. 125.

[103] Zum im Zeitpunkt der Stadtrechtsreformationen nicht mehr bestehenden Unterschied zwischen Schuld und Haftung, vgl. *Wagenseil,* S. 8.

[104] *Conrad,* Deutsche Rechtsgeschichte, Bd. II, S. 422.

[105] *Conrad,* Deutsche Rechtsgeschichte, Bd. II, S. 422.

[106] *F. G. A. Schmidt,* S. 36.

3. Der Inhalt des Gesellschaftsvertrages

a) Der Gesellschaftszweck

Notwendiger Inhalt eines jeden Gesellschaftsvertrages war eine Regelung über den Gesellschaftszweck. Dieser mußte im Betreiben von Handelsgeschäften oder allgemein eines ähnlichen Gewerbes liegen, irgendein allgemeiner Zweck reichte nicht aus. Für den Bereich des Stadtrechte Nürnbergs und Frankfurts ergibt sich dies jeweils aus dem 1. Gesetz der Abschnitte über die Handelsgesellschaften[107].

Für Gründungsverträge, die im alleinigen Geltungsbereich des gemeinen Rechts geschlossen wurden, bestand aber ebenfalls die Notwendigkeit, daß der Gesellschaftszweck sich auf die Ausübung eines Handelsgewerbes beziehen mußte. Dies ergibt sich nicht aus dem römischen Recht. Im gesamten römischen Recht fand die Handelsgesellschaft keine Erwähnung, allerdings bestand auch hier die Notwendigkeit, daß der Gesellschaftsvertrag einen entsprechenden Gesellschaftszweck beinhalten mußte.[108] Die Notwendigkeit eines besonderen Gesellschaftszwecks ergab sich vielmehr aus dem gesellschaftsrechtlichen Gewohnheitsrecht des gemeinen Rechts, wie es sich u. a. in den Gesellschaftsverträgen der süddeutschen Handelsgesellschaften wiederspiegelt, die ihren Sitz in Städten ohne eigenes Partikularrecht hatten. In der überwiegenden Mehrzahl der Gesellschaftsverträge findet sich im Anfangsteil eine Regelung über den Gesellschaftszweck.[109] Wie in dem gesellschaftsrechtlichen Teil der Stadtrechte finden sich Formulierungen wie „gewerb und hantierung" oder auch umfangreicher wie im Grander-Rehlinger Vertrag von 1503 „gesellschaft, hantyrung und gewerbe kafmannshendel und sachen". Hantierung bedeutet im damaligen Sprachgebrauch Kaufhandel oder allgemein Handel[110], Gewerbe bedeutete allgemein die Tätigkeit von Geschäften[111].

Eine Stütze findet diese Argumentation außerdem durch folgenden Umstand. Der Autor der Nürnberger Reformation von 1479 hat versucht, einheimisches Recht mit dem im Rahmen der Rezeption nach Deutschland eingeflossenen römischen Recht zu verbinden. Durch Aufnahme des besonderen Gesellschaftszwecks in das Gesellschaftsrecht der Reformation von

[107] Vgl. 1. Gesetz, XXX Nürnberg 1479; 1. Gesetz, VIII Nürnberg 1564, 1. Gesetz, XXIII Frankfurt 1578.

[108] *Kaser,* S. 572 unter Verweis auf D. 17,2.

[109] Vgl. neben den unten genannten Verträgen z. B. Meuting-Grandervertrag v. 1436, Imhofvertrag v. 1481, Haug-Linckvertrag v. 1547, Manlichvertrag v. 1548, abgedruckt bei *Lutz,* Bd. II.

[110] *Lexer,* Bd. I, S. 1175.

[111] *Lexer,* Bd. I, S. 985.

1479 ist offensichtlich, daß ein solcher Grundsatz zumindest gewohnheitsrechtlich schon vorher Bestandteil einheimischen Rechts gewesen sein muß. Das gemeine Recht fußte im Bereich des Gesellschaftsrechts nicht nur auf dem römischen, sondern auch auf durch Handelsbräuche ausgestaltetes Gewohnheitsrecht.[112] Es ist insoweit davon auszugehen, daß der Verfasser der Reformation von 1479 auch hinsichtlich des Gesellschaftszwecks der Handelsgesellschaften auf bereits vorhandene Vorbilder im gemeinen Recht zurückgegriffen hat.

Umfangreichere Regelungen des Gesellschaftszwecks sind in den Gesellschaftsverträgen der Fernhandelsgesellschaften aber nicht vorhanden. Der Gesellschaftszweck mußte zwar für die Handelsgesellschaft ein besonderer sein, ausführlichere Regelungen als die Bezeichung „gewerb und hantierung" finden sich aber nicht. Eine Nennung besonderer Handelsgeschäfte oder die Beschränkung auf den Handel mit bestimmten Waren gab es nicht.

Der Grund für die allgemeine Bezeichnung des Gesellschaftszwecks in den Verträgen lag in der Universalität des Tätigkeitsbereichs der Fernhandelsgesellschaften.[113] Der Geschäftsbereich der großen Fernhandelsgesellschaften umfaßte sehr verschiedene Bereiche des Wirtschaftsverkehrs, er ging von Geldgeschäften über den Warenhandel mit den unterschiedlichsten Produkten bis hin zur Produktion von Gütern.[114] Durch die allgemeine Bestimmung des Gesellschaftszweck sollte der definierte Geschäftsbereich flexibel gehalten werden. Aufgrund der Universalität der geschäftlichen Aktivitäten und der boomartigen Entwicklung des Handels in dieser Zeit sollte eine unnötige Beschränkung des Gesellschaftszwecks vermieden werden. Bei einer unnötigen Einschränkung des Gesellschaftszweck hätte man sonst den Gesellschaftsvertrag bei Expansion der Gesellschaft in neue Geschäftsfelder unnötig ändern müssen. Keinesfalls sollte durch die Bestimmung des Gesellschaftszwecks eine besondere rechtliche Bindung oder Beschränkung erreicht werden, auf die sich ein Gesellschafter hätte berufen können.[115]. Deutlich wird dies besonders an der Regelung im Weißhauptvertrag von 1491. Dort heißt es lediglich, daß *„wir unns dall drey (...) und gemains nutes wegen gutlich und fruntlich veraint haben (...)"*

Unterstützung findet diese Argumentation durch einen Vergleich mit den Saigerhandelsgesellschaften. Die Verträge dieser Gesellschaften geben den Gesellschaftszweck wesentlich genauer an („alles, was also gesmeltzt und abgetriben wirdet, es sey silber oder kupfer" den Gesellschaftern „in der gesellschaft zugute verkaufen oder vertreiben" soll (Vertrag der Saigerhan-

112 *Thöl,* S. 36.

113 *Lutz,* Bd. I, S. 207.

114 Vgl. *Coing,* Handbuch, Bd. II/2, S. 623.

115 *Lutz,* Bd. I, S. 207.

delsgesellschaft Mansfeld v. 1472)). Diese Gesellschaften beschränkten sich ausschließlich auf die Metallproduktion und den Handel mit den fertigen Produkten. Aufgrund des eng gefaßten Gesellschaftszwecks sollten diese Gesellschaften daran gehindert werden, durch einen Handel mit anderen Waren in Wettbewerb zu den Handelsgesellschaften mit universellem Geschäftsbereich zu treten, da Gesellschafter der allgemeinen Handelsgesellschaften auch Gesellschafter der Saigerhandelsgesellschaften waren. Hier sollte der eng umrissene Gesellschaftszweck für die Gesellschafter eine rechtliche Bindung schaffen.[116]

Angaben zum Gesellschaftszweck finden sich aber auch an anderen Stellen der Verträge, zum Beispiel in Regelungen über die Geschäftsführungsbefugnis und Vertretungsmacht. So heißt es im Fuggervertrag von 1494:

> „Item unser yeder soll gantzen vollen gewakt und macht haben in allen und yeden Dingen, den handel anrurend oder das dem handel und uns zu gut geschicht, es sey mit kaufen, verkaufen (...)“[117]

In kleineren Gesellschaften findet sich daneben auch die Bestimmung, daß das eingelegte Geld anzulegen und damit nach „bestem vermugen on alle gevarlich ait hanndtieren und werben.“ Hier wird der Gesellschaftszweck durch eine Bestimmung über die Verwendung des Gesellschaftsvermögens ergänzt. In dieser Form ist ein Mehr an rechtlicher Bindung beabsichtigt[118], um aufgrund einer genaueren Regelung die Gesellschafter bei der Verwendung des eingesetzten Kapitals besonders in die Pflicht zu nehmen. Diese engere oder weitere Festlegung des Gesellschaftszwecks sollte für die Gesellschafter somit nur im Innenverhältnis hinsichtlich des Umfangs der Geschäftstätigkeit eine rechtliche Bindung entfalten. Bei den Saigerhandelsgesellschaften sollte mittelbar der Wettbewerb zu anderen Handelsgesellschaften begrenzt werden.

Damit ist aber noch keine Aussage darüber getroffen, warum abstrakt das Erfordernis der Festlegung eines besonderen Gesellschaftszwecks in bezug *auf „gewerb und handtierung“* als notwendiger Vertragsbestandteil für die Handelsgesellschaften bestand. Die Literatur hat sich mit dieser Frage bisher nicht auseinandergesetzt.

Wie oben ersichtlich, war notwendig, daß der Gesellschaftszweck sich auf die Ausübung von Handelsgeschäften und auf gewerbliche Zwecke bezog. Da auch der Gesellschaftsvertrag des römischen Rechts eine Regelung über den Gesellschaftszweck vorsah, kann die Festlegung eines besonderen Gesellschaftszwecks in den Stadtrechten und den Verträgen daher nur den

---

[116] *Kammerer,* S. 237.

[117] Abgedruckt bei *Jansen,* Jakob Fugger der Reiche, S. 263 ff.

[118] *Lutz,* Bd. I, S. 206.

folgenden Grund gehabt haben. Wie bereits festgestellt, war die *societas* des römischen Rechts ein bloßes Schuldverhältnis mit rechtlichen Bindungen allein im Innenverhältnis. Die Handelsgesellschaft war aber bereits in dieser Zeit eine Außengesellschaft, die im Geschäftsverkehr als eine organisatorische und rechtliche Einheit dem Vertragspartner gegenüber stand.[119] Sie war selbständige Unternehmensträgerin. Der Vorteil einer solchen organisatorischen Einheit bestand für die Gesellschafter darin, durch die Bündelung von gemeinsamen Kapital Geschäfte unter einer gemeinsamen Gesellschaft abzuschließen, der Geschäftsabschluß mit Dritten wurde für die Gesellschafter durch die Gesellschaftsbildung vereinfacht. Daß die Gesellschafter eine Gesellschaft in dieser besonderen Form gründen wollten, um den Vorteil einer Außengesellschaft in Vertragsbeziehungen mit Dritten zu nutzen, mußte daher in Abgrenzung zu anderen Gesellschaftsformen im Vertrag vereinbart und hinreichend kenntlich gemacht werden. Die Berücksichtigung des Gesellschaftszwecks im Gründungsvertrag sollte die Handelsgesellschaft als besondere Gesellschaft von der allgemeinen Gesellschaft des gemeinen Rechts, wie sie dem römischen Recht entnommen war, abgrenzen. Das Erfordernis des Gesellschaftszwecks in Gestalt des Handeltreibens oder eines ähnlichen Gewerbes sollte diese vertragliche Absicht deutlich zum Ausdruck bringen. Der Zweck mußte auf Unternehmensträgerschaft, also auf den Betrieb eines Unternehmens im Rechtskleid der Außengesellschaft (in gewollter Mitunternehmerschaft) gerichtet sein. Diese vertragliche Festlegung eines „unternehmerischen" Gesellschaftszweck war notwendiger Bestandteil des Gesellschaftsvertrages. Fehlte eine solche Vereinbarung, konnte nur eine römisch-rechtliche societas als bloße Innengesellschaft gegründet werden.

Für den eigenständigen Charakter der Handelsgesellschaft gegenüber der Gesellschaft des römischen Rechts sprechen auch die folgenden Erwägungen. Coing, der die rechtlichen Grundlagen der Handelsgesellschaften im 15. und 16. Jahrhundert fast vollständig dem römischen Recht entnehmen will, stellt eindeutig fest, daß die Frankfurter Reformation von 1578 nur die Handelsgesellschaft als Gesellschaftsform in ihrem gesellschaftsrechtlichen Teil beinhaltet.[120] Das gleiche gilt konsequenterweise auch für die vorangegangene Nürnberger Reformationen, die sich das Frankfurter Gesetzgebungswerk hinsichtlich des gesellschaftsrechtlichen Teils zum Vorbild genommen hat.[121]

Wenn nun die Handelsgesellschaft als eigene Gesellschaftsform geregelt worden ist, muß sie konsequenterweise auch ein eigenes Rechtsinstitut dar-

---

119 Vgl. *Endemann,* Handelsrecht, Bd. I, S. 159.

120 *Coing,* Europäisches Privatrecht, Bd. I, S. 464 (dort Fn. 1).

121 Vgl. oben B. II. 2. und 3.

stellen, nicht nur irgendeine Abart der römischen *societas*. Da das gemeine Recht als subsidiäres Recht auch in den Gebieten mit eigenem Stadtrecht galt[122], mußte gegenüber der allgemeinen zivilen Gesellschaft des römischen Rechts auch ein besonderes Abgrenzungskriterium Anwendung finden. Dieses konnte folglich nur in einem, gegenüber der *societas* spezielleren Gesellschaftszweck liegen.

b) Die Gesellschafter

Voraussetzung für die wirksame Errichtung einer Gesellschaft war sowohl nach gemeinem als auch nach den Partikularrechten, daß sich mindestens zwei Personen zu einer solchen vertraglich zusammenschlossen[123]. Dies kommt im ersten Gesetz der Nürnberger Reformation von 1479 zum Ausdruck, in dem es heißt:

> „So etlich Personen einich gesellschaft ires gewerbs und hantierung miteinander treffen und machen".

Etlich bedeutet im damaligen Sprachgebrauch irgendwelche, einige oder manche.[124]

aa) Gesellschafterfähigkeit

Während noch im 14. Jahrhundert durch die Gesetzgebung der Städte Einschränkungen hinsichtlich des möglichen Personenkreises, die sich an einer Gesellschaft beteiligen konnten, gemacht wurden, bestanden solche im 15. und 16. Jahrhundert nicht mehr. Ulm verbot 1389 die Gemeinschaft mit Stadtfremden bei einer Strafe von 10% des Gesellschaftskapitals.[125] Ebenso wurde in Nürnberg zu dieser Zeit die Gründung einer Gesellschaft mit Gesellschaftern aus anderen Städten verboten.[126] Diese Beschränkung wurde offensichtlich im 15. Jahrhundert aufgegeben. In der Reformation von 1479 und den folgenden Stadtrechtsreformationen findet sich ein derartiges Verbot nicht mehr. Im Jahre 1506 gründeten die Nürnberger Jörg Koler und Jörg Kress eine Gesellschaft mit dem ortsfremden Mailänder Ambrosius de Saronno.

Die Fähigkeit, Gesellschafter zu sein und sich als Partei an einem Gesellschaftsvertrag zu beteiligen, wurde einigen Personengruppen, die bestimm-

---

[122] Vgl. zum Verhältnis von Stadtrechten und gemeinem Recht *Wesenberg/Wesener*, S. 159.

[123] *Woelckern*, S. 146.

[124] *Lexer*, S. 714.

[125] *Lutz*, Bd. I, S. 62.

[126] Siehe dazu Stadtarchiv Nürnberg (Hrsg.), S. 106 ff., 143 f.

ten Berufsgruppen angehörten, abgesprochen. Nach der Kommentierung von Woelckern[127] gehörten dazu Amtsträger, Geistliche und Soldaten, aber auch Ärzte und Anwälte. Den Grund für diese Beschränkung läßt Woelckern offen, möglicherweise befürchtete man aber das Entstehen von Interessenskollisionen mit amtlichen oder beruflichen Pflichten.

Der Gesellschafterkreis wurde auch durch Vertrag beschränkt. So konnten in manchen Gesellschaften nur Familiengesellschafter partizipieren. Als Beispiel dient der Gesellschaftsvertrag der Ausgburger Fugger. Der Vertrag von 1494 legt diesen Umstand durch die Bezeichnung der Gesellschafter als „bruder und geselschafter" fest. Dieses tatsächliche Fernhalten fremder Gesellschafter wurde durch weitere Vertragsbestimmungen gefestigt. Im Fall des Ausscheidens eines Gesellschafters war ein Nachrücken familienfremder Gesellschafter ausgeschlossen. Eine Abtretung des Anteils war nicht möglich.[128] Der Grund für diese Beschränkung lag wohl in dem Mißtrauen gegenüber Fremden. Dieser starke Familiencharakter der Gesellschaft wurde bei anderen Zusammenschlüssen weniger stark betont. Beispiele hierfür sind der Zusammenschluß der Welser und Vöhlin mit den Laugingern in Augsburg oder wiederum die Koler-Kreß-Saronno Gesellschaft.

bb) Unterschiede im Gesellschafterkreis

Gesellschafter der Handelsgesellschaften waren zunächst die unmittelbar am Vertragsschluß beteiligten und in den Vertragsurkunden genannten Personen. Sie zeichneten sich dadurch aus, daß sie unmittelbar am Gründungsvorgang beteiligt waren,[129] ihre persönliche Arbeitsleistung in die Gesellschaft einbrachten und persönlich für Gesellschaftsschulden hafteten. Nur sie waren zur Geschäftsführung und Vertretung der Gesellschaft berechtigt.[130] Die Anzahl dieser Gesellschafter übersteigt nicht die Zahl von acht, in der Regel besteht die Anzahl der Hauptgesellschafter aus drei oder vier Personen.[131]

Daneben gab es Personen, die nur an Gewinn und Verlust der Gesellschaft, also rein kapitalmäßig beteiligt waren. Diese waren von der Ge-

---

127 *Woelckern,* S. 146.

128 *Peterka,* in: ZHR 73, S. 394.

129 Vgl. *Kammerer,* S. 240.

130 *Rehme,* in: ZRG GA 47, S. 535.

131 Vgl. zum Beispiel den Gesellschaftsvertrag zwischen Wilhelm Weißhaut, Hans Schreiber und Valentin Deitmar Ulm 1491, abgedruckt bei *Strieder,* Gesellschaftsverträge; s. auch den Gesellschaftsvertrag zwischen Georg Koler, Jörg Kress und Ambrosius von Saranno Nürnberg 1500, abgedruckt bei *Lutz,* Bd. II., S. 21.

schäftsführung der Gesellschaft ausgeschlossen. Dies wird deutlich im Privilegs Friedrichs des Dritten für die Stadt Nürnberg von 1464:

> „Welich person, burger oder burgerin ein nemlich summa gelts mit geding in ein geselschaft legen, das sy solich geding halten und dem nachkomen sullen. Welich obgemelt Person aber ir gut und gelt in geselschaft tun und legen ohn geding, sunder zu gewyn und verlust und doch für sich selbst die hantierung der geselschaft nit pflegen zu handeln, ob und wan dan dieselben geselschaften durch ungefalle oder sust verlust leyden und in schulde vallen wurden und dieselb schulde von dem hauptgut, das sie alle in der gesellschaft heten, nit möchte bezalt werden, so solten dieselben person, die, als vorstet, ir gut und gelt unverdingt in geselschaft hetten, nit mer zu bezalen pflichtig noch schuldig sein dann allain sovil, als sich nach anzahl ires zugelegten hauptguts gespüren, und damit der überigen schuld ganz entledigt und auch alle ander ir hab und gut (...)“[132]

Im folgenden soll untersucht werden, wie diese Art der Beteiligung rechtlich einzuordnen ist. Klärungsbedürftig ist insbesondere die Frage, ob eine Person, die sich bei der Gründung einer Handelsgesellschaft nur zu Gewinn und Verlust, ohne die Pflicht zur Mitarbeit, beteiligte, als Gesellschafter derselben anzusehen war.

Die auf diese Art beteiligten Personen wurden in den Vertragsurkunden nur selten erwähnt. Wenn überhaupt, geschieht dies nur sehr allgemein, eine namentliche Nennung kommt nicht vor. Der Höchstetter Vertrag von 1524 besitzt die ausführlichste Regelung über die nur kapitalmäßige Gesellschaftsbeteiligung. Dort findet sich folgende Formulierung:

> „nachdem unnd mir gelt bey unns haben von unser gutten freunden im handel zu gewinn und verlust, doch was unns der drytt oder veirtt pfennig furgeleget wurtt, soll einem jettlichen zugetaylt werden die mue und arbaytt, acuh verpflichtet sendt nach ab und anires hauptgutz und die annder tayll sollent alsann denselben nach unnserm guten willen zugetaylt werden on ale widerrede unnd ferrer rechnung ine zu thon nit schuldig sendt, sunder was inen geben wurdt, darob suln an gutt benuegen haben.“

Aus dem Inhalt des Vertrages wird deutlich, daß die Einlagen zu Gewinn und Verlust nur beschränkt am Gesellschaftsgewinn beteiligt waren. Fraglich ist, ob die nur kapitalmäßige Beteiligung als Gesellschafterstellung in der Handelsgesellschaft selbst zu qualifizieren ist. Über die genaue Rechtsform dieses Beteiligungsverhältnisses herrscht in der Literatur Uneinigkeit. Teilweise werden diese als Gesellschafter[133], teilweise nur als eine Art von stillen Beteiligten[134] angesehen. Rehme geht hinsichtlich der Einordnung dieser Beteiligung am weitesten, indem er rechtlich eine Stellung als Kommanditist annimmt.[135] In concreto würde dies bedeuten, daß nach Rehme

---

132 Abgedruckt bei *Strieder,* Kapitalismus, S. 104.

133 So *Strieder,* Kapitalismus, S. 104 und *Peterka,* in: ZHR 73, S. 394.

134 So offenbar *Bauer,* S. 159.

Personen, die sich in der oben dargestellten Weise an der Gründung einer Gesellschaft beteiligten, Gründungsgesellschafter einer Handelsgesellschaft waren. Damit hätte schon damals die Möglichkeit der rechtlichen Gründung einer Kommanditgesellschaft bestanden.

Es soll daher anhand des Privilegs Friedrichs III. von 1464, der oben aufgeführten Regelung im Höchstetter Vertrag von 1524 und des 4. Gesetzes des 18. Abschnitts der Nürnberger Reformation von 1564 weiter untersucht werden, ob diese weitgehende Einschätzung Rehmes zutreffend ist.

Das Privileg Friedrichs III. von 1464 trifft zur Frage der Gesellschafterstellung folgende Aussagen: Es nennt zuerst solche Personen, die „ein nemlich summa gelts mit geding in ein geselschaft legen (...)“, also sich durch Leistung von Beiträgen durch einen Gesellschaftsvertrag („geding“) zusammenschließen. In der Literatur ist die Ansicht herrschend, daß mit diesen Personen die Gesellschafter der Handelsgesellschaften gemeint waren.[136]

In Abgrenzung dazu werden solche Personen erwähnt, die „ir gut und gelt in geselschaft tun und legen ohn geding, sunder zu gewyn und verlust (...)“. Durch die Bezeichnung „ohn geding“ (ohne Vertrag) wird deutlich, daß hier keine Beteiligung am Gesellschaftsvertrag erfolgte. Die Beteiligung zu Gewinn und Verlust muß also rechtlich als ein aliud angesehen worden sein. Maßgeblich für die Stellung als Kommanditist ist aber, daß dieser bei Gründung einer Gesellschaft Vertragspartei des Gesellschaftsvertrages ist. Da die Beteiligung zu Gewinn und Verlust als ein anderes, vom Gesellschaftsvertrag der Handelsgesellschaft isoliertes Rechtsverhältnis angesehen worden zu sein scheint, kann es nicht das eines Gesellschafters in der Form eines Kommanditisten gewesen sein. Das Privileg wollte diese Art der Beteiligung schon bei Gründung einer Gesellschaft erfassen, nicht etwa erst als ein nach der Gründung mögliches Rechtsverhältnis.

Noch klarer wird diese Unterscheidung im 4. Gesetz des 18. Titels der Nürnberger Reformation von 1564 getroffen, in der die Grundsätze des Privilegs von 1464 erstmalig gesetzmäßig aufgegriffen wurden.[137]:

> „Was die Gesellschaft eüssern Personen schuldig ist, darumb seien alle Gesellschafter in solidum und unverschaidenlich verbunden (...)
>
> So aber ainer sein gut oder gelt in ain Gesellschaft zu gewyn und verlust on besondere geding oder verpflichtung gelegt hat und die Gesellschaft in ainen verlust kommen were, so soll er weiter nit dann nach anzal seines gelegten gelts oder guts mitzubezalen schuldig sein.“

---

[135] *Rehme,* in: ZRG GA 47, S. 537.

[136] Vgl. *Bauer,* S. 169; *Lutz,* Bd. I, S. 74; *Kammerer,* S. 136; a.A. *Keutgen,* in: VSWG 4, S. 606.

[137] In der Reformation von 1479 wurde das Privileg nicht aufgegriffen, vgl. das 6. Gesetz des 30. Titels.

Hier werden die zu Gewinn und Verlust Beteiligten zu den eigentlichen Gesellschaftern noch deutlicher abgegrenzt, sie werden im Gegensatz zu den ersten gar nicht als Gesellschafter oder Partizipanten der Handelsgesellschaft bezeichnet. Besonders deutlich wird dies an der Formulierung „on besondere geding oder verpflichtung". Eine rechtliche Beteiligung als Vertragspartei am Gesellschaftsvertrag, wie sie für den Kommanditisten charakteristisch ist, lag danach eindeutig nicht vor. Nach außen treten diese Gesellschafter nicht in Erscheinung. Bis auf den Höchstetter Vertrag von 1524 werden sie in den Gesellschaftsverträgen nicht erwähnt. Auch dort wird nur abstrakt von unseren Freunden, also von außenstehenden Personen gesprochen. Für eine Beteiligung als Kommanditist wäre das äußere Erscheinen von Beteiligung und Haftung, auch durch namentliche Nennung im Gesellschaftsvertrag, aber gerade erforderlich gewesen. Als ein weiteres Indiz für die fehlende Gesellschafterstellung ist anzuführen, daß die Rechte der Einleger zu Gewinn und Verlust äußerst beschränkt waren. Ein Anspruch auf Rechnungslegung oder irgendwelche Mitspracherechte, also Einflußmöglichkeiten auf die Willensbildung der Gesellschaft besaßen sie nach dem Höchstetter Vertrag nicht. Die Beteiligung am entstandenen Gewinn oblag letztlich der Entscheidung der Gesellschafter. Gewisse Mitsprache- und Stimmrechte sind aber ein wesentlicher Bestandteil der Gesellschafterstellung in einer Handelsgesellschaft. Wer ein solches Mindestmaß an gesellschaftsrechtlichen Rechten generell nicht besitzt, kann nicht als Gesellschafter der Handelsgesellschaft qualifiziert werden.[138]

Abschließend kann diese Art der Beteiligung folglich nicht als Kommanditistenstellung qualifiziert werden. Die Einleger zu Gewinn und Verlust waren folglich auch keine Gesellschafter der Handelsgesellschaften. Wie sich aus § 6, 18. Abschnitt der Nürnberger Reformation von 1564 ergibt, wurden diese auch nicht als solche betrachtet. Vielmehr erblickte man in dieser Beteiligung ein eigenes Rechtsverhältnis. Für ein Gesellschafterverhältnis hätte gerade eine Beteiligung am Gesellschaftsvertrag der Handelsgesellschaft selbst erfolgen müssen. Dies sahen die Gesetzgebung und die Regelungen in den Verträgen aber gerade nicht vor.

Das Beteiligungsverhältnis zu Gewinn und Verlust weist dagegen in starkem Maße Elemente der stillen Beteiligung auf, wie sie heute in den §§ 230 ff. HGB geregelt ist.[139] Bei der stillen Gesellschaft beteiligt sich der stille Gesellschafter durch eine Einlage am Handelsgewerbe eines ande-

---

[138] Dem grundsätzlich zustimmend auch *Kammerer,* S. 136, ohne jedoch auf eine rechtliche Einordnung dieses Beteiligungsverhältnisses einzugehen. Vgl. auch *Schimke,* S. 63.

[139] Der gleichen Ansicht ist *Schimke,* S. 63 für eine dem Höchstetter Vertrag ähnliche Regelung im Gesellschaftsvertrag der Saigerhütte Arnstadt von 1532; grundsätzlich zustimmend auch *F. G. A. Schmidt,* S. 93 und *Coing,* Reformation, S. 63.

ren, ohne dabei nach außen in Erscheinung zu treten. Sie ist eine bloße Innengesellschaft und bildet kein Gesamthandsvermögen.[140] Die stille Gesellschaft bildet dabei eine eigene, vom Handelsgewerbe getrennte Gesellschaft. Der stille Gesellschafter haftet wie der Kommanditist nur beschränkt mit seiner Einlage, insoweit gleichen sich die stille Gesellschaft und die Kommanditgesellschaft.[141] Dagegen ist der Kommanditist am Gesamthandsvermögen beteiligt. Seine Beteiligung und Haftung treten nach außen in Erscheinung.[142]

Gerade die praktisch nicht vorhandene Einflußnahmemöglichkeit auf das Handelsgeschäft und das Fehlen eines rechtlichen Auftretens nach außen bzw. eine nicht vorhandene Einbeziehung in den Gesellschaftsverträgen sprechen gegen eine Einordnung als Kommanditgesellschaft. Ein weiteres Indiz ist die fehlende Berücksichtigung der Kommanditgesellschaft im Allgemeinen Landrecht für die Preußischen Staaten von 1794. In den Regelungen über Handelsgesellschaften in den II 8 §§ 614 ff. ALR ist nur die stille Gesellschaft geregelt. Das ALR hat gesellschaftsrechtliche Regelungen, die bereits in den Stadtrechtsreformationen vorhanden waren, aufgenommen.[143] Wäre zu diesem Zeitpunkt die Kommanditgesellschaft als eigenständige Gesellschaftsform bekannt gewesen, hätte diese sicherlich Eingang in das ALR gefunden. Die Kommanditgesellschaft fand erst durch das französische Recht im 19. Jahrhundert Eingang in das deutsche Gesellschaftsrecht.[144]

c) Die Kapitaleinlage – Beitragspflichten der Gesellschafter und Gesellschaftsvermögen

Ausdrückliche Regelungen über die Pflicht zur Beitragsleistung finden sich in den Stadtrechtsreformationen nicht. Insoweit findet das gemeine Recht als subsidiär geltendes Recht Anwendung.[145] Danach waren die Gesellschafter verpflichtet, den gemeinsamen Gesellschaftszweck durch Leistung von Beiträgen zu fördern.[146] Die Beiträge der Gesellschafter konnten aus Vermögenswerten bestehen, eine Leistung war aber auch in Form von persönlicher Arbeit möglich.[147]

---

140 Münchener Handbuch des Gesellschaftsrechts, Bd. II (Kommanditgesellschaft und Stille Gesellschaft), § 1, Rn. 3–10.

141 *Sudhoff,* S. 35.

142 *Sudhoff,* S. 36.

143 Vgl. dazu unten Erster Teil, 2. Abschnitt, B. I. 2. a).

144 *Servos,* S. 14; a. A. offensichtlich *Kübler,* S. 7.

145 Vgl. allgemein zum Verhältnis zwischen Stadtrechten und gemeinem Recht *Wesenberg/Wesener,* S. 159.

146 *Kaser,* S. 572.

Der Gesellschaftsvertrag begründete daher für jeden Gesellschafter die Pflicht zur Beitragsleistung. Die Beiträge waren in der Regel bei Vertragsbeginn zu leisten und bildeten das Stammkapital der Gesellschaft.

In der Regel wurde in den Gesellschaftsverträgen die Höhe der Kapitaleinlage angegeben.[148] Teilweise wurde die Höhe der Einlageverpflichtung nicht genau beziffert und erst in der nächsten Rechnung bestimmt.[149]. Es kam auch vor, daß die Höhe der zu leistenden Einlage im Vertrag nur abstrakt angesprochen und in das Ermessen des Gesellschafters gestellt wurde. In diesem Fall wird die tatsächlich geleistete Einlage in das sogenannte Wertbuch geschrieben und dem einzelnen Gesellschafter angerechnet.[150] Eine bestimmte oder Mindesthöhe der Einlageverpflichtung, oder etwa durch die Gesetzgebung normierte Kapitalaufbringungsgrundsätze gab es nicht.[151]

In Verträgen, die eine bestehende Gesellschaft nach Ablauf der in den Gründungsverträgen festgelegten Vertragslaufzeit lediglich fortsetzten, tauchen Bezifferungen der Kapitaleinlagen nicht mehr auf. Hier bestanden bereits Kapitaleinlagen der einzelnen Gesellschafter, die bilanziell erfaßt wurden. Diese Verträge verweisen lediglich auf Eintragungen in den Rechnungsbüchern und besonderen Quittungen.[152]

Der Normalfall im 15. und 16. Jahrhundert war die Bargründung, d.h. die Leistung der Einlage aus flüssigen Geldmitteln. Teilweise bestand die Möglichkeit, die Einlage auch innerhalb einer im Gesellschaftsvertrag festgelegten Frist zu leisten. Die zu leistenden Kapitalbeiträge waren von den Gesellschaftern aus ihrem eigenem Vermögen aufzubringen.[153]

---

[147] Vgl. Gai. 3, 149; D. 17.2.6.

[148] Z.B. Weißhauptvertrag von 1491, Einlageverpflichtung von 1000 fl. für jeden Gesellschafter, Manlichvertrag v. 1548, Einlage des Christoph Manlich unbeziffert, diese beszo sich scheinbar auf eine vorher bestehende Gesellschaft mit anderen Personen, Leonhart Manlich 5000 fl., Anton und David Manlich jeweils 2000 fl., Vertrag der Saigerhandelsgesellschaft Mansfeld von 1472 (fl. = Rheinischer Gulden, der gebräuchlichsten Rechnungsgröße dieser Zeit, hinsichtlich weitere Informtionen zu den Währungsverhältnissen vgl. *Möllenberg,* Urkundenbuch zur Geschichte des Mansfeldischen Saigerhandels im 16. Jahrhundert, Einleitung S. X).

[149] Vgl. Fuggervertrag von 1494: „Erstlich das solche unnsere handlung und geselschafft die nechsten sechs jare schirst nacheinander volgennd steen und pleybennd, und was wir unnd unnser yeder auff diesenn tag im handell unnd gesellschafft hatt und sichn unnter unns in der nechtsten rechnung erfinden wirt hauptsgut und gewynnung (...)".

[150] Vgl. Vertrag der Gesellschaft Koler, Kress, Saranno v. 1500: „Item zum ersten wie fill ein yeder ein legtt ess sey an barmgelt an gütte schullde oder an gutten pffenbartttten im zimlichen rechten gellt geschätzt, soll allssoo angenomen werden und ann yden zwgeschryben werden in einbuch, das man hayst das werttbuch".

[151] Vgl. *Lutz,* Bd. I, S. 246.

[152] *Kammerer,* S. 246; *Lutz,* Bd. I, S. 249.

Im Zusammenhang mit der Pflicht zur Beitragsleistung und ihrer Finanzierung spielte das Institut der Fürlegung eine wichtige Rolle. Die Fürlegung eröffnete finanzschwachen Gesellschaftern die Möglichkeit, bei Gründung der Gesellschaft ihre Stammeinlage zu finanzieren. Allgemein handelte es ich dabei um eine Geldsumme, die einem Gesellschafter zur Vergrößerung eines Geschäftsanteils „eingeschossen" wurde.[154] Der durch die Fürlegung begünstigte Gesellschafter besaß nur für eine begrenzte Zeitdauer – in der Regel bis zur nächsten Bilanz und Gewinnverteilung – die Nutzung an der ihm fürgelegten Summe. Er erhielt den vollen Gewinnanteil, der auf das fürgelegte Kapital entfiel.[155] Die fürgelegte Summe verblieb aber im Eigentum der Gesellschaft. Auf diese Weise sollte sichergestellt werden, daß der Gesellschafter bei der Kapitalaufbringung nicht auf die Finanzierung durch gesellschaftsfremde Personen zurückgreifen mußte, etwa im Rahmen der Unterbeteiligung an seinem Gesellschaftsanteil.[156] Dadurch sollte der Einfluß von Fremden auf die Gesellschaft ausgeschlossen werden. Der Grundsatz der Fürlegung war bereits in den Institutionen des Kaisers Justinian verankert und gehörte zum Gesellschaftsrecht des ius commune.[157] Die Nürnberger Reformationen von 1479 und 1564 übernehmen diesen Grundsatz ebenfalls.[158] Sollte die Beitragsleistung im Rahmen der Fürlegung finanziert werden, war eine entsprechende Vereinbarung im Gesellschaftsvertrag zwingend notwendig.

Möglich war jedoch auch die Leistung der Kapitaleinlage mit Sachwerten und Forderungen.[159] Allerdings wurde die eingebrachte Forderung nur als Einlage anerkannt, wenn sie auch bis zur nächsten Rechnung realisiert werden konnte.

Das einzige Beispiel einer reinen Sachgründung bietet die Errichtung der großen Steinacker Saigerhandelsgesellschaft von 1555, in der die Hütten Arnstadt, Eisfeld und Arnstadt zusammengeschlossen wurden. Die eingebrachten Vermögensgegenstände sollten aufgrund einer Inventur bewertet und den Einbringenden verhältnismäßig als Kapitaleinlage in der neuen Gesellschaft gutgeschrieben werden: „was dann als ein jeder Theil an schulden, barschaft und anderm verhanden, zum handel gehorig, soll eim jeden teil fur sein heuptgut eingeschrieben und daruber nottorftige urkund gege-

---

[153] Vgl. *Schimke,* S. 47.

[154] *Strieder,* in: VSWG 19, S. 521 f.

[155] *Mayer,* S. 62.

[156] Vgl. dazu grundlegend *Schimke,* S. 47 ff.

[157] Vgl. Institutiones III.25 (De societate).

[158] Nürnberg 1479 30, 3. Gesetz; 1564 18, 1. Gesetz; keine Regelung findet sich dagegen in der Frankfurter Reformation von 1579.

[159] Vgl. Vertrag der Gesellschaft Koler, Kress, Saranno v. 1500, abgedruckt bei *Lutz,* (Urkundenband) Bd. II, S. 21 ff.

ben werden."[160] Dabei handelte sich es um eine Unternehmensfusion, die für das Handelsgesellschaftswesen dieser Zeit eine Ausnahme darstellte.

d) Geschäftsführung

Regelungen über ein Handeln für die Gesellschaft finden sich in allen gesellschaftsrechtlichen Teilen der Stadtrechtsreformationen in ähnlicher Form,[161] aber nur gegenüber Dritten. Danach ist die Gesellschaft verpflichtet, Verträge, die durch einen Gesellschafter für die Gesellschaft geschlossen werden, zu erfüllen. Besondere Voraussetzungen werden an ein solches Handeln nicht geknüpft. Diese Regelungen waren nicht abdingbar. Da es keine Pflicht zur öffentlichen Bekanntmachung der handlungsbefugten Personen gab, war eine solche Verpflichtung die einzige Möglichkeit, den Gläubigern der Gesellschaft ausreichende Rechtssicherheit zu bieten.[162]

Die Stadtrechtsreformationen machten aber keine Aussage über eine entsprechende Geschäftsführungsbefugnis im Innenverhältnis. Die Ursache dafür lag in dem Umstand, daß die in der Dogmatik des heutigen Gesellschaftsrechts bestehende Trennung zwischen Geschäftsführung (Innenverhältnis) und Stellvertretung (Außenverhältnis) nicht bestand. Regelungen über ein Handeln für die Gesellschaft umfaßten grundsätzlich beide Verhältnisse.[163] Der Grund für diese fehlende Trennung dürfte in dem Fehlen von Vorbildern im römischen Recht liegen, in dem die Gesellschaft ein bloßes Schuldverhältnis im Innenverhältnis war. Aus der Befugnis zur Vertretung gegenüber Dritten kann aber geschlossen werden, daß die Gesellschafter nach den Stadtrechten auch im Innenverhältnis grundsätzlich zur Führung aller Geschäfte befugt waren.

Der Grundsatz, daß jeder Gesellschafter gegenüber Dritten uneingeschränkt zum Handeln für die Gesellschaft berechtigt war, war auch Bestandteil des gemeinen Rechts. Es handelte sich dabei um einen für das damalige Europa geltenden Rechtsgrundsatz.[164]

Unter den Gesellschaftern konnten aber Vereinbarungen über die Ausübung der Geschäftsführung mit interner Wirkung getroffen werden. Aus diesem Grund finden sich in den Gesellschaftsverträgen in der Regel solche Aussagen zur Geschäftsführungsbefugnis. Grundsätzlich übernahm der nach Meinung der Gesellschafter erfahrenste und tüchtigste Gesellschafter die

---

160 Abgedruckt bei *Bauer,* S. 156.

161 Vgl. 5. Gesetz, XXX. Nürnberg 1479, 3. Gesetz, XVIII. Nürnberg 1564 und 9. Gesetz, XXIII. Frankfurt 1578.

162 *Lutz,* Bd. I, S. 332.

163 Vgl. *Rehme,* in: ZRG GA 47, S. 523.

164 *Lutz,* Bd. I, S. 332.

Leitung der Geschäfte. Oft war es derjenige, der schon bei der Gründung einer Gesellschaft die Hauptinitiative übernommen hatte.[165]

Teilweise wird die Geschäftsführung nur von einem Gesellschafter übernommen. Im Koler-Kreß Vertrag von 1500 heißt es, daß Jörg Koller „sol diser gesellschaft regierer und den Namen haben in allen dingen". Der Mailänder Ambrosius von Saronno besaß eine eingeschränkte Geschäftsführungsbefugnis für den Handel in Mailand und der Lombardei.[166]

Nach dem Haugschen Vertrag beispielsweise sind die beiden vertragschließenden Geschäftsinhaber gleichgestellt. Der Vertrag bestimmt, daß jeder von ihnen das Recht haben soll, die Gesellschaft zu vertreten, dabei haben sie in Angelegenheiten der Gesellschaft die diligentia quam in suis rebus aufzuwenden.[167] In bedeutenden Angelegenheiten sollen grundsätzlich beide Gesellschafter zusammen entscheiden. Wenn nur einer von beiden gehandelt hat, soll dieser den anderen davon in Kenntnis setzen und über das vorgenommene Geschäft Rechnung legen.[168] Ähnliche Regelungen finden sich im Weißhaupt-Schreiber Vertrag. Auch hier üben die Gesellschafter die Geschäftsführung gemeinsam aus.

Fehlte eine Regelung zur Geschäftsführungsbefugnis im Vertrag, galt grundsätzlich jeder Gesellschafter nach den Stadtrechten auch im Innenverhältnis als in allen Angelegenheiten geschäftsführungsbefugt. Das gemeine Recht folgte dagegen dem römischen Recht und ging grundsätzlich davon aus, daß alle Gesellschafter nur gemeinsam zur Geschäftsführung befugt waren.

Da bei Fehlen einer vertraglichen Regelung insoweit auf allgemeine Grundsätze des geltenden Rechts zurückgegriffen werden konnte, war eine Regelung über die Ausübung der Geschäftsführung folglich nicht notwendiger Bestandteil des Gesellschaftsvertrages.

e) Die Beteiligung an Gewinn und Verlust

Die Beteiligung der Gesellschafter an Gewinn und Verlust ist nach damaligem Verständnis das bestimmende Strukturmerkmal der Erwerbsgesellschaft.[169]

---

165 *Ehrenberg,* Bd. 2, S. 382.

166 Vgl. Koler-Kreß-Saronno-Vertrag, Zeilen 32 ff., abgedruckt bei *Lutz,* (Urkundenband) Bd. II, S. 21 ff., ferner *Rehme,* in: ZRG GA 47, S. 527.

167 *Strieder,* Gesellschaftsverträge, S. 53; vgl. auch das 2. Gesetz (18. Abschnitt) der Nürnberger Reformation von 1564, die ebenfalls von diesem Grundsatz ausgeht. Heute findet sich dieser in § 708 BGB.

168 *Strieder,* Gesellschaftsverträge, S. 53.

169 *F. G. A. Schmidt,* S. 56 ff.

Nach den Stadtrechtsreformationen bestimmt sich die Beteiligung an Gewinn und Verlust nach der Höhe des Kapitalanteils des jeweiligen Gesellschafters am Gesellschaftskapital. Die Nürnberger Reformation von 1479 bestimmt die Gewinn und Verlusttragung nach *„eins yden nach gleycher anzal seins eingelegten gelt"*. Die Nürnberger Reformation von 1564 hat diese Regelungen im 1. Gesetz des 18. Titels aufgenommen, ebenso die Frankfurter Reformation in § 3 des 23. Titels. Diese Regelungen waren jedoch nicht zwingend und konnten vertraglich abbedungen werden. Auch in den Gesellschaftsverträgen ist der generelle Maßstab für die Verteilung von Gewinn und Verlust allein die Höhe der Kapitaleinlagen. Die Gewinn- und Verlustanteile bestimmen sich *„nach anzal"* des Hauptguts.[170]

Das gemeine Recht trifft an dieser Stelle, dem römischen Recht folgend, eine andere Regelung. Die Gewinnverteilung ist ohne eine abweichende Vereinbarung im Gesellschaftsvertrag gleich.[171]

Bei den Handelsgesellschaften wurden die Gewinne in der Regel nicht ausbezahlt, sondern in der Gesellschaft belassen und dem Kapitalkonto gutgeschrieben.[172] Anstelle von Gewinnausschüttungen stehen den in der Regel mitarbeitenden Gesellschaftern Kapital- und Gewinnentnahmerechte zur Deckung außerordentlicher Unkosten und der Kosten für den Lebensunterhalt zu. Sie stellen die Gegenleistung für die Mitarbeit in der Gesellschaft dar.[173]

Die Regelung über die Verteilung von Gewinn und Verlust war nicht notwendiger Bestandteil des Gesellschaftsvertrages. Fehlte eine entsprechende Vereinbarung, konnte sowohl im Geltungsbereich der Stadtrechte als auch in dem des gemeinen Rechts auf subsidiäre Vorschriften zurückgegriffen werden.

f) Die Dauer des Vertrages – der Grundsatz der Vertragsbefristung

Ein im damaligen Gesellschaftsrecht vorherrschender Grundsatz bei dem Abschluß eines Gesellschaftsvertrages war die zeitliche Befristung der Gesellschaft. Die Nürnberger Reformationen von 1479 und 1564 sehen vor, daß die Gesellschaft nach Ablauf des befristeten Gesellschaftsvertrages *„auf lengere Zeit nit erstreckt"*.[174] Die Frankfurter Reformation geht inhaltlich noch weiter, sie regelt, daß die Gesellschaft endet *„wenn die Zeit auff*

170 *Kammerer,* S. 254; vgl. auch § 121 Abs. 3 HGB.

171 *Dernburg,* Bd. II, S. 326.

172 *Orth,* S. 515; *Lutz,* Bd. I, S. 405.

173 *Kammerer,* S. 255.

174 8. Gesetz 1479, 6. Gesetz 1564.

welche dieselbig geschlossen, herumb und auß" ist[175] oder die Gesellschafter die Gesellschaft gemeinschaftlich durch Aufhebungsvertrag beenden, *„mit eintrachtigem Willeb von der Gesellschaft widerumb abstehen."*

Diese beiden Grundsätze sind dem römischen Recht entlehnt.[176] Die Reformation folgt damit auch Purgoldts Rechtsbuch (III, 47).[177]. Der Grundsatz der Vertragsbefristung ist ebenfalls im Rahmen der Rezeption Bestandteil einheimischen Rechts geworden. Die Gesellschaft wurde auf eine bestimmte Anzahl von Jahren befristet. Danach endete sie, es mußte ein neuer Vertrag abgeschlossen werden. Rechtlich war es also notwendig, nach Ablauf der Befristung eine neue Gesellschaft zu gründen. Die Vertragslaufzeiten der untersuchten Gesellschaftsverträge gingen von einem bis zu zwölf Jahren, die regelmäßige Laufzeit betrug aber zwischen vier und sechs Jahren.

Der rechtlichen Diskontinuität im Untersuchungszeitraum stand aber eine tatsächliche und wirtschaftliche Kontinuität gegenüber. Die Fernhandelsgesellschaften bestanden oft über mehrere Jahrzehnte oder länger.[178] Die Neugründung nach Ablauf der Vertragslaufzeit war daher nur formaler Natur. Die rechtliche Struktur blieb trotz der rechtlichen Erneuerung erhalten.[179] Oftmals wurde der Inhalt des abgelaufenen Vertrages in gleicher oder ähnlicher Fassung in den Erneuerungsvertrag erneut aufgenommen.[180]

Grundsätzlich ging das Gesellschaftsrecht dieser Zeit davon aus, daß eine Gesellschaft nur auf bestimmte Zeit abzuschließen war. Obligatorischer Bestandteil des Gesellschaftsvertrages war somit die Festlegung einer bestimmten Laufzeit. Anders ist nicht zu erklären, daß alle als Quellenmaterial zur Verfügung gestandenen Verträge eine zeitliche Beschränkung aufweisen.

g) Firma

Eine Pflicht, daß eine Handelsgesellschaft eine bestimmte Firma führen mußte, kannten das gemeine Recht und die Stadtrechtsreformationen nicht. Zwar wird in der Nürnberger Reformation von einem Handeln „in sachen

---

175 II. 23 § 14 Frankfurt 1578.

176 Vgl. *Coing,* Reformation, S. 61.

177 Vgl. *Kammerer,* S. 298; zu Johannes Purgold (1490 bis 1534 Stadtschreiber in Eisenach, der einheimisches Recht mit römisch-kanonistischen Anschauungen versah) vgl. HRG, Bd. 4, S. 110.

178 Vgl. *Lutz,* Bd. I, S. 211.

179 *Lutz,* Bd. I, S. 220.

180 Vgl. beispielsweise die Verträge der Grander-Rehlinger-Hanolt-Gesellschaft von 1503 und 1507 und Imhoffverträge von 1527 und 1531.

der Gesellschaft" gesprochen, die Pflicht der Gesellschaft, einen bestimmten Namen im Handelsverkehr zu gebrauchen, ergibt sich daraus aber nicht. Ausreichend war, daß nach außen ein Tätigwerden für die Handelsgesellschaft auf irgendeine Art und Weise in Erscheinung trat. Eine exakte Bezeichnung im Sinne einer Firma brauchte diese aber nicht zu führen. Auch die Frankfurter Reformation geht von einem Handeln im Gesellschaftsnamen aus[181], eine Voraussetzung für die wirksame Errichtung der Handelsgesellschaft ist eine Vereinbarung über eine gemeinsame Firma aber nicht. Die Regeln über den Gesellschaftsnamen (der Begriff Firma taucht erst im 18. Jahrhundert in Deutschland auf) betreffen allein die Frage, ob ein Gesellschafter beim Tätigwerden für die Gesellschaft diese wirksam verpflichtet hat. Zwar bildete sich der Brauch zum Führen einer gemeinschaftlichen Firma mehr und mehr heraus. Insbesondere beim Geschäftsabschluß ging man im Handelsverkehr dazu über, sich ausschließlich einer Unterschrift zu bedienen.[182] Das Handeln für die Sozietät wurde zunehmend durch die Unterschrift des kontrahierenden Gesellschafters unter Beifügung des Zusatzes „et socii" kenntlich gemacht.[183] Diese Praxis wurde weiter vereinfacht, indem nur noch ein einheitlicher Name zusammen mit dem Zusatz „et socii" beim Vertragsschluß als Unterschrift verwendet wurde.[184] Der angenommene Name erlangte in der Geschäftswelt in der Regel einen Bekanntheitsgrad, der die Gesellschafter zur Beibehaltung der Bezeichnung veranlaßte. Notwendiger Bestandteil des Gesellschaftsvertrages war eine Vereinbarung über die Firma der Gesellschaft aber nicht.[185]

4. Beginn der Gesellschaft

Der Beginn einer Handelsgesellschaft richtete sich grundsätzlich nach dem Abschluß des Vertrages.[186] Da es im damaligen Gesellschaftsrecht keine Publizitäts- oder Registrierpflichten gab, die für die Errichtung einer Handelsgesellschaft erforderlich gewesen wären, muß allein auf den Vertragsschluß abgestellt werden. Dies ergibt sich auch aus den Formulierungen in den Verträgen wie *„nach datum disz brives"* oder *„uff heut dato"*. Teilweise wird auch ein genaues Datum angegeben, an dem das Vertragsverhältnis beginnen soll.[187] Diesbezüglich herrschte absolute Vertragsfreiheit.

---

181 *Orth,* S. 524.

182 Vgl. *Goldschmidt,* Bd. I, S. 273 und *Lastig,* S. 43.

183 Vgl. *Haab,* S. 16.

184 Vgl. *Haab,* S. 16.

185 So auch *Riebartsch,* S. 216.

186 *F. G. A. Schmidt,* S. 43; *Lutz,* Bd. I, S. 233.

187 Vgl. Rietwieser-Pruner-Vertrag von 1525, der ab dem 1.1.1526 beginnen soll.

Bei den Saigerhandelsgesellschaften wird in den Gesellschaftsverträgen dagegen deutlich zwischen dem Vertragsschluß und der Aufnahme der Geschäfte unterschieden.[188] Die Laufzeit des Gesellschaftsvertrages beginnt nicht im Zeitpunkt des Zustandekommens, sondern erst, wenn der Geschäftsbetrieb endgültig beginnt.[189] Die Leutenberger Gesellschaft von 1524 soll „iren Anfang haben und wurklich mit der that angeen auf die heiligen Ostern nechst nach dato diß briefs kunftig und von dannen an weren und bleiben zehen jar lang“, ein ähnliche Bestimmung findet man bei der Arnstädter Gesellschaft von 1532. Die Luderstädter Gesellschaft von 1535 nimmt dagegen ihre Tätigkeit erst mit der kompletten Fertigstellung der Produktionsanlagen auf, „alsbalde so man zu seygern und zu schmelzen angeht“. Die Gründe für das Auseinanderfallen von Vertragsschluß und Vertragsbeginn bei den Saigerhandelsgesellschaften liegen in der höheren Kapitalintensivität bei dieser Form von Gesellschaftsgründungen. Die im Vergleich zu den allgemeinen Handelsgesellschaften höheren Sachinvestitionen nahmen mehr Zeit für den Aufbau der Produktion in Anspruch und zögerten den Beginn des Geschäftsbetriebes hinaus.[190]

Grundsätzlich ist aber der oben aufgeführten Feststellung von F. G. A. Schmidt zu folgen, daß mit Abschluß des Gesellschaftsvertrages gleichzeitig von der Existenz einer fertigen Handelsgesellschaft gesprochen werden kann. Werden nach dem Grundsatz der Vertragsfreiheit keine entgegenstehenden Vereinbarungen getroffen, nimmt die Gesellschaft ab dem Zustandekommen des Vertrages ihre Geschäftstätigkeit auf. Voraussetzung ist, daß sich die Gesellschafter dabei über die untersuchten Mindestvoraussetzungen für den Abschluß eines wirksamen Gesellschaftsvertrages geeinigt haben.

Erfordert die Gesellschaftsgründung die Errichtung von Produktionsstätten und einen intensiven Kapitaleinsatz, kann man erst dann von einer fertigen Gesellschaften sprechen, wenn nach dem vertraglich festgelegten Zeitpunkt die Laufzeit des Vertrages beginnt. Dies kann ein bestimmtes Datum sein, aber auch ein tatsächliches Ereignis, wie die Aufnahme des Geschäftsbetriebes.

IV. Zusammenfassung

Die Errichtung der Handelsgesellschaften unterfiel zu Beginn der Neuzeit entweder den Stadtrechten oder dem gemeinen Recht. Grundsätzliche Unterschiede hinsichtlich der rechtlichen Gründungsvoraussetzungen ergeben sich nicht. Nach beiden Rechten war der Gesellschaftsvertrag elementare Grün-

---

[188] *Kammerer,* S. 238.
[189] *Kammerer,* S. 239.
[190] *Kammerer,* S. 239.

dungsvoraussetzung für die Errichtung einer Handelsgesellschaft. Nach beiden Systemen mußte der Gesellschaftsvertrag zumindest Regelungen über den Gesellschaftszweck in Form des Handeltreibens, die Person der Gesellschafter und die Leistung der Beiträge enthalten. Der Gesellschaftszweck war dabei in rechtlicher Hinsicht das entscheidende Charakteristikum des Gesellschaftsvertrages der Handelsgesellschaft. Es diente als Abgrenzungskriterium zur Unterscheidung zwischen Handelsgesellschaft und der *societas* als ziviler Gesellschaft des römischen Rechts, die aufgrund des Typenzwangs im römischen bzw. gemeinen Recht nur als Innengesellschaft errichtet werden konnte und daher nicht Unternehmensträgerin sein konnte. Daran wird auch deutlich, daß wie in der heutigen Gesellschaftsrechtsdogmatik ein gewisser Rechtsformzwang für die Begründung gesellschaftsrechtlicher Rechtsverhältnisse bestand.[191] Besondere Formerfordernisse beim Abschluß des Gesellschaftvertrages waren dagegen nicht zu beachten.

Vereinbarungen über die Verteilung von Gewinn und Verlust waren zwar üblich, aber nicht notwendiger Inhalt des Gesellschaftsvertrages. Diesbezüglich trafen Stadtrechte und römisches Recht eigene, vertraglich abdingbare Regelungen. Bei einer fehlenden vertraglichen Regelung ergaben sich je nach Geltungsbereich unterschiedliche Rechtsfolgen. In den Stadtrechten erfolgte dann eine Verteilung nach dem Anteil am Gesellschaftskapital, im gemeinen Recht war die Beteiligung unter den Gesellschaftern gleich.

Was die Geschäftsführung angeht, so bedurfte es nach Stadtrechten und gemeinem Recht einer ausdrücklichen Regelung ebenfalls nicht. Sowohl die Stadtrechte als auch das römische Recht trafen Regelungen über die Geschäftsführung bei einer fehlenden Abrede im Gesellschaftsvertrag, jedoch mit unterschiedlichen Konsequenzen. Während nach den Stadtrechten grundsätzlich jeder Gesellschafter einzeln zur Geschäftsführung befugt war, ging das gemeine Recht grundsätzlich davon aus, daß die Gesellschafter nur gemeinsam die Geschäftsführung ausüben konnten.

Bei der Errichtung der Handelsgesellschaft herrschte der Grundsatz der Vertragsbefristung. Danach konnte die Gesellschaft nur für eine im Vertrag bestimmte Dauer errichtet werden.

Bestrebungen, in den Reichspolizeiordnungen rechtliche Regelungen zur Beschränkung der Gründungen von Handelsgesellschaften einzuführen und damit den Grundsatz der Vertragsfreiheit bei der Errichtung dieser Gesellschaftsform einzuschränken, konnten sich im 16. Jahrhundert nicht durchsetzen. Die Reichspolizeiordnungen richteten sich allein gegen die Bildung von Monopolen durch die Handelsgesellschaften, ihre Regelungen waren nach heutigem Verständnis allein kartellrechtlicher Art.

---

[191] Vgl. zu diesem Rechtsformzwang im heutigen Recht der Personengesellschaften *K. Schmidt,* Gesellschaftsrecht, S. 1296.

Durch Beteiligung einer Person allein zu Gewinn und Verlust bei der Gründung einer Handelsgesellschaft entstand entgegen einiger Meinungen im Schrifttum nicht eine Kommanditgesellschaft. Diese Beteiligung ist als Form der stillen Beteiligung zu betrachten, insofern bestand zwischen den zu Gewinn und Verlust Beteiligten und der Handelsgesellschaft ein separates Rechtsverhältnis, das diese nicht zu Gesellschaftern werden ließ[192], sondern eine eigene gesellschaftsrechtliche Verbindung darstellte.

Insgesamt ist für die Handelsgesellschaften des 15. und 16. Jahrhunderts anzumerken, daß sie aus rechtsgeschichtlicher Betrachtung den Beginn der offenen Handelsgesellschaft und ihre besondere Funktion als Trägerin von Unternehmen in Deutschland darstellen. Insoweit ist auch festzustellen, daß die Abgrenzung handelsrechtlicher Materien vom bürgerlichen Recht bereits in den Stadtrechtsreformationen beginnt. Durch den für die Errichtung einer Handelsgesellschaft im Vertrag zu bestimmenden, besonderen Gesellschaftszweck erfolgte schon in der Nürnberger Reformation von 1479 die Abgrenzung der Handelsgesellschaft als Außengesellschaft von der römisch-rechtlichen Societas des gemeinen Rechts, die nur schuldrechtliche Beziehungen unter den Gesellschaftern entfaltete, als solche aber nicht wie die Handelsgesellschaft Unternehmensträgerin sein konnte.[193]

Zweiter Abschnitt

Die Gründung von Handelsgesellschaften in den Kodifikationen der Aufklärung und bis zur Mitte des 19. Jahrhunderts

A. Der Codex Maximilianeus Bavaricus Civilis von 1756

I. Untersuchungsgegenstand

Als erster Territorialstaat in Deutschland befaßte sich Bayern mit der Aufgabe, durch ein umfassendes Kodifikationswerk geltendes Recht zu verbessern und zu vereinheitlichen.[194] Auf dem Gebiet des Privatrechts wurde aufgrund von Vorschlägen des bayerischen Kanzlers Kreittmayr[195] (1705 bis 1790) 1756 der Codex Maximilianeus Bavaricus civilis (auch Kur-Baye-

---

192 Vgl. oben B. III. 3. b) bb).

193 Denn generell kommen nur Außengesellschaften als Unternehmensträger in Betracht, vgl. *Daumke/Keßler*, Gesellschaftsrecht, S. 12.

194 *Eisenhardt*, Rechtsgeschichte, S. 208; *Schlosser*, S. 97.

195 Zur Person Kreittmayrs und dessen Vita vgl. *Kleinheyer/Schröder*, S. 153 ff.

risches Landrecht) eingeführt. Diese Privatrechtskodifikation beruhte im wesentlichen auf dem römischen und gemeinen Recht, es berücksichtigte aber auch das kanonische und überliefertes einheimisches Recht.[196] Der Geltungsbereich erstreckte sich auf Ober- und Niederbayern einschließlich der Oberpfalz. Auch dieses Werk beinhaltete Regelungen über Gesellschaften. Im achten Kapitel des zweiten Teils finden sich diesbezüglich 14 Paragraphen.[197] Der CMBC wurde erst durch die Einführung des BGB im Jahre 1900 endgültig ersetzt.[198]

II. Die Gründung von Handelsgesellschaften

Die Regelungen über Gesellschaften sind im achten Kapitel des 4. Teils unter der Überschrift „Von dem Compagnie- oder Associations- Contracte (Societate)“ auffgeführt. Nach Kreittmayr umfaßte die Societät im allgemeinen alle Gemeinschaften oder Gesellschaften sowohl von Personen als auch von Gütern.[199] Kreitmayr unterscheidet nicht die verschiedenen Gesellschaften nach der Art ihres Zweck oder dem Umfang der persönlichen Haftung, sondern danach, inwieweit das Vermögen der beteiligten Personen von ihr umfaßt wird. Dies wird deutlich an § 1 Part. IV, CAPUT VIII:[200]

> „Societas wird contrahirt (a) wann zwey oder mehr ihr Gut auf gemeinschaftlichen Gewinn und Verlust zusammen tragen, und ist unter dem Gut nicht nur (b) Geld und andere Habe, sondern auch Mühe und Arbeit verstanden, mithin eins, ob man rem vel operam conferirt. Man theilet (c) societatem in particularem & universalem, tam simplicem, quam omnium bonorum ab, je nach dem sich die compagnie nur auf gewisse Güter oder Handlungen; oder auf das ganze Vermögen, und zwar simpliciter, oder cum extensione ad bona tam futura quam praesentia erstreckt. Universalis (c) bonorum simplex, oder omnium bonorum ist nur noch unter Eheleuten, particularis aber auch unter andern, sonderbar unter Kaufleuten üblich, und wird (d) so wohl tacito als expresso consensu beschlossen.“

Die Systematik des § 1 zeigt, daß Kreittmayr die dem römischen Recht entstammende Systematik des gemeinen Rechts übernimmt und die einzelnen Gesellschaften in bezug auf den Umfang des einbezogenen Vermögens unterteilt.[201] Dies gilt insbesondere für die Vermutung des gemeinen Rechts, daß im Zweifel eine societas universalis bonorum simplex zustande kommt, wenn nicht ausdrücklich eine societas omnium bonorum vereinbart wird.

---

196 *Conrad,* Deutsche Rechtsgeschichte, Bd. II, S. 386.

197 Vgl. Codex Maximilaneus Bavaricus civilis oder: Baierisches Landrecht, unveränderte Auflage 1821, S. 527 ff.

198 Vgl. *Kleinheyer/Schröder,* S. 154.

199 *Kreittmayr,* Vierter Teil, S. 1627.

200 Abgedruckt in: *Kreittmayr,* Compendium, S. 240.

201 *Weißen-Micus,* S. 115.

Die von Kreittmayr in § 1, IV 8 aufgeführte Societas particularis, die sich auf ein Sondervermögen beschränkt, ist nach seinen Anmerkungen jedermann, besonders aber den Kaufleuten eine gebräuchliche Gesellschaftsform.[202] Diese Gesellschaftsform des CMBC kann folglich der Gründung einer Handelsgesellschaft dienen, die Handelsgesellschaft als besondere Gesellschaftsform wird aber nicht besonders geregelt. Obwohl das gemeine Recht die Handelsgesellschaft als besondere Gesellschaftsform kannte, nimmt der CMBC die später im ALR erfolgte Trennung zwischen Zivil- und Handelsrecht nicht vor. Die Gründung von Handelsgesellschaften knüpfte nicht an einen handelsgewerblichen Zweck. Ein Unternehmensbegriff lag dem CMBC nicht zugrunde. Das bayerische Landrecht war daher in starkem Maße rein zivilistisch ausgeprägt[203] und noch sehr dem rein römischen Gesellschaftsrecht verhaftet. Dies wird besonders an dem Umstand deutlich, daß die Gründung einer Handelsgesellschaft nicht an einen handelsgewerblichen Zweck geknüpft wird, um den Handelsgesellschaftsvertrag von anderen Gesellschaftsverträgen abzugrenzen.

Vorschriften zum Schutz des Rechtsverkehrs wie Registrier- und Publizitätspflichten enthält der CMBC nicht, auch keine firmenrechtlichen Vorschriften. Es wird nicht deutlich, zu welchen geschäftlichen Zwecken die Gründung einer Handelsgesellschaft überhaupt möglich war. Es wird lediglich festgestellt, daß ein Vertragsschluss auch konkludent („tacito als expresso consensu") erfolgen kann.

Für den Bereich des Gesellschafts- und Handelsrechts ist der CMBC daher kein Vorbild der rechtsgeschichtlichen Entwicklung in dieser Zeit. Innerhalb der großen Kodifikationen nimmt der CMBC eine Sonderstellung ein. So fehlt es beispielsweise an allgemeinen Regeln über das Zustandekommen von Verträgen, auch ein Unterschied zwischen allgemeinen und besonderen Gesellschaften hinsichtlich ihres Gesellschaftszwecks wird nicht getroffen. In diesen Fragen fand das gemeine Recht subsidiäre Anwendung.

Im Vergleich zu den Stadtrechtsreformationen des 16. Jahrhunderts ergeben sich hinsichtlich der Voraussetzungen für die Gründung einer Handelsgesellschaft keine besonderen Unterschiede. Der Gründungsvertrag mußte nach § 2 des Codex ebenfalls nicht schriftlich abgeschlossen werden, ein konkludenter Vertragsschluß durch Äußerung eines entsprechenden Willens reichte aus. § 3 bestimmt ähnlich wie Gesetz 2 der Frankfurter Reformation von 1578, daß die nachfolgenden Paragraphen (z. B. bezüglich Gewinn und Verlust oder Vertragsdauer) nur insoweit Anwendung finden, als der Gesellschaftsvertrag hierüber keine eigenen Regelungen trifft. Die weitere Auftei-

---

[202] *Kreittmayr,* Vierter Teil, S. 1627.

[203] *Coing,* Handbuch, Bd. II/2, S. 666.

lung und die Reihenfolge der §§ 4 bis 14 ähneln der Frankfurter Reformation von 1578. Die Vereinbarung des Gesellschaftszwecks in Form eines Handelsgewerbes mußte den allgemeinen Grundsätzen des gemeinen Rechts entnommen werden.

B. Die Entwicklung des Handels- und Gesellschaftsrechts zwischen 1794 und 1842

Bis zum Ende des 18. Jahrhunderts fehlte es aufgrund der territorialen Zersplitterung Deutschlands über die Grundsätze des gemeinen Rechts hinaus an einer geschlossenen gesetzgeberischen Regelung des gesamten Handelsrechts.[204] Wie oben ausführlich dargestellt, war das Handels- und Gesellschaftsrecht im Bereich der Gesetzgebung in besonderem Maße Gegenstand partikulärer Territorial- und Stadtrechte. Eine wissenschaftliche Behandlung des Handelsrechts erfolgte wegen des Fehlens einer umfassenden Gesetzgebung bis zur Kodifikation des Allgemeinen Landrechts für die Preußischen Staaten (ALR) vorwiegend durch die Rechtslehre.[205] Diese setzte sich bereits im 16. und 17. Jahrhundert mit dem geltenden Handelsrecht auseinander und schuf mehrere handelsrechtliche Spezialdarstellungen.[206] Mit dem Aufblühen der deutschen Privatrechtswissenschaft seit Beginn des 18. Jahrhunderts erfolgte eine verstärkte wissenschaftliche Behandlung handelsrechtlicher Problemkreise. Eine erste partikulare Rechtsvereinheitlichung brachte das ALR. Im zweiten Teil, 8. Titel wurde eine geschlossenen Regelung des gesamten Handelsrechts geschaffen. Das dort geregelte Handelsrecht galt bis zum Ende der napoleonischen Epoche im gesamten Staatsgebiet einheitlich. Das ALR stellt daher den Beginn der Untersuchung in der Zeit von 1794 bis 1849 dar. Ein kodifiziertes Handelsrecht fand sich zudem seit 1810 im Großherzogtum Baden. Dort waren am 1.1.1810 der Code Napoléon und als Anhang dazu Auszüge aus dem Code de Commerce, beide in amtlicher Übersetzung und mit Ergänzungen versehen, in Kraft getreten. Dieser ist daher zweiter Bestandteil der Untersuchung. In den übrigen deutschen Ländern gab es auch nach den Befreiungskriegen kein kodifiziertes Handelsrecht. Es galt dort Partikularrecht und subsidiär gemeines Handelsrecht.

Das österreichische Allgemeine Bürgerliche Gesetzbuch (ABGB) von 1811 besaß anders als das preußische ALR kein eigenständiges Handelsrecht. Die Handelsgesellschaft als eigenständige Gesellschaftsform fand

---

[204] Zur neueren Handelsrechtsgeschichte vgl. auch *Raisch,* Grundlagen, S. 47 ff.; *Eisenhardt,* Rechtsgeschichte, S. 241 ff.

[205] *Eisenhardt,* Rechtsgeschichte, S. 247.

[206] Vgl. *Eisenhardt,* Rechtsgeschichte, S. 244 f.

keinen Eingang in diese Kodifikation. Ähnlich dem bayerischen CMBC wurde lediglich die Gesellschaft bürgerlichen Rechts aufgenommen, deren Normen auch auf Handelsgesellschaften Anwendung fanden.[207] Aus rechtsgeschichtlicher Sicht stellt das ABGB im Bereich der Handelsgesellschaft keinen wichtigen Entwicklungspunkt dar. Auf eine besondere Darstellung des österreichischen ABGB von 1811 kann daher im folgenden verzichtet werden.

Im Königreich Württemberg ließ die Regierung 1839 den „Entwurf eines Handelsgesetzbuches für das Königreich Württemberg mit Motiven" ausarbeiten. Mit diesem Entwurf nahezu wörtlich übereinstimmend, wurde 1842 der „Entwurf einer Handels- und Wechselordnung für das Herzogtum Nassau" veröffentlicht. Gesetzeskraft erlangten beide Entwürfe nicht. Der Verfasser des Entwurf von 1839, der Obertribunalrat Hofacker[208], hatte von der Regierung den Auftrag erhalten, ein Gutachten in Form eines Gesetzesentwurfs auszuarbeiten. Hofacker erstellte seinen Entwurf auf rechtsvergleichender Grundlage, hauptsächlich aufgrund des code de commerce.[209] Insofern kann auf eine gesonderte Darstellung der Gründungsvoraussetzung von Handelsgesellschaften nach dem württembergischen Entwurf verzichtet werden. Die Darstellung des badischen Handelsrecht ist insofern für den Gang der historischen Entwicklung maßgebend.

I. Das Allgemeine Landrecht für die preußischen Staaten von 1794

1. Untersuchungsgegenstand (Überblick über die Entstehungsgeschichte des ALR und der §§ 614 ff., 2. Th., 8. Titel, 7. Abschnitt)

1780 erteilte Friedrich der Große den Auftrag zur Schaffung eines allgemeinen Gesetzbuches.[210] Daraufhin begannen die Vorarbeiten zum ALR. Diese leitete der Justizminister Johann Heinrich Casimir von Carmer[211]. Als

---

[207] Auch die Aktiengesellschaft fand keinen Eingang in das ABGB, weshalb auch für den Zweiten Teil dieser Arbeit auf eine Darstellung des ABGB verzichtet werden kann, vgl. *Floßmann,* S. 52, 291.

[208] Zu Hofacker s. *Bergfeld,* in: Coing, Handbuch, Bd. III/3, S. 2864.

[209] Entwurf eines Handelsgesetzbuches für das Königreich Württemberg, Teil 2 Motive, S. 5 ff.

[210] Zur Entstehungsgeschichte des ALR *Conrad,* Landrecht, S. 1 ff.; *Hattenhauer,* ALR, S. 11–34; *Eisenhardt,* Rechtsgeschichte, S. 211 ff.; *Barzen,* in: Gose/Würtenberger, Zur Ideen- und Rezeptionsgeschichte des Preußischen Allgemeinen Landrechts, S. 87 ff.; *Conrad,* ALR, S. 7 ff.; *Laufs,* S. 140–142 mit umfangreichen Schrifttumsnachweisen auch aus neuerer Zeit.

[211] Zur Person v. Carmers, vgl. *Kleinheyer/Schröder,* S. 336.

eigentlicher Schöpfer des ALR ist aber Carl Gottlieb Svarez anzusehen.[212] Der von Svarez[213] verfaßte Entwurf eines allgemeinen Gesetzbuches für die Preußisches Staaten wurde von 1783 bis 1788 in sechs Bänden publiziert. Das Handelsrecht war in diesem Entwurf unter der Überschrift „Von den Rechten und Pflichten der verschiedenen Stände des Staates" im ersten Teil der zweiten Abteilung zusammengefaßt. Hinsichtlich der Handelsgesellschaften enthielt dieser Titel keine besonderen Bestimmungen. Auf diese sollten allgemein die Regelungen des ersten Teils, zweiter Abschnitt, erster Titel des Entwurfs „Von den Rechten und Pflichten der Gesellschaften überhaupt" zur Anwendung kommen.

Aufgrund der öffentlichen Aufforderung zur Kritik des Entwurfs gingen nach der Entwurfsveröffentlichung eine Vielzahl von Stellungnahmen ein, darunter auch Beiträge zum handelsrechtlichen Teil des Entwurfs.[214] So schlug der Jurist Christian von Eggers[215] die Aufnahme der Handelsgesellschaft als besondere Gesellschaftsform vor.[216] Dabei unterschied er zwei Formen der Handelsgesellschaft. Die erste erstreckte sich nach Eggers auf den ganzen Umfang der Handelsgeschäfte, die von der Gesellschaft betrieben wurden und auf das ganze in der Societätshandlung steckende Kapital. Bei der zweiten Form, die er als gemeinschaftliche Expedition bezeichnete, handelte es sich um eine Verbindung, die nur auf einen besonderen Handelsgegenstand geschlossen wurde.[217] Eggers Anregungen haben in dieser Form Eingang in das ALR gefunden.[218] Einen großen Einfluß auf die weiteren Gesetzgebungsarbeiten übten im Bereich des Handelsrechts auch die norddeutschen Praktiker Büsch, Sieveking, Moller und Gaedertz aus.[219] Die Koordinierung der weiteren Arbeiten überließ Svarez dabei seinem Mitarbeiter Gossler.[220]

Das ALR in seiner endgültigen Fassung trat am 1.6.1794 in Kraft und galt bis zum 1.1.1900. Es war eine Kodifikation für die gesamte preußische Monarchie. Es trat an die Stelle des rezipierten römischen, des gemeinen Sach-

---

212 *Ebel/Thielmann,* Bd. II, S. 49.

213 Zur Person Svarez, *Kleinheyer/Schröder,* S. 289 ff. Der Name weist nicht auf eine spanische Tradition der Familie hin, sondern auf die Latinisierung des Namens „Schwarz".

214 Den Aufruf zur Abgabe von Erinnerungen enthält das Vorwort des Justizministers v. Carmer zum Entwurf eines allgemeinen Gesetzbuches für die Preußischen Staaten, Erster Theil.

215 Zur Person siehe *Kellenbenz,* in: NDB, Bd. IV, Stichwort: Eggers.

216 *Eggers,* Theil 2, S. 294 ff.

217 *Eggers,* Theil 2, S. 294 ff., S. 301 f.

218 Vgl. II 8 § 615 und 617 ALR.

219 *Büsch,* Bd. I, S. 606.

220 *Simon,* in: AJM 11, 232.

senrechts und anderer bisher subsidiärer Rechte und Gesetze.[221] Es enthielt in seiner Gesamtheit umfangreiche Regelungen nicht nur auf dem Gebiet des Privat- und Handelsrechts, sondern umfaßte auch das Staatsrecht, Ständerecht, Lehnrecht, Kirchenrecht und das Strafrecht. Im Gegensatz zum CMBC enthält es eine klare sprachliche Fassung und verzichtet auf die häufige Verwendung von lateinischen Begriffen. Auf diese Weise wollte der Gesetzgeber den Forderungen den Aufklärung gerecht werden, daß jeder Einwohner mit Lese- und Schreibfähigkeiten den Inhalt der Gesetze lesen und verstehen konnte.[222] Insgesamt umfaßte das ALR etwa 19000 Paragraphen.

Im Bereich des Handels- und Gesellschaftsrechts galt das ALR trotz der schon 1817 angeordneten allgemeinen Gesetzesrevision, die für die Handelsgesellschaft keine Änderungen brachte, bis zur Einführung des ADHBG von 1861 unverändert fort.[223] Hinsichtlich des Handelsrechts und des darin enthaltenen Gesellschaftsrechts war das ALR die erste bedeutende Kodifikation eines Terretorialstaates in Deutschland.[224] Vor seiner Einführung existierten in Preußen nur einzelne Gesetze mit handelsrechtlichem Inhalt.[225] Es brachte für Preußen eine Rechtsvereinheitlichung für eine Vielzahl von handelsrechtlichen Verhältnissen.[226] Als erstes Gesetzeswerk vollzog es eine Trennung des Handelsrechts als Sonderprivatrecht vom allgemeinen Zivilrecht, in dem es dem Handelsrecht einen separaten Abschnitt zuwies.[227] Es enthält in II 8 §§ 614 ff. ALR die besonderen Regelungen über Handelsgesellschaften.

2. Gründung einer Handelsgesellschaft nach dem ALR

a) Allgemeines

Als erste Kodifikation unterschied das ALR hinsichtlich des Gesellschaftszwecks zwischen der allgemeinen zivilen Gesellschaft und der Handelsgesellschaft als besonderer Gesellschaftsform. Die Handelsgesellschaft als besondere Gesellschaft baut auf den allgemeinen Regeln über den Gesellschaftsvertrag in den §§ 169 ff., II, 8 auf. § 614 verweist auf die allge-

---

221 *Conrad,* Deutsche Rechtsgeschichte, Bd. II, S. 390.

222 *Conrad,* Deutsche Rechtsgeschichte, Bd. II, S. 390.

223 *Servos,* S. 17.

224 *Conradi,* S. 10.

225 In Preußen waren dies u.a. das Seerecht v. 1727, die Wechselordnung v. 1751 und die Mäklerordnung von 1765.

226 *Krause,* S. 26. Eine umfassende Übersicht über den Geltungsbereich des ALR in Deutschland liefert die Denkschrift zum Entwurf eines Bürgerlichen Gesetzbuches, Berlin 1896, in der Anlage I, S. 452 f.

227 Vgl. dazu *Raisch,* Abgrenzung, S. 34 ff.

meinen Vorschriften, soweit nicht in den nachfolgenden Regelungen etwas anderes vorgesehen ist. Diese Gesetzeskonstruktion ähnelt teilweise dem heutigen Verhältnis zwischen BGB-Gesellschaft und OHG, die heute durch die § 614 vergleichbare Norm des § 105 Abs. 3 HGB ihren Ausdruck findet. Der 8. Abschnitt des 2. Teils regelt drei verschiedene Typen der Handelsgesellschaft. Den heutigen Begriff der Handelsgesellschaft kannte das ALR noch nicht, es verwandte aber teilweise ähnliche Formulierungen.[228] Unter Handelsgesellschaften wurden damals nicht nur die OHG, sondern generell Personengesellschaften unter Kaufleuten verstanden, unabhängig von der Dauer ihrer Errichtung oder der Art der Beteiligung.[229]

Neben der hauptsächlich zu untersuchenden fortgesetzten Societät i. S. d. II 8 § 617 ALR, die der heutigen OHG entspricht, finden sich noch Regelungen über die Gelegenheitsgesellschaft unter Kaufleuten, die nur ein einzelnes oder wenige mehrere Geschäfte zum Inhalt hatte, II 8 § 615. Diese Unterscheidung beruhte auf den oben dargestellten Anregungen des Juristen Christian von Eggers bei Schaffung des ALR.

Eine der Kommanditgesellschaft entsprechende Gesellschaftsart kannte das ALR nicht. Entgegen der Formulierung „associé en commandite" und teilweise in der Literatur vorhandenen Meinungen[230] handelte es sich bei der in II 8 § 651 normierten Gesellschaft lediglich um eine stille Gesellschaft.[231] Bei einer solchen Innengesellschaft bestand lediglich eine auf das Innenverhältnis beschränkte Beteiligung eines Dritten an einer fortgesetzten Societät. Dieser Innencharakter wird dadurch deutlich, daß der stille Gesellschafter im Außenverhältnis auch nicht abstrakt[232] in Erscheinung trat und sein Name nicht Bestandteil der Firma sein durfte.[233] Er war nicht am Gesellschaftsvermögen der OHG beteiligt, sondern bildete mit dieser ein eigenständiges Gesellschaftsverhältnis. In der Praxis kam der stillen Gesellschaft zunächst nur untergeordnete Bedeutung zu.[234]

---

228 *Krause,* S. 26 (dort Fn. 36).

229 *Pöhls,* Handelsrecht, Bd. I, S. 210.

230 So *Raisch,* Abgrenzung, S. 34.

231 Wie schon bei der rechtlichen Einordnung der stillen Gesellschaft in den Stadtrechtsreformationen (vgl. oben 1. Abschnitt, B. III. 3. b) bb)) verkannten auch im Fall des II 8 § 651 ALR schon Teile der zeitgenössischen Literatur (*Heise,* Handelsrecht, S. 58 und *Thöl,* S. 179 ff.) den Unterschied zwischen der KG und der stillen Gesellschaft. In Preußen wird erst in der Konkursordnung vom 8.5.1855 die Tendenz sichtbar, die KG als eigenständige Gesellschaftsform anzusehen, vgl. *Pohl,* in: Coing/Wilhelm, Wissenschaft und Kodifikation des Privatrechts im 19. Jahrhundert, Bd. VI, S. 111.

232 Vgl. § 162 HGB.

233 Vgl. *Droysen,* S. 53.

234 *Heise,* S. 54 f.

b) Der Gesellschaftsvertrag

aa) Definition in § 169 ALR, 1. Th., 17. Titel

Der Grundbegriff des Gesellschaftsvertrags der Handelsgesellschaft ist im ALR nicht wie in späteren Kodifikationen definiert worden. Es muß daher zunächst auf die Definition des Gesellschaftsvertrages der zivilen Gesellschaft des ALR zurückgegriffen werden. Dieser Vertragstyp ist in § 169 unter der Überschrift „Begriffe und Grundsätze" allgemein definiert. Sein Inhalt bildet die Grundlage für jeden Gesellschaftsvertrag:

> „Ein Vertrag durch welchen mehrere Personen ihr Vermögen oder Gewerbe, oder auch ihre Arbeiten und Bemühungen ganz oder zum Theil zur Erlangung eines gemeinschaftlichen Endzwecks vereinigen, wird ein Gesellschaftsvertrag genannt."

Danach mußte der Gesellschaftsvertrag zur Wirksamkeit allgemein zumindest Regelungen über die Gesellschafter, die Art des Beitrages und den Gesellschaftszweck enthalten. Da es an einer allgemeinen Definition des Handelsgesellschaftsvertrag mangelte, ist weiter zu untersuchen, welche besonderen Voraussetzungen ein Gesellschaftsvertrag einer fortgesetzten Societät nach ALR zusätzlich zu erfüllen hatte.

bb) Zustandekommen des Vertrages

(1) Willenserklärungen

Als erste Kodifikation regelte das ALR den durch die Naturrechtslehre eingeführten Begriff der Willenserklärung. In I 4 enthielt es einen Titel mit der Überschrift „Von Willenserklärungen".

Erfordernisse rechtsgültiger Willenserklärungen.

> § 1. Die Willenserklärung ist eine Aeußerung dessen, was nach der Absicht des Erklärenden geschehen, oder nicht geschehen soll."
>
> § 2. Wenn eine Willenserklärung rechtliche Wirkungen hervorbringen soll, so muß der Erklärende über den Gegenstand, nach dem Inhalt seiner Erklärung, zu verfügen berechtigt seyn.
>
> § 3. Er muß das Vermögen besitzen, mit Vernunft und Ueberlegung zu handeln.
>
> § 4. Die Willenserklärung muß frey, ernstlich, und gewiß, oder zuverläßig seyn.

Danach mußten die Gesellschafter gemäß des obigen § 1 zur Gründung einer OHG nach dem ALR eine entsprechende Erklärung abgeben, die mit dem Mindestinhalt des I 17 § 169 auf den Abschluß eines Gesellschaftsvertrages einer Handelsgesellschaft gerichtet war. Der erforderliche Endzweck mußte dabei einen Gesellschaftszweck darstellen, der auf den Betrieb einer solchen gerichtet war. Der erforderliche Willensinhalt mußte, um nach dem ALR rechtlich in Erscheinung zu treten, von den Gründungsgesellschaftern untereinander erklärt und geäußert werden.[235]

(2) Form

Grundsätzlich konnten Verträge nach dem ALR formlos abgeschlossen werden. Für die Wirksamkeit eines Gesellschaftsvertrages einer Handelsgesellschaft wurde in II 8 § 617 ALR für die fortgesetzte Societät das Erfordernis der Schriftlichkeit aufgestellt:

> „§ 617. Soll aber eine fortwährende Societätshandlung unter einer gemeinschaftlichen Firma errichtet werden: so sind bloße Vermerke in den Handlungsbüchern dazu nicht hinreichend; sondern die Verbundenen müssen einen schriftlichen Contract darüber abfassen."

§ 617 ist lex specialis zum I 17 § 170, der wegen I 17 § 185 nicht anwendbar ist.[236] Die fehlende Schriftform hatte die Nichtigkeit des Gesellschaftsvertrages zur Folge, I 5 § 109 ALR. § 617 verweist auf die I 5 §§ 155 ff., in denen geregelt ist, welche Rechtsfolgen bei Unterbleiben des schriftlichen Vertragsschlusses in bezug auf bereits vollzogene Leistungen unter den Vertragsparteien eintreten.

Des Schriftformerfordernisses für den Abschluß des Gesellschaftsvertrages bedurfte es dagegen nicht, wenn gemäß II 8 § 615 nur eine Handelsgesellschaft als Gelegenheitsgesellschaft gegründet wurde, die sich nur auf einzelne Geschäfte bezog.[237] Es galt nur für eine auf Dauer angelegte Gesellschaft.

An dieser Stelle weicht das ALR von gemeinem Recht und den Stadtrechten des 15. und 16. Jahrhunderts ab. Obwohl auch in dieser Zeit Gesellschaftsverträge in der Regel schriftlich abgeschlossen wurden, reichte ein mündlicher Vertragsschluß grundsätzlich aus.[238] Die Schriftlichkeit diente nur der besseren Beweisbarkeit im Fall eines Streits unter den Gesellschaftern. Das ALR folgt damit nicht der durch die kanonistische Vertragslehre beeinflußten Tradition des gemeinen deutschen Rechts, die den Grundsatz der Formlosigkeit von Verträgen aufstellte. Das ALR folgt in diesem Punkt bereits bei seiner Einführung bestehenden Spezialvorschriften des Preußischen Rechts[239], die für eine große Anzahl von Rechtsgeschäften unter Le-

---

235 *Fischer,* Privatrecht, S. 90.

236 *Weißen-Micus,* S. 137.

237 *Pöhls,* Handelsrecht, S. 210.

238 Vgl. oben 1. Abschnitt, B. III. 2.

239 Edikte v. 13.5.1766 (Stempeledikt) und 8.2.1770.

benden das Erfordernis der Schriftform aufstellten.[240] Der Grund dafür lag darin, daß die Formfreiheit oft zu betrügerischen Zwecken ausgenutzt und zu langen und schwierigen Prozessen führte. Das Schriftformerfordernis sollte der Rechtssicherheit und der Prozeßökonomie dienen.[241]

cc) Notwendiger Inhalt des Gesellschaftsvertrages

(1) Gesellschaftszweck

Auch für die Gesellschaft des ALR ist ein gemeinschaftlicher Zweck, d.h. ein bestimmter Gesellschaftszweck erforderlich. I 17 § 169 spricht von der *„Erlangung eines gemeinschaftlichen Endzwecks"*. Dies ist das Unterscheidungsmerkmal zum einfachen Miteigentum, der communio incidens.[242]

Der besondere Gesellschaftszweck einer offenen Handelsgesellschaft wird nicht ausdrücklich genannt, ergibt sich aber aus den allgemeinen Regeln über den Kaufmann aus II 7 §§ 475 ff. und der Systematik des Handels- und Gesellschaftsrechts des ALR. Generell mußte, wie von I 17 § 169 verlangt, ein gemeinschaftlicher Endzweck im Gesellschaftsvertrag festgelegt werden. Der gemeinschaftliche Endzweck bestimmte sich bei der Handelsgesellschaft nach den typischen Geschäften eines Kaufmanns. Er ist eng an den Kaufmannsbegriff des ALR geknüpft. Die Gründung von Handelsgesellschaften stand grundsätzlich den Kaufleuten zu.[243] Kaufmann ist nach dem ALR jemand, der Handel mit Waren oder Wechseln als Hauptgeschäft treibt.[244]

Der Gesellschaftszweck besteht daher grundsätzlich im Handel, er ist zunächst abhängig vom Begriff des Handels, wird also als reiner Waren- oder Wechselumschlag aufgefaßt, wie er sich aus der Abgrenzung zu den Fabrikunternehmern, Handwerkern und Bauern einerseits und zu den Kommissionären, Maklern, Reedern und Fuhrleuten andererseits ergibt.[245] Nach dem Grundsatz der Vertragsfreiheit konnte der Gesellschaftszweck auf den Handel bestimmter Waren beschränkt werden. Die Regelung des Gesellschaftszwecks war auch im ALR davon abhängig, inwieweit durch seine Beschränkung oder durch eine nur allgemeine Festlegung, z. B. auf den Handel mit Waren jeglicher Art, eine rechtliche Bindung der Gesellschafter

---

240 *Fischer,* Privatrecht, S. 90.

241 *Röh,* S. 35.

242 *Weißen-Micus,* S. 143.

243 *Pöhls,* Handelsrecht, S. 209.

244 II 8 § 475.

245 *Conradi,* S. 11.

beabsichtigt war, für die Gesellschaft nur solche Geschäfte zu betreiben, die dem Gesellschaftszweck nicht zuwider liefen.

Der Gesellschaftszweck konnte aber auch in der Produktion von Waren und nicht nur dem Handel dienen. Dies ergibt sich aus den II 8 §§ 407, 413, 483 i.V.m. §§ 475, 614.

Deutlich wird dieser Zusammenhang besonders aus II 8 § 483.

II 8 § 483: „Die Unternehmer der Fabriken haben, in Rücksicht auf den Betrieb derselben, und den Absatz der darin verfertigten Waaren, kaufmännische Rechte."

Danach haben Fabrikunternehmer bezüglich des Fabrikbetriebes und des Absatzes der darin gefertigten Waren kaufmännische Rechte.[246] Wenn das ALR den Fabrikbesitzern kaufmännische Rechte eingeräumt hat, mußte dies auch die Möglichkeit beinhalten, zum Betrieb eines Fabrikationsunternehmens und zur Aufbringung des erforderlichen Kapitals eine Handelsgesellschaft zu gründen.[247] Für den Gesellschaftszweck einer OHG ergibt sich zwangsläufig, daß dieser auch in der Produktion von Waren bestehen konnte.[248] Allerdings erfuhr dieser Zweck eine Beschränkung. Das ALR faßte unter den Begriff der Fabrik nur die industrielle Fertigung. Unter Fabriken versteht das ALR *„Anstalten, in welchen die Verarbeitung oder Verfeinerung gewisser Naturerzeugnisse im Großen getrieben wird."*[249] Dies ergibt sich auch aus II 8 § 485, wonach Landwirte und Handwerker keine kaufmännischen Recht besaßen. Bei der Errichtung einer Handelsgesellschaft zum Betrieb einer Fabrik war aber II 8 § 410 ALR zu berücksichtigen.[250] Nach dieser Vorschrift bedurfte es zur Errichtung einer Fabrik einer Konzession.[251] Tauglicher Inhaber dieser Konzession dürfte die fortgesetzte Societät selbst gewesen sein. Über die genaue Rechtsnatur der OHG schweigt das ALR zwar, es kann aber letztlich davon ausgegangen werden, daß die OHG als gewerbliche Handlung selbst eigenständige Trägerin von Rechten und Pflichten sein konnte.[252] Sollte der Gesellschaftszweck daher im Betrieb einer Fabrik liegen, bedurfte es zur wirksamen Errichtung einer Handelsgesellschaft einer Konzession i.S.d. II 8 § 410 ALR. Ohne diese Konzession wäre der Gesellschaftsvertrag auf die Erreichung eines unmöglichen bzw. unerlaubten Gesellschaftszwecks geschlossen worden.

---

[246] Vgl. *Krause,* S. 47.

[247] Vgl. auch *Heymann,* S. 37.

[248] Vgl. *Pöhls,* Handelsrecht, S. 237.

[249] II 8 § 407.

[250] II 8 § 411 ALR: „Die Erlaubnis zur Anlegung einer Fabrik zu ertheilen, kommt allein dem Staate zu".

[251] Vgl. *Willoweit,* in: Scherner/Willoweit: Vom Gewerbe zum Unternehmen, S. 95 ff.

[252] Vgl. *Conradi,* S. 26.

Schiffsreeder besaßen i. S. d. II 8 § 484 in bezug auf alle Geschäfte, die den Betrieb der Reederei umfaßten, kaufmännische Rechte. Folglich konnte der Gesellschaftszweck auch im Betrieb einer Reederei liegen.[253] Dagegen durfte der Gesellschaftszweck nicht in dem Betrieb in den in II 8 § 486 genannten Unternehmungen liegen, da ihren Betreibern die Kaufmannseigenschaft abgesprochen wurde.

Der Gesellschaftszweck durfte nicht gesetzeswidrig sein, was sich aus I 4 § 6 und I 5 § 39 ergibt. Danach konnten Verträge mit einem solchen Inhalt nicht geschlossen werden. Es entsteht in einem solchen Fall keine rechtliche Bindung. Eine wirksame Gesellschaft konnte dann nicht errichtet werden.

Generell ist festzustellen, daß der Adressatenkreis des handelsrechtlichen Teils des ALR über den Kaufmann hinaus auch die Fabrikunternehmer und Schiffsreeder umfaßte. Als rechtsdogmatischer Anknüpfungspunkt des Handelsrechts und des Zwecks der Gründung von Handelsgesellschaften wird damit das kaufmännische Unternehmen erkennbar.[254] Auf diese Weise konkretisiert die Systematik des Kaufmannsrechts I 17 § 169 ALR, in dem es für die Handelsgesellschaft den verlangten Endzweck auf bestimmte gewerbliche oder kaufmännische Tätigkeiten bezieht. War ein solcher Zweck nicht Bestandteil des Gesellschaftsvertrages, konnte nur eine allgemeine Erwerbsgesellschaft des I 17 § 169 ALR gegründet werden. Der Gesellschaftszweck war im ALR folglich das bestimmende Abgrenzungsmerkmal zwischen der allgemeinen Gesellschaft und der Handelsgesellschaft. Dies war zwar im Ansatz schon in den Stadtrechtsreformationen erkennbar, das ALR weist aber in dieser Hinsicht als erste Kodifikation eine zusammenhängende Systematik des Handelsrechts auf. Es konkretisiert den kaufmännischen Gewerbebegriff und grenzt die Gewerbearten zueinander in klarerer Form ab. Der dem ALR zugrundeliegende Gewerbebegriff war allerdings noch recht eng gefaßt. Wer im kaufmännischen Verkehr lediglich Hilfsgeschäfte des Handels ausübte, z. B. Speditionsgeschäfte zu Land tätigte oder Kommissions- oder Versicherungsgeschäfte abschloß, wurde nicht als Kaufmann angesehen[255] und konnte als Trägerin seiner unternehmerischen Tätigkeit keine Handelsgesellschaft gründen. Diese Tätigkeiten konnten nicht tauglicher Zweck einer Gesellschaftsgründung sein.

---

[253] *Fischer,* Preußens kaufmännisches Recht, S. 342.

[254] *Conradi,* S. 15; in der handelsrechtlichen Literatur erstmalig ausgeführt durch *Thöl,* S. 111 f.

[255] *Raisch,* Abgrenzung, S. 41.

(2) Beiträge

Gemäß I 17 §§ 169, 189 i.V.m. II 8 § 630 ALR mußte der Gesellschaftsvertrag als Mindestinhalt auch eine Vereinbarung über den zu leistenden Beitrag enthalten.[256] Unter Beiträgen sind nach I 17 § 189 *„die zu dem gemeinschaftlichen Fonds zusammenzutragenden Mittel"* zu verstehen. Aus welchen Vermögenswerten die Beiträge bestehen können, ergibt sich aus I 17 § 169. Dies ist einmal das gesamte Vermögen oder das Gewerbe des einzelnen Gesellschafters. Das Vermögen konnte aus beweglichen (z.B. Geld als Bareinlage) oder unbeweglichen Sachen bestehen.

Weiterhin konnte der Beitrag auch durch persönliche Leistungen in Form von persönlicher Arbeitsleistung erbracht werden.[257] Möglich war auch die Beitragsleistung durch immaterielle Gegenstände wie Patentrechte oder besonderes persönliches Wissen des einzelnen Gesellschafters.[258]

Voraussetzung einer Beitragsleistung durch persönliche Leistung oder immaterielle Gegenstände war nach dem ALR aber, daß diese vermögensmäßig erfaßt werden konnte.[259] Diese Leistungen konnten durch Arbeitsleistung für die Gesellschaft, aber auch durch Gewährung eines Kredits oder bloße Hergabe des Namens erbracht werden, sofern eine vermögensmäßige Erfassung möglich war.[260]

Welche Beiträge der einzelne Gesellschafter leisten mußte und wie diese vermögensmäßig zu bewerten waren, regelte der Gesellschaftsvertrag. Da II 8 § 630 auf I 17 §§ 189 ff. verweist, gilt hinsichtlich der Höhe bei Fehlen einer vertraglichen Regelung der gesetzliche Maßstab. Zumindest mußte der Gesellschaftsvertrag aber eine Regelung über das gesamte aufzubringende Vermögen enthalten. Eine Aufteilung der Beitragshöhe „im gleichen Verhältnis zu dem gemeinschaftlichen Fonds" war nur möglich, wenn die Höhe des Gesellschaftsvermögens festgelegt worden war. Aus diesem Grund war es bei Leistung des Beitrags durch Arbeitsleistung zwingend notwendig, daß diese vermögensmäßig im Gesellschaftsvertrag bewertet wurde.

Die Entrichtung der Beiträge hatte pünktlich zu dem nach dem Gesellschaftsvertrag festgelegten Zeitpunkt zu erfolgen, sonst war im Verzugsfall der dadurch entstandene Schaden zu ersetzen.[261] War der Beitrag in Form

256 *Fischer,* Preußens kaufmännisches Recht, S. 460.

257 *Weißen-Micus,* S. 159.

258 *Fischer,* Preußens kaufmännisches Recht, S. 359.

259 *Weißen-Micus,* S. 161.

260 *Dernburg,* S. 641.

261 I 17 § 203 ALR.

einer Bareinlage zu erbringen, konnten zusätzlich gesetzliche Verzugszinsen in Höhe von 6% geltend gemacht werden.[262] Jeder Gesellschafter war berechtigt, bei unpünktlicher Beitragsleistung im Rahmen der actio pro socio[263] im Namen der Gesellschaft auf Zahlung gegen den Säumigen zu klagen, vorausgesetzt, er hatte seine Einlage selbst erbracht.[264]

II 8 § 631 besagt, daß die Leistung von weiteren Beiträgen nach Aufnahme der Geschäftstätigkeit i. S. d. § 629 nur durch einen einstimmigen Beschluß aller Gesellschafter erfolgen kann. Gemäß § 632 ist eine eigenmächtige Leistung von zusätzlichen Beiträgen durch einen Gesellschafter ohne vorherigen Gesellschafterbeschluß als eine Geschäftsbesorgung ohne Auftrag i. S. d. I 13 §§ 228 ff. zu sehen. Danach konnte eine solche Beitragsleistung beispielsweise erfolgen, um einen dringenden Schaden von der Gesellschaft abzuwenden, I 13 § 234.

(3) Gesellschafter

Nicht jede natürliche Person konnte Gesellschafter einer Handelsgesellschaft werden. An der Gründung einer Handelsgesellschaft konnten sich nur Kaufleute beteiligen, die Beteiligung von Nichtkaufleuten war nach dem System des ALR ausgeschlossen. Das ALR war in seinem privatrechtlichen Teil im hohen Maße vom Standesrecht geprägt.[265] Diese Aussage besitzt auch für das Recht der Handelsgesellschaft Gültigkeit. Die Regelungen über die Handelsgesellschaften finden sich im siebenten Abschnitt des zweiten Teils unter der Überschrift „Von Kaufleuten". Wer Kaufmann war, bestimmt § 475 ALR, „wer den Handel mit Waaren oder Wechseln als sein Hauptgeschäft treibt, wird ein Kaufmann genannt". Die ständische Prägung des Kaufmannsbegriffs wird besonders an II 7 §§ 479, 480 ALR deutlich:

> § 479. Wo Kaufmannsgilden oder Innungen vorhanden sind, muß ein darin aufzunehmendes Mitglied den Erfordernissen der Innungsartikel, sowohl in Ansehung der Lehrjahre, als sonst, ein Genüge leisten.

---

[262] *Servos,* S. 25 unter Verweis auf I 11 §§ 832, 805 und I 17 § 204.

[263] *K. Schmidt,* Gesellschaftsrecht, S. 468.

[264] *Servos,* S. 25.

[265] Vgl. *Köbler,* Rechtsgeschichte, S. 140. Deutlich wird dies insbesondere durch den Aufbau des 8. Titels (Zweyter Theil):
8. Titel: Vom Bürgerstand.
3. Abschn.: Von Handwerkern und Zünften.
4. Abschn.: Von Künstlern und Fabrikanten.
5. Abschn.: Von Brauern, Gastwirten, Garköchen, und Andern (...).
6. Abschn.: Von Apothekern.
7. Abschn.: Von Kaufleuten.

§ 480. An Orten, wo dergleichen Innungen bestehen, hat nur der, welcher darin aufgenommen ist, die Rechte eines Kaufmanns.[266]

Aufgrund der systematischen Einordnung der Handelsgesellschaft in das Recht der Kaufleute wird deutlich, daß allein Angehörige des Kaufmannsstandes Gesellschafter einer Handelsgesellschaft werden konnten. Die Gründung einer Handelsgesellschaft durch zwei Kaufleute und einen Nicht-Kaufmann war nach der Grundkonzeption des ALR also nicht möglich. Mindestens zwei Kaufleute als Gesellschafter waren zur Gründung erforderlich.

(4) Die Firma

Nach heute h. M. in der Rechtswissenschaft ist eine Regelung über die Firma nicht notwendiger Bestandteil des Gesellschaftsvertrages einer offenen Handelsgesellschaft. Nach K. Schmidt ist das Tatbestandsmerkmal der gemeinsamen Firma in § 105 HGB irreführend. Der Gesellschaftsvertrag einer OHG ist auch dann wirksam, wenn eine Regelung bezüglich der zu führenden Firma fehlt. Die Gesellschaft kann aber durch das Registergericht zur Annahme einer zulässigen Firma gezwungen werden.[267] Eine andere Auffassung vertritt dagegen Hueck, der die gemeinsame Firma als notwendigen Bestandteil des Gesellschaftsvertrages ansieht. Ohne eine entsprechende Vereinbarung der Gesellschafter über die gemeinsame Firma könne nur eine BGB-Gesellschaft gegründet werden.[268]

Die heute herrschende Auffassung vertrat die Rechtswissenschaft zu Beginn des 19. Jahrhundert nicht. In dem Erfordernis der Firma sah die herrschende Ansicht neben dem Gesellschaftszweck das zweite wesentliche Charakteristikum der Handelsgesellschaft gegenüber der allgemeinen Erwerbsgesellschaft des ALR.[269] Ohne einen gemeinschaftlichen Namen galt die auf Dauer angelegte Handelsgesellschaft des ALR als nicht existent.[270] Die Führung einer gemeinschaftlichen Firma setzte damit eine Einigung über den zu führenden Namen durch die Gesellschafter bei Gründung einer Handelsgesellschaft, folglich eine entsprechende Vereinbarung im schriftlichen Gesellschaftsvertrag voraus. Ohne eine einvernehmliche Regelung

[266] Vgl. auch *Raisch,* Abgrenzung, S. 39. Obwohl die §§ 478 und 480 nur kurze Zeit Bedeutung hatten (durch das Edikt vom 2. November 1810, das die Einführung der Gewerbefreiheit zum Inhalt hatte, verloren die Innungsorganisationen weitgehend ihren Status), ändert sich an der oben getroffenen Aussage nichts. Entscheidend ist die systematische Einordnung der Handelsgesellschaft in den 7. Abschnitt, der den Kaufmannsstand betrifft.

[267] *K. Schmidt,* Gesellschaftsrecht, S. 1354.

[268] *Hueck,* S. 10.

[269] Vgl. *Heise,* S. 53.

[270] *Krause,* S. 27.

über den Firmennamen wäre der Gebrauch einer gemeinschaftlichen Bezeichnung schwerlich möglich gewesen. Aus diesem Grund war eine Vereinbarung hierüber zwingender Bestandteil der Gründungsvertrages einer Handelsgesellschaft.[271]

Obwohl es nach heutigen Maßstäben an einer abschließenden Regelung des Firmenrechts im ALR fehlte[272], waren bei der Vereinbarung über die gemeinschaftliche Firma bestimmte Grundsätze zu beachten. Wichtig war an dieser Stelle besonders II 8 § 621 ALR. Nach dieser Vorschrift mußte sich die gewählte Firma von allen bereits bekanntgemachten Firmen unterscheiden. Der Firmenname durfte nicht die Gefahr des Mißbrauchs und die Täuschung des Rechtsverkehrs ermöglichen. Insoweit durften auch nicht ähnliche Firmennamen zu bereits bestehenden gewählt werden.[273] Möglich war es aber, eine früher bestandene, bereits erloschene Firma zu wählen.[274]

dd) Dispositiver Inhalt

Im folgenden sollen auch die gesetzlichen Regelungen zur Geschäftsführung sowie zur Gewinnverteilung untersucht werden, auch wenn sie nur den dispositiven und nicht notwendigen Inhalt des Gesellschaftsvertrages einer preußischen Handelsgesellschaft darstellten. In der Regel werden diesbezüglich Regelungen in Gesellschaftsverträgen aufgenommen.[275] Faktisch sind solche Regelungen stets zur Errichtung einer funktionierenden Gesellschaft notwendig.

(1) Geschäftsführung

Wie die Stadtrechte des 15. und 16. Jahrhunderts kannte das ALR die heutige strikte Trennung zwischen Geschäftsführung und Vertretung nicht. Dennoch war man sich des wichtigen Unterschiedes zwischen rechtlichem Dürfen gegenüber den Gesellschaftern und des rechtlichen Könnens gegenüber Dritten bewußt.[276]

Den Grundsatz für die Geschäftsführung in den Handelsgesellschaften stellte II 8 § 633 auf. Nach dieser Norm war grundsätzlich jeder Gesellschafter zur Geschäftsführung in allen Angelegenheiten der Gesellschaft be-

---

271 *Schiebe,* S. 24.

272 *Gans,* in: Beiträge zur Revision der preußischen Gesetzgebung, S. 38 ff.

273 *Pöhls,* S. 218.

274 *Pöhls,* S. 218.

275 *Schiebe,* S. 64.

276 Vgl. II 8 § 506 ALR.

rechtigt. Ausnahmen konnte aber der Gesellschaftsvertrag treffen. Die teilweise in der Literatur auch für die Handelsgesellschaften angeführte Norm des I 17 § 206[277] wird von § 633 verdrängt. Dies ergibt sich aus II 8 § 614, wonach die allgemeinen Vorschriften über die Gesellschaften auf die Handelsgesellschaften nur Anwendung finden, sofern keine spezialgesetzlichen Regelungen in den II 8 §§ 614 ff. zu finden sind.

Nach § 633 ist jeder Gesellschafter grundsätzlich als Faktor anzusehen. Die Definition des Faktors findet sich in II 8 § 497. Faktor ist danach derjenige, der für den Inhaber eines Handelsgeschäfts die Geschäftsführung ausübt. Als Inhaber des Handelsgeschäfts verstand das ALR aufgrund dieser Gesetzessystematik folglich die Gesellschaft selbst. Diese Systematik läßt darauf schließen, daß die Schöpfer des ALR der Handelsgesellschaft bereits eine rechtliche Eigenständigkeit, d. h. zumindest eine gewisse Teilrechtsfähigkeit, zugewiesen haben.[278]

Eine Beschränkung der Geschäftsführung auf bestimmte Geschäfte oder deren Ausschluß war durch eine entsprechende Regelung im Gesellschaftsvertrag möglich. Eine solche Beschränkung mußte aber öffentlich bekannt gemacht werden.[279] Wie dies zu erfolgen und welche Wirkung eine fehlende Bekanntmachung hatte, ist wiederum in den Regelungen über den Faktor in den II 8 §§ 497 ff. ALR geregelt. Gemäß II 8 § 503 mußte eine Bekanntmachung bei der örtlichen Kaufmannschaft oder an der Börse erfolgen. Da ein Handelsregister mit einem Einsichtsrecht für jedermann und einer entsprechenden Publizität im ALR noch nicht vorgesehen war[280], mußte die Geschäftsführung, beziehungsweise eine Änderung oder Beschränkung derselben auch auswärtigen Geschäftspartnern bekannt gemacht werden. Eine besondere Konkretisierung trifft dabei § 620. Bei Errichtung der Gesellschaft mußten die Unterschriften der zur Geschäftsführung berechtigten Personen an der Börse, bei der örtlichen Kaufmannschaft oder bei den Gerichten niedergelegt werden.

Den Umfang der Geschäftsführung regelte das ALR nicht. Die damalige Rechtswissenschaft sah die geschäftsführenden Gesellschafter als berechtigt an, alle Geschäfte des gewöhnlichen Geschäftsbetriebes vorzunehmen.[281] Bei außergewöhnlichen Geschäften bedurfte es nach der damaligen herrschenden Meinung in der Rechtswissenschaft eines Gesellschafterbeschlusses, der zur Durchführung eines solchen Geschäfts berechtigte. Welche Geschäfte gewöhnlich waren, konnte aber neben Regelungen zur Geschäfts-

---

277 *Servos,* S. 23.

278 Vgl. *Förster,* Bd. II, S. 394.

279 II 8 § 634 ALR.

280 *Servos,* S. 19.

281 *Fischer,* Preußens kaufmännisches Recht, S. 379; *Brinckmann,* S. 146.

führung an sich auch durch eine entsprechend genaue Fixierung des Gesellschaftszwecks erfolgen.

(2) Beteiligung an Gewinn und Verlust

Der Gewinn sowie seine Berechnung wurde in I 17 § 241 ALR festgelegt. Als Gewinn sah man das Vermögen an, das nach Abzug der Gesellschaftsschulden, der Einlagen der Gesellschafter, des Aktivvermögens sowie der für die Kapitaleinlagen der Gesellschafter seitens der Gesellschaft zu zahlenden Zinsen[282] übrig blieb. An diese Definition knüpfte die Regelung des § 242 im gleichen Abschnitt an. Konnten diese Abzugsposten nicht durch das gemeinschaftliche Vermögen gedeckt werden, bestand ein Verlust. Die Berechnung erfolgte nach dem im Zeitpunkt der Bilanzerstellung vorhandenen Vermögen.[283]

Hinsichtlich der Verteilung von Gewinn- und Verlust bestand aber weitgehend Dispositionsfreiheit.[284] In Fortführung entsprechender Regelungen im römischen Recht und in den Stadtrechten der beginnenden Neuzeit war aber eine Regelung im Gesellschaftsvertrag ungültig, nach der ein Gesellschafter allein den Gewinn erhalten, ein anderer allein den Verlust tragen sollte.[285] Eine solche Vereinbarung widerspricht gerade dem Grundgedanken einer Gesellschaft, nach der alle Gesellschafter gemeinsam auf den Gesellschaftszweck hinwirken.[286] Wollten die Parteien den vermeintlichen Gesellschaftsvertrag trotzdem aufrechterhalten, gilt dies gemäß § 245 als Schenkung. Ist eine solche Vereinbarung auch als Schenkung unwirksam, beispielsweise beim Fehlen der gerichtlichen Form gemäß I 11 § 1063 oder bei fehlender Schenkungsabsicht, war der Gewinn oder Verlust gemäß I 17 § 246 nach den gesetzlichen Regeln der I 17 §§ 189, 190, 251–254, zu verteilen.[287]

Fehlten vertragliche Regelungen, kamen die I 17 §§ 251 ff. hinsichtlich der Gewinnverteilung zum Tragen. Das ALR folgte dabei wiederum den in den Nürnberger und der Frankfurter Reformation bereist festgelegten Grundsätzen. Danach erfolgte im Gegensatz zum römischen Recht die Gewinnverteilung grundsätzlich nach dem Anteil der Gesellschafter am Ge-

---

[282] Vgl. II 8 § 653 ALR.

[283] *Fischer,* Preußens kaufmännisches Recht, S. 408.

[284] Vgl. I 17 § 244 ALR.

[285] Vgl. I 17, §§ 245, 246 ALR; s. oben die entsprechenden Regelungen im 1. Gesetz der Frankfurter Reformation von 1578 und im 3. Gesetz der Nürnberger Reformation von 1479.

[286] *Koch,* Bd. III, S. 616.

[287] *Röh,* S. 46.

sellschaftsvermögen.[288] Hintergrund dieser Regelung war, daß man von der Größe des Kapitalanteils auch auf den Einfluß des Gesellschafters auf die Gesellschaft und deren Erfolg schloß.[289]

Was die kapitalmäßige Bewertung von Dienst- und Arbeitsleistungen als Anteil am für die Berechnung von Gewinn- und Verlust maßgeblichen Gesellschaftsvermögen anging, so wurde diese Bewertung nicht einem unabhängigen Dritten überlassen[290]. Die Bewertung konnte zunächst durch eine entsprechende Regelung bei Gründung der Gesellschaft erfolgen, die in das Belieben der Gesellschafter gestellt wurde.[291] Unterblieb eine solche Vereinbarung, wurde der betreffende Gesellschafter mit der geringsten Kapitaleinlage hinsichtlich der Gewinnverteilung gleichgestellt.[292] Er brauchte grundsätzlich keinen Verlust zu tragen, nahm aber auch nicht an der Gewinnverteilung teil.

Eine weitere Beschränkung der Regelungen hinsichtlich der Verteilung von Gewinn und Verlust sahen I 17 §§ 247, 248 vor. Nach diesen Vorschrift galt folgendes: Ist jemand als Vertragspartei bei Abschluß des schriftlichen Gesellschaftsvertrages beteiligt und erhält er für seinen Einlage nur eine feste Verzinsung, die über den gesetzlichen Zinssatz liegt, ohne Beteiligung an Gewinn- und Verlust, ist dieser gegenüber der Gesellschaft nicht Gesellschafter sondern nur Darlehensgläubiger. Gegenüber den Gesellschaftsgläubigern wurde der Darlehensgeber aber als ein vollwertiges Mitglied der Gesellschaft angesehen. Der Sinn und Zweck dieser Regelung lag darin, eine Umgehung der Wuchergesetze zu vermeiden.[293] Ohne diese Bestimmungen hätte sonst im Rahmen eines Gesellschaftsvertrages vereinbart werden können, daß ein Gesellschafter, der einen Kapitalbeitrag leistet, weder im Hinblick auf das eingelegte Kapital noch auf die Zinsen eine Verlustgefahr trägt und für diesen Kapitalbeitrag auch noch einen frei vereinbarten und höheren als den gesetzlichen Zinssatz erhält.[294]

Das ALR gestattete neben der jährlich stattfindenden Gewinnverteilung die Entnahme von bestimmten Beträgen. Die Höhe der Entnahme wurde durch II 8 § 653 ALR geregelt. Danach durfte ein Betrag während des laufenden Geschäftsjahres entnommen werden, der einer Verzinsung des Kapitalanteils in Höhe des gewöhnlichen Zinssatzes entsprach. Dieser war in I 11 § 804 festgelegt und betrug fünf Prozent. Wurden höhere Entnahmen

---

[288] Vgl. I 17 § 251; s. oben das 2. Gesetz der Nürnberger Reformation von 1564.

[289] *Fischer,* Preußens kaufmännisches Recht, S. 414.

[290] Vgl. zum gemeinen Recht *Treitschke,* S. 109.

[291] Vgl. oben 2. Abschnitt, B. I. 2. b) cc) (2).

[292] *Servos,* S. 35.

[293] *Röh,* S. 47.

[294] *Treitschke,* S. 10.

vorgenommen, mußte das Geld unverzüglich zu dem höchsten zulässigen Zinssatz wieder zurückgezahlt werden.[295] Abweichende Vereinbarungen im Gesellschaftsvertrag waren natürlich im Rahmen der Dispositionsfreiheit möglich.

Die Gesellschafter waren nach I 17 § 263 berechtigt, frei über ihren Gewinnanteil zu verfügen. Es war Ihnen ferner gestattet, nach der Bilanzerstellung und Gewinnverteilung ihren Gewinnanteil in bar aus der Gesellschaft zu entnehmen. Dies war allerdings nur möglich, wenn darin keine Gefährdung der Fortführung der Gesellschaft lag.[296]

c) Melde- und Registrierpflichten

Das ALR kannte ein allgemeines Handelsregister, bei dem eine Eintragung der Handelsgesellschaft erfolgte, nicht.[297] Dennoch sah es Pflichten vor, eine neu gegründete Gesellschaft der Öffentlichkeit bekannt zu machen. An wen und auf welche Weise eine solche Bekanntmachung zu erfolgen hatte, ist in den II 8 §§ 618 ff. ALR geregelt.

Danach mußte die Gesellschaft der örtlichen Kaufmannschaft oder auf der Börse bekannt gemacht werden. War am Sitz der Gesellschaft keine kaufmännische Innung vorhanden, mußte eine Anzeige an die Obrigkeit des Ortes erfolgen. Unter Obrigkeit war die Gerichtsobrigkeit, d.h. die ordentlichen Gerichte zu verstehen.[298] Die Gerichte benachrichtigten daraufhin die ortsansässigen Kaufleute über die Gründung der Gesellschaft und über die angezeigten publizitätspflichtigen Tatsachen. Gemäß II 8 § 620 gehörte zu diesen mitteilungspflichtigen Tatsachen neben der generellen Anzeige der Gründung die Firma, unter der die Gesellschaft ihre Geschäfte betrieb, außerdem die Niederlegung der Handschriften der zur Geschäftsführung berechtigten Gesellschafter.[299] Da gemäß II 8 § 633 grundsätzlich alle Gesellschafter zur Geschäftsführung berechtigt waren, mußte i.S.d. II 8 § 623 eine Beschränkung der Geschäftsführung eines Gesellschafters zum Schutz des Rechtsverkehrs ausdrücklich angezeigt werden.[300]

---

[295] II 8 § 655.

[296] *Fischer,* Preußens kaufmännisches Recht, S. 463.

[297] Das erste Handelsgesetzbuch, das ein Handelsregister vorsah, war der spanische Código de comercio von 1829 (art. 22–30), vgl. *Coing,* Europäisches Privatrecht, Bd. II, S. 550.

[298] Vgl. *Bielitz,* Praktischer Kommentar zum ALR, Bd. IV, S. 353, und die ähnliche Regelung des II 8 § 505 für die Bekanntmachung einer Prokura.

[299] *Pöhls,* Handelsrecht, S. 211.

[300] In anderen Gebieten Deutschlands, in denen sich die Gründung einer Handelsgesellschaft nach gemeinem Recht richtete, finden sich Registrier- und Publizitätspflichten z. T. in den Wechselordnungen. In Hamburg war ein Anschlag auf der

Bestand der Zweck der *fortgesetzten Societät* im Betrieb einer Fabrik, war ferner zu dessen Gründung eine besondere Genehmigung erforderlich. Gemäß II 8 § 410 hing die Errichtung einer Fabrik von der Erlaubnis des Staates ab. Bestand nun der Gesellschaftszweck in dem Betrieb einer Fabrik, war zur Gesellschaftsgründung auch eine generelle Erlaubnis zur Errichtung erforderlich.

d) Beginn der Gesellschaft

Der Beginn der Gesellschaft richtet sich nach der Vorschrift des II 8 § 625. Die Gesellschaft konnte gemäß II 8 § 625 ihre Rechte gegenüber Dritten nur geltend machen, wenn eine Bekanntmachung der neu gegründeten Handelsgesellschaft in Form *der fortgesetzten Societät* in der oben geschilderten Weise erfolgt war. Da die Gesellschaft ihre Rechte ohne eine entsprechende Anzeige gegenüber Dritten nicht geltend machen konnte, war ein Auftreten im Rechtsverkehr als Handelsgesellschaft nicht möglich. Vor der wirksamen Bekanntmachung bestand demnach nur eine Innengesellschaft. Verpflichtet wurden nur die einzelnen Gesellschafter. Außengesellschaft und Unternehmensträgerin konnte sie nur nach erfolgter Anmeldung sein. Die Anmeldung war daher wichtige Voraussetzung für die wirksame Errichtung einer Handelsgesellschaft.

Aus diesem Grund kann erst dann von einer wirksamen Errichtung und dem Beginn der Handelsgesellschaft gesprochen werden, wenn die Gesellschaft in ordnungsgemäßer Weise öffentlich bekannt gemacht worden ist. Die Aufnahme der gewöhnlichen Geschäftstätigkeit reichte dazu nicht aus. Dies zeigt ein Vergleich mit § 123 Abs. 2 HGB. Diese Norm bestimmt, daß die OHG im Verhältnis zu Dritten grundsätzlich erst mit der Eintragung ins Handelsregister wirksam wird; nur, wenn sie ein kaufmännischen Handelsgewerbe betreibt, erlangt sie gemäß § 123 Abs. 2 HGB auch mit Aufnahme der Geschäftstätigkeit Wirksamkeit. Eine § 123 Abs. 2 HGB vergleichbare Anordnung trifft II 8 § 625 ALR aber nicht. Infolgedessen reicht die Aufnahme der Geschäftstätigkeit für die Wirksamkeit im Verhältnis zu Dritten nicht aus. Ohne die erforderliche Anzeige der Gesellschaft kann daher nicht von einer wirksamen Handelsgesellschaft gesprochen werden. Charakteri-

Börse und eine Bekanntmachung in öffentlichen Blättern erforderlich. Nach § 5 der Frankfurter Wechselordnung von 1741 mußte der Gesellschaftsvertrag bei einem Wechselnotar disponiert werden. Sollen nur einer oder bestimmte Gesellschafter zur Vertretung berechtigt sein, war eine von allen unterschriebene und beurkundete Vollmacht beim Wechselnotar zu hinterlegen. Die Augsburger Wechselordnung schrieb in Kapitel 11 § 1 vor, daß die Firma in das Firmenbuch der Kaufmannschaft eingetragen wurde. Vgl. dazu *Fischer,* Preußens kaufmännisches Recht, S. 340.

stisch für die Handelsgesellschaft ist gerade deren Auftreten im Rechtsverkehr als Außengesellschaft. Ist dieses Auftreten im Verhältnis zu Dritten nicht möglich, kann nicht von einer wirksamen Handelsgesellschaft gesprochen werden. Der Beginn und damit das Entstehen einer Handelsgesellschaft im Außenverhältnis war aus diesen Erwägungen von der Erfüllung von Melde- und Registrierpflichten abhängig. Diese hatten für eine wirksame Errichtung konstitutive und nicht nur deklaratorische Wirkung.

Eine fehlerhafte und unterlassene Bekanntmachung hatte aber nicht die Unwirksamkeit des Gesellschaftsvertrages an sich zur Folge.[301] Vor einer Bekanntmachung der Handelsgesellschaft bestand nur eine allgemeine Gesellschaft als Innengesellschaft gemäß I 17 § 169 ALR.

3. Entwicklung der rechtlichen Gründungsvoraussetzungen der Handelsgesellschaften im ALR im Vergleich zu den Stadtrechtsreformationen

Generell ist festzustellen, daß die Entwicklung der rechtlichen Grundlagen der Handelsgesellschaften durch das ALR einen wesentlichen Fortgang genommen hat. Dies gilt auch für die Voraussetzungen ihrer Errichtung. Ihr Gesellschaftsrecht, das in den Stadtrechtsreformationen in Deutschland erstmalig kodifiziert wurde, hat durch das ALR eine wichtige Weiterentwicklung genommen.

Im Bereich des allgemeinen Vertragsrechts legte das ALR als erste Kodifikation normierte Regeln hinsichtlich der allgemein für den Vertragsschluß erforderlichen Willenserklärungen durch die Gesellschafter fest.

Eine weitere wichtige Entwicklung vollzog das ALR im Bereich des für die Gründung erforderlichen Gesellschaftszwecks. Im Bereich der offenen Handelsgesellschaft knüpfte die preußische Kodifikation den Zweck noch enger an das ausgeübte Gewerbe.[302] Dieses konnte entweder ganz allgemein im Handel mit Waren liegen, möglich war aber auch die Gründung zum Betrieb einer Fabrik oder Reederei. Hierin kommt der geschichtliche Wandel in der Erscheinungsform des Unternehmens zum Ausdruck. Während der Warenhandel als Zweck einer Handelsgesellschaftsgründung im Vergleich zur Produktion im 15. und 16. Jahrhundert noch im Vordergrund stand, wurde durch die beginnende industrielle Entwicklung das Unternehmen zu Beginn des 19. Jahrhunderts in immer stärkerem Maße Träger von Produktionsstätten. Diese Veränderung griff das ALR auf, indem es verschiedene Formen von gewerblichen Tätigkeiten dem Handels- und Gesell-

301 *Servos,* S. 35.

302 *Conradi,* S. 15.

schaftsrecht unterstellte.[303] Durch diese Weiterentwicklung des handelsgewerblichen Begriffs stellte das ALR den gemeinsamen Gesellschaftszweck als rechtliches Charakteristikum der Handelsgesellschaft noch stärker in den Vordergrund.

Eine weitere wichtige Entwicklung hinsichtlich der Gründungsvoraussetzungen der Handelsgesellschaft verzeichnet das ALR im Bereich des Firmenrechts. Das ALR stellte für die Gründung einer offenen Handelsgesellschaft als erste umfassende Kodifikation das Erfordernis auf, diese unter einer gemeinsamen Firma zu betreiben und darüber eine Einigung im Gesellschaftsvertrag zu treffen. Obwohl die Fernhandelsgesellschaften in der Regel auch unter einem gemeinschaftlichen Namen betrieben wurden, war die Führung einer gemeinsamen Firma nicht Voraussetzung für deren Errichtung. Das Gesellschaftsrecht der Stadtrechte und das gemeine Recht kannten eine solche Voraussetzung nicht. Das ALR legte somit zwingend ein weiteres rechtliches Merkmal der Handelsgesellschaft fest, die Notwendigkeit, die Gesellschaft unter gemeinsamer Firma zu errichten.

Auch wenn es ein Handelsregister noch nicht kannte, stellte das ALR für die Gründung von Handelsgesellschaften als erste Kodifikation umfangreiche Publizitätspflichten zum Schutz des Geschäftsverkehrs auf. Die Bekanntmachung der Handelsgesellschaft im Außenverkehr hatte für ihre Errichtung konstitutive Wirkung. Das ALR legte bei der Gründung von Gesellschaften einen großen Wert auf den Schutz des Rechtsverkehrs und wies diesem durch die verlangten Publizitätspflichten eine stärkere Bedeutung zu.[304]

Dem Schutz des Rechtsverkehrs sollten ferner die Formerfordernisse für den Gesellschaftsvertrag dienen.[305] Im Gegensatz zu den Stadtrechtsreformationen, in denen die Schriftlichkeit eines Gesellschaftsvertrages freiwillig war, stellte das ALR für Gesellschaftsverträge das Erfordernis der Schriftform auf. Dieser Abweichung von der kanonistischen Tradition des gemeinen Rechts lagen eigene preußische Erfahrungen zugrunde, die bereits vorher in Edikten festgelegt waren.[306] Die für Gesellschaftsverträge obligatorische Schriftform diente danach nicht der besseren Beweisbarkeit vertraglicher Regelungen unter den Gesellschaftern, sondern dem Schutz Außenstehender vor Mißbrauch der Rechtsform einer offenen Handelsgesellschaft.

Im Bereich der Kommanditgesellschaft und der Möglichkeit ihrer Gründung stellte das ALR keine Weiterentwicklung zu den Stadtrechten dar. Die

---

303 Vgl. *Raisch,* Abgrenzung, S. 41.

304 *Rintelen,* S. 94 ff.

305 *Dernburg,* Bd. I a, S. 175.

306 Vgl. oben Zweiter Abschnitt, B. I. 2. b) cc) (1).

Möglichkeit, sich in der Haftung beschränkt auf seine Einlage zu beteiligen, bestand nur durch die Gründung einer stillen Gesellschaft, bei der lediglich eine Innengesellschaft bestand. Die KG als eigenständige Gesellschaftsform fand nicht Eingang in das Gesellschaftsrecht des ALR.

II. Das Badische Handelsrecht als Anhang zum badischen Landrecht von 1810

1. Untersuchungsgegenstand

Am 1.1.1810 traten im Großherzogtum Baden der Code Napoléon und als Anhang dazu Auszüge aus dem Code de Commerce, beide in amtlicher Übersetzung und mit Ergänzungen versehen, als badisches Landrecht in Kraft. Der offizielle Titel des Gesetzbuches lautete bis 1813 „Code Napoléon mit Zusätzen und Handelsgesetzen als Landrecht für das Großherzogtum Baden“, seit 1814 „Landrecht für das Großherzogtum Baden nebst Handelsgesetzen.[307] Der Einführung des Badischen Landrechts waren folgende Schritte vorausgegangen. Das Großherzogtum Baden[308] stand nach mehreren Gebietserweiterungen zu Beginn des 19. Jahrhunderts vor der Aufgabe, das Landrecht zu vereinheitlichen, da in den erworbenen Territorien unterschiedliche Partikularrechte galten.[309] Nachdem 1803 eine Reform der Verwaltungsstrukturen vollzogen wurde, kam es 1808 zur Einberufung einer Gesetzgebungskommission, die mit der Vereinheitlichung des Zivil- und Handelsrechts betraut wurde. Bereits ein Jahr später legte diese einen Entwurf des Zivil- und Handelsrechts vor, der das französische Zivilrecht, im Bereich des Handelsrecht den Code de Commerce[310] rezipierte. Verfasser der Übersetzung und Zusätze sowie des ersten Einführungsedikts war der Staatsrat Johann Nikolaus Friedrich Brauer.[311]

Mit dem Badischen Handelsrecht beginnt die Geschichte einer eigenen Kodifikation handelsrechtlicher Materien in Deutschland. Erstmalig gab es in Deutschland ein besonderes Handelsrecht, das aus dem Zivilrecht ausgegliedert war. Es umfaßt das erste und dritte Buch des Code de Commerce nebst Auszügen aus dem vierten Buch und erweiternde und einschränkende

[307] Zum Badischen Landrecht allgemein s. *Schubert,* Französisches Recht, S. 209 ff.

[308] Die Erklärung der ehemaligen Markgrafschaft Baden zum Großherzogtum erfolgte 1806 nach dem Beitritte Badens zum Rheinbund.

[309] Vgl. dazu *Andreas,* in: ZGR GA 31 (1910), S. 182 ff.

[310] Der Code de Commerce von 1807 ist das bis heute älteste noch geltende Handelsgesetzbuch Europas, vgl. *Köbler,* in: Coing/Wilhelm (Hrsg.), Wissenschaft und Kodifikation des Privatrechts im 19. Jhdt., Bd. I, S. 277 ff.

[311] Zur Person Brauers s. *Andreas,* in: NDB II, S. 542 f.

Zusätze. Insgesamt wurden 253 Artikel aus dem Code de Commerce übernommen. Weggelassen wurden das zweite Buch (Seerecht) und im wesentlichen das vierte Buch (Über die Organisationen der Handelsgerichte). Die Artikelfolge des französischen Gesetzbuches wurde aber weitgehend beibehalten.[312]

Das Gesellschaftsrecht findet sich in den Artt. 18–41 des Anhangs. Es finden sich Regeln über die offenen Handelsgesellschaft (Art. 18 ff.), die Kommanditgesellschaft (Art. 25 ff.) und die Aktiengesellschaft (Art. 29 ff.). Die gesellschaftsrechtlichen Vorschriften des badischen Handelsrechts weisen gegenüber den rezipierten Artikeln des französischen Rechts, das in seiner Originalfassung in einer großen Anzahl von Rheinbundstaaten galt[313], keinerlei Veränderungen auf. Insofern ist es bei der Untersuchung der Gründungsvoraussetzungen der Gesellschaften des badischen Handelsrechts geboten, auch die Literatur und Rechtsprechung zum Code de Commerce in den rheinischen Gebieten zu berücksichtigen. Dies schließt auch, soweit diese zu berücksichtigen ist, die Rechtsprechung des Rheinischen Appellationsgerichtshofes zu Köln ein.[314]

Als erste handelsrechtliche Kodifikation in Deutschland regelte das badische Handelsrecht die Kommanditgesellschaft als eigenständige Gesellschaftsform. Entgegen der Bezeichnung „associé en commandite" handelte es sich bei der in II 8 § 651 ALR geregelten Gesellschaft eben nicht um eine Kommandit-, sondern um eine stille Gesellschaft.[315]

2. Die offene Handelsgesellschaft – Gründungsvoraussetzungen

a) Der Gesellschaftsvertrag

aa) Zustandekommen des Vertrages

Der Gesellschaftsvertrag einer offenen Handelsgesellschaft ist nach dem badischen Landrecht ein schuldrechtlicher Vertrag, der mit dem erforderlichen Mindestinhalt durch mindestens zwei, sich einander entsprechenden

---

312 Vgl. insgesamt zur Entstehungsgeschichte des handelsrechtlichen Teils *Bergfeld,* in: Coing (Hrsg.), Handbuch, Bd. III/3, S. 2857 ff.

313 Das französische Recht trat in den linksrheinischen Gebieten und in einigen rechtsrheinischen Gebieten in seiner Ursprungssprache in Kraft, vgl. auch *Conrad,* Preußen und das französische Recht in den Rheinlanden, in: Recht und Rechtspflege in den Rheinlanden, S. 79 ff.

314 Der Appelationsgerichtshof zu Köln wurde 1819 errichtet. Zur Geschichte dieses Gerichts vgl. *D. Schumacher,* S. 20.

315 Vgl. oben Fn. 230 und 231.

Willenserklärungen, d.h. eine Übereinkunft i.S.d. Landrechtsatzes 1832, zustande kommt.[316] Wie die übrigen Schuldverhältnisse, unterliegt auch der Gesellschaftsvertrag den allgemeinen Vertragsvoraussetzungen der LRS 1101 f.[317]

Ebenso wie das ALR kennt das badische Landrecht als Erfordernis des Vertragsschlusses den Begriff der Willenserklärung. Für die Wirksamkeit eines Vertragsschlusses bedurfte es daher einer schuldrechtlichen Einigung durch zwei übereinstimmende Willenserklärungen i.S.d. LRS 1108 und 1109. Diese Einigung hieß beim Gesellschaftsvertrag, wie bereits erwähnt, Übereinkunft. Voraussetzung für die Abgabe einer wirksamen Willenserklärung war grundsätzlich die Fähigkeit, sich i.S.d. LRS 1123 f. überhaupt vertraglich verpflichten zu können. Der Zweck des Vertrages durfte kein unerlaubter i.S.d. LRS 1126 f. sein.[318]

bb) Form

Wie das ALR setzte auch das badische Handelsrecht nach Art. 39 i.V.m. LRS 1834 voraus, daß der Gesellschaftsvertrag in schriftlicher Form zu errichten war. Ob die Nichtbeachtung des Formerfordernisses aber die Nichtigkeit des Gesellschaftsvertrages zur Folge hatte, war umstritten.

In einer früheren Entscheidung entschied das Mannheimer Oberhofgericht[319], daß nach Art. 39 die Schriftlichkeit des Gesellschaftsvertrages zu dessen Gültigkeit erforderlich sei. Die gleiche Ansicht wurde in der Literatur vertreten.[320] Gestützt wurde diese Ansicht auf den Wortlaut der Artt. 39 und 40[321] und auf den Sinn und Zweck des Art. 42.[322] Diese Norm verlangte die Hinterlegung der Gesellschaftsvertrages bei Gericht, bei Nichtbeachtung der Publizitätspflichten ordnete das Gesetz die Nichtigkeit der Gesellschaft an. Art. 42 wäre gegenstandslos und sinnwidrig gewesen, wenn man die Schriftlichkeit nicht zu den Voraussetzungen des Vertragsschlusses

316 *Brauer,* Erläuterungen über den Code Napoléon und die Großherzoglich Badische Bürgerliche Gesetzgebung, Bd. III, S. 635; *Zachariä von Lingenthal,* II (5), S. 458.

317 Vgl. *Zachariä von Lingenthal,* II (5), S. 458 f.; II (6), S. 561; II (8), S. 597 f.

318 Zu diesen Voraussetzungen des Vertragsschlusses vgl. *Müller-Guggenberger,* in: ZHR 142 (1978), S. 589 f., 594.

319 Entscheidungen des Oberhofgerichts Bd. 8, S. 594.

320 Vgl. *Zachariä v. Lingenthal,* Bd. II (5), S. 460.

321 Art. 39 lautete: „Offene sowohl als vertraute Gesellschaften müssen durch öffentliche oder Privaturkunden richtig gestellt werden"; Art. 40 lautete: „Unbenannte Urkunden können nur durch öffentliche Urkunden gestiftet werden".

322 Vgl. Erster Teil, 2. Abschnitt, B. II. 2. c).

gezählt hätte.[323] Gerade die Schriftlichkeit war Voraussetzung der Erfüllung der Publizitätspflichten.

In einer späteren Entscheidung änderte das Oberhofgericht seine Auffassung und entschied, daß die Artt. 39 und 41 des badischen Handelsrechts gerade nicht die Nichtigkeit des Gesellschaftsvertrages zur Folge hätten.[324] Sinn und Zweck der Schriftform sei es allein, bei der Auslegung des Vertrages Beweisschwierigkeiten zu vermeiden.[325] Gefolgert wurde dies aus Art. 41 des badischen Handelsrechts, der es verbot, den Inhalt eines Gesellschaftsvertrages mittels Zeugen zu beweisen.

b) Inhalt des Gesellschaftsvertrages

aa) Notwendiger Inhalt

(1) Der Gesellschaftszweck

Nach der Definition des Anhangsatzes 20 besteht der gemeinsame Zweck bei Gründung einer Handelsgesellschaft in „der Betreibung einer Handlung unter einem Handlungs-Namen“: „Eine offene Gesellschaft ist diejenige, welche von zwei oder mehr Personen zu Betreibung einer Handlung unter einem Handlungs-Namen (Firma) geschlossen wird. Danach mußte der Gesellschaftszweck also in dem Betreiben eines Handelsgeschäfts liegen.[326].

Was unter einem Handelsgeschäft zu verstehen ist, ergibt sich aus den Anhangssätzen 1 und 1a, die Art. 623 Code de Commerce (CCom) nachgebildet sind. Danach sind folgende Tätigkeiten als Handelsgeschäfte und damit als für die Gründung einer Handelsgesellschaft tauglicher Gesellschaftszweck zu qualifizieren:

Art. 1

(...)

Als Handelsgeschäfte erkennt das Gesetz

- jeden Ankauf von Erzeugnissen und Waaren für den Wiederverkauf auf Gewinn, es geschehe solcher mit oder ohne vorhergängige Bearbeitung und Umarbeitung, ingleichem für die Benutzung zum Gewinn durch Vermietung;
- jede Unternehmung von Manufakturen, Fabriken und Zwischenhandelsgeschäften (Kommissionen) zu Wasser und zu Land;

---

323 Vgl. *Kaiser,* S. 13.

324 Entscheidungen des Oberhofgerichts, Bd. 10, S. 195.

325 *Servos,* S. 72.

326 *Kaiser,* S. 9.

- jeder Unternehmung in Lieferungen, in Geschäftsführungen für den Handel, in Versteigerungsgewölben und in öffentlichen Schauspielen[327];
- alle Arten von Wechsel-, Bank- und Mäklergeschäften; allen Umsatz von Staats- und Handelspapieren; alle gezogene Wechselbriefe oder besorgte Geldüberwechslungen von einem Platz auf den andern unter allen Arten der Personen.

Art. 1 a.

Als Handelsgeschäft kann nicht angesehen werden: der Verkauf des Handwerksmannes, so lang er nicht seine Waaren hauptsächlich auf den Absatz in ganzen Parthien verarbeitet;

der Verkauf eigener natürlicher oder künstlicher Erzeugnisse bloß im Einzelnen an solche, die sie nicht zum Handel, sondern zum eigenen Gebrauch zu kaufen pflegen;

der Einkauf und Verkauf der bloß zum Wochenmarktbetrieb geeigneten Speisewaaren.

Über diesen Begriff der Handelsgeschäfte wird der Kaufmannsbegriff des badischen Landrechts überhaupt definiert. Nach dem eindeutigen Wortlaut hängt die Kaufmannseigenschaft und die Möglichkeit der Errichtung eines kaufmännischen Unternehmens direkt vom Begriff des Handelsgeschäfts ab.

Interessanterweise weicht das badische Landrecht hinsichtlich der Artt. 1 und 1a von der ursprünglichen Systematik des CCom ab. Im Code de Commerce sind die Handelsgeschäfte im 4. Buch bei der Zuständigkeit der Handelsgerichte geregelt. Dieses vierte Buch ist vom badischen Handelsrecht bis auf die Regelungen über Handelsgeschäfte nicht übernommen worden. Der Begriff des Kaufmann ist dagegen an gleicher Stelle in Art. 1 übernommen worden. Der Begriff des Handelsgeschäfts diente im Code de Commerce aufgrund der vom Gesetzgeber vorgegebenen Stellung also primär der Bestimmung der Kompetenz der Handelsgerichte.[328] Diese systematische Trennung von den eng mit einander verknüpften Begriffen des Kaufmanns und des Handelsgeschäfts hebt das Handelsrecht des badischen Landrechts auf.

Die getrennte systematische Einordnung der Definition des Kaufmanns und der Handelsgeschäfte sowie deren Ausgestaltung erklärt sich aus dem Wunsch des französischen Gesetzgebers, den Eindruck zu vermeiden, als enthalte der Code de Commerce ein Standesrecht für Kaufleute.[329] Auf diese Befürchtung brauchten die Verfasser des badischen Handelsrechts keine Rücksicht zu nehmen. Im Gegensatz zu der im Geist der französi-

---

[327] Unter öffentlichen Schauspielen waren solche Etablissements zu verstehen, die allgemein der Belustigung des Publikums dienten, vgl. *Schiebe,* S. 6.

[328] *Raisch,* Abgrenzung, S. 46.

[329] *Bergfeld,* in: Coing (Hrsg.), Handbuch, Bd. III/3, S. 2860.

schen Revolution stehenden Systematik des CCom[330] mußten solche Erwägungen bei der Einführung des badischen Landrechts nicht berücksichtigt werden.[331] Die Gesellschaft in Baden war bei Schaffung der neuen Gesetze ständisch gegliedert.[332] Man faßte daher die Definition des Kaufmanns und der Handelsgeschäfte am Beginn des handelsrechtlichen Anhangs zusammen.

(2) Beitragspflichten des Gesellschafter

Die Verpflichtung zur Beitragsleistung ergab sich nicht aus dem handelsrechtlichen Anhang, sondern aus den allgemeinen Regeln über die allgemeine Gesellschaft des französischen Zivilrechts. Gemäß LRS 1832, der generell die Anforderungen an den Mindestinhalt eines Gesellschaftsvertrages aufstellte, ergab sich, daß sich die Gesellschafter bei Abschluß des Vertrages darüber einigen mußten, „etwas zusammen zu werfen". Genauer erfaßt wurde diese Beitragspflicht in LRS 1833 Satz 2. Danach mußte im Gesellschaftsvertrag eine Vereinbarung getroffen werden, nach der sich jeder Gesellschafter verpflichtete, „Geld oder Geld Werth oder die Benutzung seiner Kräfte einzuwerfen". War diesbezüglich keine Regelung im Vertrag vorhanden, war dieser nichtig.

Als Einlage konnte alles, was in Geld geschätzt, also vermögensmäßig bewertet werden konnte, eingebracht werden.[333] Dazu gehörten auch Dienstleistungen von Gesellschaftern, Sacheinlagen, Forderungen, kaufmännische Geschäfte, Forderungen und Urheberrechte.[334] Umstritten war, ob jemand sein Ansehen oder seine Kreditwürdigkeit als Beitrag einbringen konnte. Ein Teil der Literatur[335] bejahte dies, während eine derartige Beitragsleistung von der h.M. mit der zutreffenden Begründung abgelehnt wurde, daß eine vermögensmäßige Bewertung nicht möglich sei.[336]

Die Beitragsleistung hatte im Zweifel sofort, spätestens aber zu dem im Gesellschaftsvertrag bestimmten Zeitpunkt zu erfolgen. Eine nicht zum versprochenen Zeitpunkt erbrachte Kapitaleinlage war gemäß LRS 1846 auch ohne Mahnung mit einem Zinssatz von 6% zu verzinsen. Des weiteren bestand im Fall der verspäteten Beitragsleistung gemäß LRS 1850 die Pflicht, der Gesellschaft einen etwaigen Schaden zu ersetzen.

---

330 Vgl. *Conradi,* S. 32.

331 *Bergfeld,* in: Coing (Hrsg.), Handbuch, Bd. III/3, S. 2860.

332 Zur ständischen Gliederung im ALR vgl. oben. Fn. 266.

333 *Weißen-Micus,* S. 213.

334 *Servos,* S. 84.

335 *Planiol/Ripert,* Traite pratique de Droit Civil Français, Bd. XI, S. 271.

336 Vgl. m.w.N. *Zachariä v. Lingenthal,* II (8), S. 598.

(3) Firma

Nach Art. 20 ist Charakteristikum der offenen Handelsgesellschaft des badischen Landrechts, daß diese „unter einem ‚Handlungs-Namen (Firma)' " geschlossen wird.

Nach dieser Norm handelte es sich bei der Firma um den Namen, der beim Betrieb der Handlung die Gesellschaft bezeichnete. Dieser gemeinsame Name, unter dem die Gesellschaft nach außen handelte, kennzeichnete die Gesellschaft, sie wurde von anderen Gesellschaften unterscheidbar.[337] Demzufolge bestimmte Brauer[338] als Vorsitzender der Gesetzgebungskommission in den Erläuterungen zum badischen HGB, daß die Gründung einer offenen Handelsgesellschaft die Annahme eines Handelsnamens, d.h. eine festgesetzte Bezeichnungs- und Unterzeichnungsart, erforderte.[339] Nach Art. 20 konnte eine offene Handelsgesellschaft folglich nur wirksam errichtet werden, wenn sich die Gesellschafter zumindest auch über die Führung einer gemeinsamen Firma geeinigt hatten.[340]

In welcher Weise sich die Gesellschafter über die Firma als notwendigen Bestandteil des Gesellschaftsvertrages einigen mußten, bestimmte Art. 21: „Der Handlungs-Name darf nur aus Namen eines oder etlicher oder aller Gesellschafter bestehen." Durch diese Regelung normierte das badische Handelsrecht als erstes Handelsgesetz den Grundsatz der Firmenwahrheit.[341] Auf diese Weise sollte der Firmenträger zumindest teilweise erkennbar sein. Die Aufnahme des Namens eines Nichtgesellschafters in die Firma war von vornherein ausgeschlossen.[342] Möglich war aber auch die Führung einer gemischten Firma, d.h. die Verwendung eines Namens zusammen mit einer Geschäftsbezeichnung. Der Rheinische Appellationsgerichtshof zu Köln wies anhand der Verhandlungsprotokolle des französischen Staatsrates nach, daß die gleichlautende Formulierung des Art. 21 CCom lediglich die mißbräuchliche Verwendung einer Firma verhindern sollte.[343] Nach Ansicht des Gerichts bestand kein generelles Verbot, eine gemischte Firma zu führen. Dies sollte stets insoweit möglich sein, als sich aus dem Zusatz keine Täuschungsgefahr für die Allgemeinheit ergab.[344]

---

337 *Krause,* S. 38.

338 s. oben Fn. 312.

339 Vgl. *Brauer,* Bd. IV, S. 581 f.

340 Vgl. *Schiebe,* S. 14, 24.

341 *Krause,* S. 55.

342 Vgl. *Morstadt,* S. 53.

343 RAG RhA 16, S. 255.

344 RAG RhA 53, S. 48 ff.

bb) Dispositiver Inhalt

Wie bei der Untersuchung der rechtlichen Gründungsvoraussetzungen einer OHG im ALR sollen auch die dispositiven gesetzlichen Regelungen des badischen HGB untersucht werden. Auch wenn im badischen HGB Regelungen über die Geschäftsführung und über die Gewinnverteilung nicht zwingend notwendiger Bestandteil des Gesellschaftsvertrages waren, so ist eine Untersuchung ihres Inhalt trotzdem erforderlich, da im Fall unzureichender gesetzlicher Bestimmungen in der Regel Vereinbarungen darüber im Gesellschaftsvertrag zu treffen waren.

(1) Geschäftsführung

Die Geschäftsführung im Badischen Landrecht war in den LRS 1856 ff. geregelt. LRS 1856 bestimmte ausdrücklich, daß die gesetzlichen Regelungen über die Geschäftsführung nur dispositiven Charakter hatten, also nur Anwendung finden sollten, falls im Gesellschaftsvertrag nichts anderes geregelt war. Wie das ALR differenzierte das Badische Landrecht im Fall des Handelns für die Gesellschaft nicht ausdrücklich zwischen Innen- und Außenverhältnis, d.h. zwischen Geschäftsführung und Vertretung.[345]

Nach LRS 1859 war grundsätzlich jeder Gesellschafter berechtigt, alle Handlungen vorzunehmen, die zur Verwaltung der gemeinsamen Angelegenheiten notwendig waren. Grundsätzlich bestand also für jeden Gesellschafter Einzelgeschäftsführungsbefugnis. Nach Brauer galt dieser Grundsatz jedoch nicht uneingeschränkt. Vielmehr sollte auch LRS 577 Anwendung finden, danach mußten grundsätzlich alle Gesellschafter mit der Vornahme der Handlung einverstanden sein.

Die Regelung war aber nur dispositiver Natur. Aufgrund vertraglicher Absprachen war es den Gesellschaftern möglich, die Geschäftsführung besonders zu regeln. Die Übertragung der Geschäftsführung konnte dabei entweder durch einen separaten Vertrag oder durch eine Klausel im Gesellschaftsvertrag erfolgen.[346] Erfolgte die Regelung der Geschäftsführung außerhalb des Gesellschaftsvertrages, wurde dies nur als eine gewöhnliche Vollmacht angesehen, die gemäß LRS 1856 Abs. 2 Hs. 2 frei widerruflich war. Nur bei einer durch den Gesellschaftsvertrag erteilten Geschäftsführungsbefugnis galten die besonderen Regelungen der Landrechtssätze 1856 bis 1858.[347]

---

345 *Servos,* S. 81.

346 *Kaiser,* S. 25.

347 *Weißen-Micus,* S. 221.

Das Recht zur Geschäftsführung war grundsätzlich, soweit im Gesellschaftsvertrag geregelt, unwiderruflich. Nur bei Vorliegen besonderer Gründe konnte eine Abberufung als Geschäftsführer erfolgen. Solche Gründe waren eine große Gefahr für gesellschaftliche Belange und ein besonders schwerer Verstoß gegen die Pflichten des Gesellschaftsvertrages, bei denen ein Schadensersatzpflicht aus LRS 1850 nicht ausreichte. Voraussetzung dafür war aber ein einstimmiger Gesellschafterbeschluß.[348] Widersprach ein Alleingeschäftsführer dem Beschluß seiner Mitgesellschafter, erfolgte im Rahmen des schiedsgerichtlichen Verfahrens die richterliche Entscheidung über die Rechtmäßigkeit des Entzuges.[349]

Wurde die Geschäftsführung auf mehrere Gesellschafter übertragen, bestimmte LRS 1857, daß „ohne auszudrücken, daß einer ohne den anderen nicht handeln soll", jeder Gesellschafter – ohne die Möglichkeit des Widerspruchs durch die anderen geschäftsführungsbefugten Gesellschafter – zur Vornahme aller Handlungen berechtigt war, die im Rahmen der Geschäftsführung anfielen. Im Fall der vertraglich vereinbarten Gesamtgeschäftsführung konnte dagegen nach LRS 1858 kein Gesellschafter ohne die Zustimmung des anderen tätig werden. In diesem Zusammenhang hat der badische Gesetzgeber in Abwandlung des code civil die Vorschrift des LRS 1858 a eingeführt. Nach dieser Norm war zur Abwehr eines drohenden Schadens für die Gesellschaft jeder Gesellschafter ohne Rücksprache mit den anderen Gesellschaftern geschäftsführungsbefugt. Ohne diese Ergänzung hätte eine solche Befugnis nur durch eine Auslegung contra legem erreicht werden können.[350]

Hinsichtlich des Umfangs der Geschäftsführung ist festzustellen, daß diesbezüglich eine ausdrückliche Bestimmung im Badischen Landrecht fehlte. LRS 1856 sprach lediglich von den zur Geschäftsbesorgung „dazu gehörigen Handlungen". Grundsätzlich wurden darunter solche Handlungen verstanden, welche „in dem Verwaltungsrechte überhaupt enthalten sind."[351] Zur genauen Abgrenzung ist aber auch diese Formulierung wenig hilfreich. Nach einer Entscheidung des Pariser Kassationshofes vom 21.4.1841[352] ist nach 1856 code civile davon nicht das Recht umfaßt, Verfügungen zu Lasten des Gesellschaftsvermögens vorzunehmen, sofern dies nicht im Gesellschaftsvertrag ausdrücklich zugelassen wurde. Der Geschäftsführer sei nach den Artikeln 1859, 1860 als Verwalter des gesellschaftlichen Vermögens nur zu Verwaltungshandlungen berechtigt.[353] Es gehe nicht an, daß dieser über den

348 Vgl. LRS 1856 Abs. 2.

349 *Kaiser,* S. 26.

350 *Brauer,* Bd. III, S. 644 f.; *Servos,* S. 83.

351 *Zachariä v. Lingenthal,* II (5), S. 468 mit Anmerkung 1, II (6), S. 611.

352 Abgedruckt bei *Lauckhard,* Bd. 9, S. 17 f.

Grundstock des Gesellschaftsvermögens verfügen könne. Nach dieser Entscheidung und der damals h. L. wurde der Geschäftsführer als Beauftragter betrachtet, der ohne Einwilligung der Mitgesellschafter zur Veräußerung der nach dem Gesellschaftszweck bestimmten Gegenstände nicht berechtigt war. Verneint wurde von der Rechtsprechung auch die Aufnahme eines Darlehens im Namen des Gesellschaft ohne ausdrückliche Ermächtigung.[354] Im Ergebnis ist hinsichtlich des Umfangs der Geschäftsführungsbefugnis festzuhalten, daß zu den gewöhnlichen Aufgaben die Vornahme solcher Rechtsgeschäfte gehörte, die der jeweilige Betrieb der Gesellschaft mit sich brachte[355], ferner Verwaltungsmaßnahmen und Verfügungen, die dem Erhalt des Gesellschaftsvermögens dienten.[356] In der gesellschaftsvertraglichen Praxis wurde die Möglichkeit, ein bestimmtes Rechtsgeschäft für die Gesellschaft vorzunehmen, oft von dem Vorliegen eines entsprechenden Beschlusses der Gesellschafterversammlung abhängig gemacht.[357] Dabei wurden die zustimmungspflichtigen Rechtsgeschäfte im Gesellschaftsvertrag aufgezählt.

(2) Beteiligung an Gewinn und Verlust

Besondere Bestimmungen über die Beteiligung von Gewinn und Verlust finden sich im badischen Handelsrecht nicht. Daher muß in dieser Frage wiederum auf die allgemeinen Vorschriften des Landrechts zurückgegriffen werden. Nach LRS 1853 Abs. 1 richtete sich die Beteiligung eines jeden Gesellschafters an Gewinn und Verlust zunächst nach dem Gesellschaftsvertrag, fehlten solche, war das Verhältnis der Einlagen zum Gesellschaftsvermögen maßgebend. Der schwierigen Frage, inwieweit die als Einlage erbrachte persönliche Arbeitsleistung eines Gesellschafters vermögensmäßig zu bewerten war, trug LRS 1853 Abs. 2 Rechnung. Die Beteiligung eines Gesellschafters, der allein seine Arbeitsleistung in die Gesellschaft eingebracht hatte, wurde so berechnet, wie wenn seine Einlage gleich der des Gesellschafters wäre, der am wenigsten eingebracht hat. LRS 1855 regelte die Nichtigkeit der sog. societas leonina.[358]

---

[353] Entscheidung des Apellationsgerichts Douai v. 7.11.1839, in: *Lauckhard,* Bd. 9, S. 18 f.

[354] Entscheidung des Kassationshofes v. 22.8.1844, in: *Lauckhardt,* Bd. 9, S. 21 f., 27.

[355] Welche Rechtsgeschäfte dies waren, bestimmte sich vor allem nach dem im Vertrag festgelegten Gesellschaftszweck, vgl. Entscheidung des Appelationsgerichtshofes in Fn. 359.

[356] *Ferid/Sonnenberger,* Anmerkung 2, L1, § 3B II.

[357] Vgl. bspw. Art. 4 des Gesellschaftsvertrages der Handelsgesellschaft Villeroy und Boch v. 1836, die sich in Mettlach, also im Geltungsbereich des französischen Zivilrechts befand, ausführlich dargestellt bei *Reiter,* S. 115.

c) Registrier- und Publizitätspflichten

Hinsichtlich der zur Gründung einer Handelsgesellschaft erforderlichen Publizitätspflichten griff das badische Handelsrecht vollständig auf die Grundsätze des Code de Commerce zurück. Wie im Bereich des ALR gab es noch kein separates Handelsregister. Nach Art. 42 des badischen Handelsrechts waren die Gründungsgesellschafter verpflichtet, die Gründung der Gesellschaft innerhalb von vierzehn Tagen bei Gericht anzuzeigen. Die Anzeige erfolgte durch Übergabe eines Auszug des Gesellschaftsvertrages an das zuständige Gericht.[359] Das Gericht hatte den Auszug des Gesellschaftsvertrages einzutragen und drei Monate anzuschlagen.[360] Die Nichtbeachtung der Registrier- und Publizitätspflichten hatte nach Art. 42 Abs. 2 die Nichtigkeit des Gesellschaftsvertrages zur Folge. Dies geht also über die Rechtsfolge einer unterlassenen Anzeige in II 8 § 625 ALR hinaus, der der OHG in diesem Fall lediglich die Qualität als Außengesellschaft und damit als Unternehmensträgerin absprach. Zum Schutze des Rechtsverkehrs konnte die vom Gesetz angeordnete Nichtigkeit Geschäftspartnern gegenüber nach der Aufnahme der Geschäftstätigkeit nicht mehr entgegengesetzt werden. Gegenüber Dritten mußte sich die Gesellschafter so behandeln lassen, als existiere die Handelsgesellschaft. Im Außenverhältnis existierte dann eine faktische Gesellschaft.[361] Es war den Dritten, sofern es vorteilhaft war, allerdings auch möglich, sich auf die Fehlerhaftigkeit der Gesellschaft zu berufen.[362] Dies war aber nur mit ex-nunc Wirkung möglich, so daß bereits abgewickelte Geschäfte ihre Wirksamkeit behielten.[363]

3. Die Gründung einer Kommanditgesellschaft[364]

a) Der Gesellschaftsvertrag

Der Gesellschaftsvertrag einer Kommanditgesellschaft als deren Gründungsvoraussetzung unterschied sich nach badischem HGB hinsichtlich sei-

---

358 Vgl. oben die entsprechenden Regelungen in I 17 §§ 245, 246 ALR.

359 Vgl. Art. 42 Abs. 1 des badischen HGB.

360 Nach französischen Recht bestand aufgrund einer Verordnung vom 12. Februar 1814 zusätzlich die Pflicht, den Auszug im Amtsblatt des entsprechenden Bezirks zu veröffentlichen, für das badische Recht ist ein solches Erfordernis aber nicht nachgewiesen.

361 *Krause,* S. 80.

362 Vgl. *Brauer,* Bd. IV, S. 393.

363 RAG RhA 22, S. 172 ff.; Badisches OberhofG, in: JB 10, S. 193 ff.

364 Zur allgemeinen rechtsgeschichtlichen Entwicklung der Kommanditgesellschaft im 19. Jahrhundert vgl. *Coing,* Handbuch, Bd. III/3, S. 2992.

nes Mindestinhalts und der erforderlichen Form nicht von dem der offenen Handelsgesellschaft. Im wesentlichen entsprachen die Gründungsvoraussetzungen denen der OHG.[365]

aa) Vereinbarung über die Kommanditistenstellung

Zumindest ein Gesellschafter durfte i. S. d. Art. 23 des badischen Handelsrechts nach dem Gesellschaftsvertrag nur beschränkt mit seiner Einlage haften. Im Gegensatz zur stillen Gesellschaft des ALR war der beschränkt haftende Gesellschafter direkt am Gesellschaftsvermögen der Gesellschaft beteiligt.[366] Zum wirksamen Abschluß eines Gesellschaftsvertrages mußte vereinbart werden, daß mindestens ein Gesellschafter von der Geschäftsführung der Gesellschaft ausgeschlossen[367] war und nur beschränkt auf seine Einlage haftete.[368] Die Errichtung einer Kommanditgesellschaft konnte aber nicht nur durch Abschluß eines Gründungsgesellschaftsvertrages erfolgen. Es bestand auch die Möglichkeit, eine bereits bestehende OHG durch Änderung des Gesellschaftsvertrages in eine KG umzuwandeln. Eine solche Umwandlung konnte auf zweierlei Weise durchgeführt werden. Zum einen konnte im Rahmen einer Vertragsänderung die Aufnahme eines neuen Gesellschafters erfolgen, der i. S. d. Art. 23 nur beschränkt auf seine Einlage haften sollte. Zum anderen war es möglich, daß ein bereits in der Gesellschaft sich befindender Gesellschafter durch Vertragsänderung die Stellung eines Kommanditgesellschafters einnahm. Ein solche Gründung durch Umwandlung war erst durch die Anerkennung der KG als eigenständige Gesellschaftsform möglich.

bb) Die Firma

Der Gesellschaftsvertrag der Kommanditgesellschaft mußte ebenfalls eine Bestimmung über die Firma beinhalten. Die Firma mußte aber aus dem Namen des oder der persönlich haftenden Gesellschafter bestehen. Die stellte Art. 25 in Ergänzung zu Art. 23 unmißverständlich klar: „Der Handlungsname darf niemals den Namen eines vertrauten Gesellschafters enthalten“. Der Zweck dieses Verbot bestand in dem Schutz des Rechtsverkehrs. Der Rechtsverkehr sollte darauf vertrauen dürfen, daß die Gesellschafter, deren Namen Bestandteil der Firma war, für die Gesellschaftsver-

---

[365] *Krause,* S. 40.

[366] *Schiebe,* S. 114.

[367] Dieses Erfordernis stellte Art. 27 des badischen Handelsrechts ausdrücklich auf.

[368] *Schiebe,* S. 115.

bindlichkeiten persönlich hafteten.[369] Nach Art. 23 Abs. 4 des badischen Handelsrechts mußte die Anzeige bei der Registrierung der Gesellschaft nur die Höhe der Einlage eines Kommanditisten enthalten, der Name des Gesellschaftern unterlag dagegen nicht der Publizitätspflicht. Wäre der Name eines Gesellschafters Bestandteil der Firma der KG geworden, hätte dies zu einer Täuschung der Gläubiger über die tatsächliche Gesellschafterstellung geführt.[370] Im Falle eines Verstoßes gegen Art. 25 hätte dies eine persönliche Haftung des Kommanditisten nach Rechtscheinsgrundsätzen zur Folge gehabt.

b) Registrier- und Publizitätspflichten

Die Publizitätspflichten waren bei der Kommanditgesellschaft hinsichtlich der Kommanditisten weniger streng. Im Auszug des Gesellschaftsvertrages konnte auf die Angabe der Namen der Kommanditisten verzichtet werden. Nach Art. 42 des badischen Handelsrechts bestand aber die Pflicht, die Höhe der geleisteten oder noch zu leistenden Beiträge der Kommanditisten anzugeben.

c) Praktische Erwägungen für die Gründung einer KG im 19. Jahrhundert

In der ersten Hälfte des 19. Jahrhunderts ist die Kommanditgesellschaft vor allem zur Gründung frühindustrieller Unternehmungen häufig benutzt worden.[371] Aufgrund der teilweise strengen Genehmigungspraxis für Aktiengesellschaften stellte die KG die einzige Möglichkeit dar, sich als Kapitalgeber an einer Gesellschaft mit der Möglichkeit einer Haftungsbeschränkung zu beteiligen.[372] Durch die Möglichkeit der Haftungsbeschränkung war es einfacher, möglichst viele Kapitalgeber für die Gründung eines kapitalintensiven Unternehmens zu gewinnen. Oft wurde dabei die Zahl der Kommanditisten außerordentlich weit ausgeweitet.[373]

---

369 *Krause,* S. 40.

370 *Schiebe,* S. 129.

371 Vgl. *Bösebeck,* S. 12 f., der aber nicht auf den rechtlichen Unterschied zwischen stiller Gesellschaft des ALR und KG nach badischem HGB bzw. Code de Commerce eingeht. Ebenso *Pohl,* S. 111, unter eindeutiger Bezugnahme auf die im 19. Jahrhundert bestehenden rechtlichen Unterschiede zwischen der KG und der stillen Gesellschaft des ALR.

372 Vgl. *K. Schmidt,* Gesellschaftsrecht, § 53 I 2.

373 *Coing,* Europäisches Privatrecht, Bd. II, S. 97.

4. Die Entwicklung der Gründungsvoraussetzungen von Personenhandelsgesellschaften vom ALR zum badischen Handelsrecht

Vergleicht man die Voraussetzungen für die Gründung einer Handelsgesellschaft nach dem ALR und dem badischen Handelsrecht, fällt zunächst auf, daß sich diese in großen Teilen nicht wesentlich von einander unterschieden. Hinsichtlich des notwendigen Inhalts der Gesellschaftsverträge ergeben sich grundsätzlich keine wesentlichen Unterschiede. Notwendig ist nach beiden Kodifikationen zumindest eine Einigung über den Gesellschaftszweck, die Person der Gesellschafter, die Leistung der Beiträge und über die Firma der Gesellschaft. Was die ersten beiden Voraussetzungen angeht, stehen beide Kodifikationen ganz in der Tradition der societas des römischen Rechts.[374]

ALR und badisches HGB unterschieden sich dagegen in der Frage, zu welchem gemeinsamen Zweck eine Handelsgesellschaft gegründet werden konnte. Nach dem ALR konnte eine Handelsgesellschaft nur zum Betrieb eines Handelsgewerbes, zum Betrieb einer Fabrik oder einer Reederei gegründet werden. Das badische Handelsrecht erweiterte dagegen die Möglichkeit, Handelsgesellschaften zum Betrieb eines Unternehmens zu gründen, um eine Reihe von weiteren möglichen Gesellschaftszwecken. Danach konnten Handelsgesellschaften nicht nur zum Zwecke des Handels oder der Produktion von Waren, sondern auch zum Betreiben von Bankgeschäften, zur Vermietung und Verpachtung, zum Betreiben einer Spedition, Mäklergeschäften oder sonstiger gewerbsmäßiger Geschäftsführung gegründet werden. Das badische Landrecht schafft in der Tradition des französischen Rechts der Handelsgesellschaft als Unternehmensträgerin im Vergleich zum ALR eine wesentlich größere Plattform. Die in Art. 1 des badischen Handelsrechts aufgezählten Geschäfte bestimmen aber nicht nur den möglichen Zweck der Gründung einer Handelsgesellschaft, sondern dienen insgesamt der Abgrenzung des Handelsrechts als Sonderprivatrecht der Kaufleute von allgemeinen zivilrechtlichen Regelungen. Die generelle Möglichkeit, eine Handelsgesellschaft als besondere Gesellschaftsform der Kaufleute zum Betrieb eines Unternehmens gründen zu können, ist daher stets in Zusammenhang mit der allgemeinen Loslösung des Handelsrechts als eigenständiges Rechtsgebiet im 19. Jahrhundert zu betrachten. An dem grundsätzlichen Aufbau und Mindestinhalt der Gesellschaftsverträge ändert dieser Umstand jedoch nichts. Dieser entwickelt sich sowohl im französischen als auch im deutschen Recht weitgehend gleich.

---

[374] Vgl. *Kaiser,* S. 3 und *Röh,* S. 1.

Diese Aussage gilt in noch stärkerem Maße für den dispositiven Inhalt des Gesellschaftsvertrages zur Gründung einer Handelsgesellschaft. Hinsichtlich der Geschäftsführung und Beteiligung an Gewinn und Verlust kann festgestellt werden, daß beide Kodifikationen Regelungen zu diesen Punkten zunächst besonderen Bestimmungen im Gesellschaftsvertrag überlassen. Haben die Gesellschafter keine besonderen Regelungen über diese Punkte getroffen, treffen ALR und badisches Handelsrecht diesbezüglich die gleichen Anordnungen. Für jeden Gesellschafter besteht Einzelgeschäftsführungsbefugnis, die Beteiligung an Gewinn und Verlust richtet sich nach dem Anteil des Gesellschafters am Gesellschaftsvermögen.

C. Die Gründung von Handelsgesellschaften nach dem ADHGB von 1861

I. Untersuchungsgegenstand

Bereits 1848 hatte die Nationalversammlung auf Anregung Württembergs eine Vereinheitlichung des Handelsrechts angestrebt und aus diesem Grund einen Gesetzgebungsausschuß eingesetzt. Dabei sprach sich die Kommission dafür aus, den CCom von 1807 als erstes selbständiges Handelsgesetzbuch bei allen weiteren Bemühungen zu berücksichtigen.[375] Die Arbeiten führten aufgrund der politischen Ereignisse infolge der Revolution nicht zu dem angestrebten Ziel der Rechtsharmonisierung im Bereich des Handelsrechts. Es blieb bei einem Entwurf eines allgemeinen Handelsgesetzbuches für Deutschland.[376] Für die Personenhandelsgesellschaften faßt der Entwurf im Hinblick auf deren Gründungsvorausssetzungen die bereits bestehenden Erfordernisse von CCom und teilweise auch ALR zusammen.[377] Neue Aspekte gegenüber diesen Kodifikation wurden nicht aufgegriffen.

Erst acht Jahre später beschloß die Bundesversammlung des deutschen Bundes am 18.12.1856 auf einen Antrags Bayern hin, eine Kommission zur Ausarbeitung eines Entwurfs eines Allgemeinen Handelsgesetzbuchs für die Deutschen Bundesstaaten einzusetzen.[378] Die Kommission nahm 1857 in Nürnberg die Beratungen auf und schloß ihre Arbeiten 1861 mit der Vorlage des Entwurfs des ADHGB. Mitglieder der Kommission waren Professoren, Richter, Beamte und Praktiker aus ganz Deutschland. Die Kommission führte ihre Beratungen auf der Grundlage des gerade fertiggestellten

---

375 *Schlosser,* S. 151.

376 Vgl. dazu *Baums,* Handelsgesetzbuch, S. 29 ff.

377 Vgl. *Baums,* Handelsgesetzbuch, S. 124 ff.

378 Ausführlich zu den Quellen und der Entstehung des ADHGB vgl. *Goldschmidt,* Bd. I, S. 91 und *Raisch,* Abgrenzung, S. 117 ff.

Entwurfs eines preußischen Handelsgesetzbuches.[379] Aufgrund einer Beschlußfassung der Bundesversammlung vom 31.5.1861 wurde der Entwurf des ADHGB bis 1868 in fast allen Ländern des Deutschen Bundes einschließlich Österreich als Gesetz eingeführt. Nach Entstehung des Norddeutschen Bundes wurde das ADHGB durch Einführungsgesetz vom 12.8.1869 mit Wirkung vom 1.1.1870 Bundesgesetz. In den Art. 85–89 finden sich Vorschriften über die Gründung von Handelsgesellschaften.

II. Die Entwicklung des Gründungsrechts von Handelsgesellschaften durch das ADHGB unter Berücksichtigung von Wissenschaft und Rechtsprechung

In der Rechtswissenschaft ist anerkannt, daß das die Handelsgesellschaften betreffende Regelungsmodell des ADHGB in weiten Teilen an den Code de Commerce von 1807 anknüpft.[380] Die Darstellung der rechtlichen Gründungsvoraussetzungen von Handelsgesellschaften nach dem ADHGB soll sich daher auf die Unterschiede zu ALR und badischem Landrecht und damit auf den direkten Gang der rechtsgeschichtlichen Entwicklung beschränken. Ausgangspunkt der Darstellung ist Art. 85 ADHGB, der folgendermaßen lautete:

„Art. 85. Eine offene Handelsgesellschaft ist vorhanden, wenn zwei oder mehrere Personen ein Handelsgewerbe unter gemeinschaftlicher Firma betreiben und bei keinem der Gesellschafter die Betheiligung auf Vermögenseinlagen beschränkt ist.“

1. Der Begriff des Handelsgewerbes

Aus dem Inhalt des Art. 85 ADHGB wird deutlich, daß das ADHGB im Hinblick auf den konstituierenden Gesellschaftsvertrag im wesentlichen den schon in ALR und badischem HGB definierten Grundsätzen folgt. Voraussetzung für die Errichtung einer offenen Handelsgesellschaft ist eine vertragliche Vereinbarung zwischen mindestens zwei Personen, sich unter gemeinschaftlicher Firma zum Zwecke des Betreibens eines Handelsgewerbes zusammenzuschließen. Noch stärker als das badische Handelsrecht stellt das ADHGB auf den Begriff des Handelsgewerbes als wesentliches Merkmal der Handelsgesellschaft ab. Tauglicher Gesellschaftszweck konnte im Gesellschaftsvertrag allein der Betrieb eines Handelsgewerbes sein. Hier lag der entscheidende Anknüpfungspunkt für die Unterscheidung zur allgemeinen zivilrechtlichen Personengesellschaft. Dies ergibt sich auch aus *Art. 5*

---

379 Vgl. *Conradi,* S. 170.

380 *K. Schmidt,* Gesellschaftsrecht, § 46 I 1 2.

ADHGB, nach dem die Handelsgesellschaften den Kaufleuten gleichgestellt sind:

(1) Die in Betreff der Kaufleute gegebenen Bestimmungen gelten auch in gleicher Weise in Betreff der Handelsgesellschaften, insbesondere auch der Aktiengesellschaften, bei welchen der Gegenstand des Unternehmens in Handelsgeschäften besteht.

Im Gegensatz zum ALR und zum badischen HGB ergibt sich der taugliche Gegenstand einer Handelsgesellschaft nicht allein aus der allgemeinen Gesetzessystematik, sondern aufgrund einer expliziten Verweisung. Das Handelsgewerbe wird definiert als der gewerbsmäßige Betrieb von Handelsgeschäften. Die einzelnen Handelsgeschäfte werden dabei in den Artt. 271 ff. ADHGB aufgeführt. Es enthält verschiedene Gruppen von Handelsgeschäften. Es regelt zum einen die „objektiven Handelsgeschäfte" in Art. 271 ADHGB, zum anderen die „subjektiven" Handelsgeschäfte in Art. 272–274 ADHGB.[381]

Art. 271 ADHGB. Handelsgeschäfte sind:

1. der Kauf oder die anderweitige Anschaffung von Waaren oder anderen beweglichen Sachen, von Staatspapieren, Aktien oder anderen für den Handelsverkehr bestimmten Werthpapieren, um dieselben weiter zu veräußern; es macht keinen Unterschied, ob die Waaren oder anderen beweglichen Sachen in Natur oder nach einer Bearbeitung oder Verarbeitung weiter veräußert werden sollen;
2. die Uebernahme einer Lieferung von Gegenständen der unter Ziff. 1 bezeichneten Art, welche der Uebernehmer zu diesem Zweck anschafft;
3. die Uebernahme einer Versicherung gegen Prämie;
4. die Uebernahme der Beförderung von Gütern oder Reisenden zur See und das Darleihen gegen Verbodmung.

Ergänzt wurde Art. 271 ADHGB im wesentlichen durch die subjektiven Geschäfte des Art. 272 Abs. 1 ADHGB.

Art. 272.

(1) Handelsgeschäfte sind ferner die folgenden Geschäfte, wenn sie gewerbsmäßig betrieben werden:

1. die Uebernahme der Bearbeitung oder Verarbeitung beweglicher Sachen für Andere, wenn der Gewerbebetrieb der Uebernehmers über den Umfang des Handwerks hinausgeht;
2. die Bankier- und Geldwechslergeschäfte:
3. die Geschäfte des Kommissionärs (Art. 360), des Spediteurs und des Frachtführers, sowie die Geschäfte der für den Transport von Personen bestimmten Anstalten;

---

[381] Vgl. *Conradi,* S. 172. Die in den Art. 271, 272 ADHGB aufgeführten Geschäfte stimmen im wesentlichen mit denen des § 1 HGB a.F. überein.

4. die Vermittlung oder Abschließung von Handelsgeschäften für andere Personen; die amtlichen Geschäfte der Handelsmäkler sind jedoch hierin nicht einbegriffen;
5. die Verlagsgeschäfte, sowie die sonstigen Geschäfte des Buch- und Kunsthandels; ferner die Geschäfte der Druckereien, sofern nicht ihr Betrieb nur ein handwerksmäßiger ist.

Generell war aber nach Art. 10 ADHGB auch bei dem Betrieb eines Handelsgeschäfts nach Art. 271 ADHGB erforderlich, daß diese Geschäfte in einem Umfang getätigt wurden, die über den Umfang eines Handwerksbetriebes hinausgingen. Erfüllte die Tätigkeit der Gesellschaft nicht die Tatbestandsmerkmale der Artikel 271, 272, lag keine Personenhandelsgesellschaft, sondern nur eine Gesellschaft bürgerlichen Rechts vor.[382]

2. Formerfordernis

Nach Art. 85 ff. ADHGB konnte der Vertragsschluß im Gegensatz zu ALR und badischem HGB (wie im gemeinen Recht und in den Stadtrechtsreformationen) formlos erfolgen.[383]

In diesem Punkt wich das ADHGB auch von Art. 92 Abs. 1 des preußischen Entwurfs ab, der zur wirksamen Errichtung einer offenen Handelsgesellschaft noch das Erfordernis der Schriftlichkeit und die Eintragung eines Auszuges in das Handelsregister vorgesehen hatte.[384] Aus den Motiven zu dem preußischen Entwurf ergibt sich, daß die Schriftform aus mehreren Erwägungen für unentbehrlich gehalten wurde. Zum einen sollte das Interesse der Gesellschafter an der Beweisbarkeit der untereinander getroffenen Regelungen geschützt werden. Zum anderen sollte das Schriftformerfordernis dem Schutz des Rechtsverkehrs dienen, geheime Gesellschaftsverträge und eine damit verbundenen eventuelle Schädigung Dritter sollten vermieden werden.[385] Die Nichtbeachtung der notwendigen Form hatte nach dem preußischen Entwurf die Nichtigkeit zur Folge. Dieses strenge Gründungserfordernis wurde in der Folgezeit u. a. von Puchelt[386] und Ladenburg[387] als zu weitgehend kritisiert. Bereits in der 1. Lesung zum ADHGB überwog dann auch die Tendenz, auf die Schriftform bei der Gründung einer offenen

382 *Kaiser,* S. 79.

383 Vgl. *Koch,* ADHGB, S. 180.

384 Vgl. *Servos,* S. 249.

385 Vgl. Motive zu dem Entwurf eines Handelsgesetzbuches für die Preußischen Staaten von 1857, S. 49.

386 Mitteilungen über den Preußischen Entwurf eines allgemeinen Handelsgesetzbuches, in: Annalen der Großherzoglich badischen Gerichte, Bd. 24 (1857), S. 91.

387 Über Handelsgesellschaften, in: ZHR 1 (1857), S. 135.

Handelsgesellschaft ganz zu verzichten. Zur Begründung wurde angeführt, daß kleine gewerbliche Unternehmen oft von jungen Leuten ohne besondere Vertragsurkunde gegründet würden und sich solche Unternehmen oft zu großen entwickelten. Das Erfordernis eines schriftlichen Vertrages würde diese Personen von der Gründung einer Gesellschaft abhalten.[388] Außerdem habe die Beibehaltung der Schriftform als Gründungsvoraussetzung die bedenkliche Folge, daß in ihr eine Beschränkung des Kaufmannsstandes liege, wohingegen durch das ADHGB gerade eine größtmögliche Freiheit des Handelsverkehrs erstrebt werden sollte.[389] Aus diesen Gründen wurde dann in der 2. Lesung endgültig auf das Schriftformerfordernis als Gründungsvoraussetzung verzichtet.[390] Durch die Beseitigung des Formerfordernisses war es nun möglich, einen Handelsgesellschaftsvertrag auch konkludent abzuschließen. In einer Entscheidung vom 24.5.1874 hat das ROHG (Reichsoberhandelsgericht) den konkludenten Abschluß eines Gesellschaftsvertrages beispielsweise darin gesehen, daß die Parteien ihr Handelsgeschäft gemeinsam beim Registergericht anmeldeten und dadurch unzweideutig erklärten, eine OHG gründen zu wollen.[391]

Umstritten war in diesem Zusammenhang, ob die Fortführung und Abwicklung eines Handelsgeschäfts eines verstorbenen Inhabers unter der bisherigen Firma zum konkludenten Abschluß eines Gesellschaftsvertrages unter den Erben führte.[392] Zumindest führte aber allein die Verwaltung und Erhaltung im Rahmen der Abwicklung des Handelsgeschäfts durch die Erben nicht zur Annahme eines konkludenten Vertragsschlusses. Nur wenn das Geschäft über einen für die Abwicklung erforderlichen Zeitraum hinaus betrieben wurde, führte dies zur Annahme eines solchen Vertragsschlusses.[393]

3. Gesellschafter

Nachdem das ADHGB als erste Kodifikation des Handels- und Gesellschaftsrechts alle existierenden Arten von Handels- und Aktiengesellschaften umfaßte, wurde in der Rechtswissenschaft und Rechtsprechung in zunehmendem Maße die Frage diskutiert, inwieweit Gesellschaften sich wie-

---

388 Vgl. *Lutz,* Protokolle, S. 166 f.

389 *Lutz,* Protokolle, S. 167.

390 Vgl. *Servos,* S. 256.

391 ROHG E 13, S. 276, 285 f.; die Entscheidungen des ROHG sind in der Regel ohne Tatbestand abgedruckt, dieser ist den Entscheidungsgründen selbst zu entnehmen.

392 Vgl. zu diesem Problem die Entscheidungen des ROHG v. 15.10.1873 (ROHG E 11, S. 101) und v. 16.1.1878 (ROHG E 23, S. 166).

393 Vgl. *Weißen-Micus,* S. 316.

derum als Gesellschafter an der Errichtung einer offenen Handelsgesellschaft beteiligen konnten. Für die Aktiengesellschaft wurde überwiegend die Auffassung vertreten, daß eine solche sich nicht als Gesellschafterin an der Gründung einer OHG beteiligen konnte.[394] Begründet wurde dies mit der Struktur der Aktiengesellschaft. Könne eine Aktiengesellschaft Gesellschafterin einer OHG werden, könne diese als Gesellschafterin durch andere Gesellschafter, die in Namen der OHG handelten, wirksam verpflichtet werden. Nach dem Sinn und Zweck des Aktienrechts sei es aber nur möglich, daß eine AG durch ihre verfassungsmäßigen Organe und durch Zeichnung der in der Satzung bestimmten Firma verpflichtet werden könne.[395] Dieser Zweck würde umgangen, wenn die AG als Gesellschafterin einer OHG im Rahmen ihrer persönlichen Haftung durch Nichtorgane verpflichtet werden könne.[396]

Eine Beteiligung einer OHG an einer anderen offenen Handelsgesellschaft stand man in der Literatur eher bejahend gegenüber.[397] In der Rechtsprechung wurde eine Gesellschafterfähigkeit der OHG dagegen abgelehnt. In einer Entscheidung aus dem Jahr 1891 entschied das Berliner Kammergericht, daß eine OHG nicht Gesellschafterin einer anderen solchen Gesellschaft sein kann. Als Begründung wurde zunächst ein Wortlautargument herangezogen. Der Wortlaut des Art. 85 ADHGB sei so auszulegen, daß nur physische Personen Gesellschafter einer OHG sein konnten. Des weiteren wurde ein solches Gesellschaftsverhältnis als mit der Struktur des Handelsgesellschaftsrechts unvereinbar angesehen. Die offene Handelsgesellschaft sei nach ihrem Wesen auf einen eng begrenzten Kreis von Personen angelegt. Jeder Wechsel im Gesellschafterkreis der Gesellschafter-OHG würde die auf diese Weise gegründete OHG in ihrem Bestand alterieren. Da der so errichteten Gesellschaft grundsätzlich kein Recht zustehe, den Gesellschafterwechsel bei der Gesellschafter-OHG zu widersprechen, könne diese letztlich keinen Einfluß auf ihren Gesellschafterkreis nehmen. Dies sei nicht mit dem rechtlichen Charakter der OHG als individueller Verbindung von Personen vereinbar.[398] Ebensowenig konnte natürlich eine KG Gesellschafterin einer OHG werden.

---

[394] *Hergenhahn,* S. 15.

[395] Vgl. auch Beschluß des Kammergerichts Berlin vom 9.1.1893, Wochenschrift für Aktienrecht 1893, S. 99.

[396] *Hergenhahn,* S. 16.

[397] *Hergenhahn,* S. 16 und *Behrend,* Bd. I, S. 463.

[398] Das Urteil vom 16.2.1891 ist in Auszügen wiedergegeben bei *Hergenhahn,* S. 16.

4. Firma

Wie oben dargestellt, betrachtete man die Annahme einer Firma und eine Vereinbarung darüber im Geltungsbereich von ALR und badischem HGB als Voraussetzung des Gesellschaftsvertrages für die wirksame Errichtung einer OHG bzw. KG.[399] Ohne einen gemeinschaftlichen Namen konnten diese Gesellschaften nicht existieren.[400] Mit Einführung des ADHGB sah man diese Voraussetzung nicht mehr als zwingend für die Errichtung der OHG an. Die Bestimmung einer gemeinsamen Firma war zwar weiterhin ein Erfordernis bei der Errichtung einer OHG, sie war aber keine Voraussetzung mehr für deren Existenz.[401] Die Wahl der Firma und die Eintragung in das Handelsregister sollten in erster Linie dazu dienen, der Öffentlichkeit das Bestehen der Gesellschaft bekannt zu machen.[402] Die Annahme einer Sozietätsfirma sollte damit nach dem ADHGB nicht mehr rechtliche Gründungsvoraussetzung als Bestandteil des Gesellschaftsvertrages sein, sondern dem Schutz des Rechtsverkehrs dienen.[403] Das Erfordernis der Firma veränderte sich aus rechtlicher Sicht von einer Gründungsvoraussetzung bei der Errichtung des Gesellschaftsvertrages zu einem generellen Erfordernis für das Entstehen eines jeden kaufmännischen Unternehmens.[404] Der Grund für diese veränderte Bedeutung dürfte darin liegen, daß die Rechtswissenschaft zunehmend dazu überging, zwischen dem Unternehmen als wirtschaftlicher Einheit und der OHG als Unternehmensträgerin zu unterscheiden. Wenn Endemann ausführt, die Wahl der Firma und die Eintragung ins Handelsregister dienten dazu, dem Publikum das Bestehen der Gesellschaft kenntlich zu machen,[405] macht dies deutlich, daß die Firma nicht der Abgrenzung der Handelsgesellschaft von der zivilen Gesellschaft dient, sondern dazu, das Unternehmen als wirtschaftliche Einheit im Wirtschaftsverkehr zu kennzeichnen.

---

399 Vgl. *Brauer,* Bd. IV, S. 581 ff.

400 *Krause,* S. 27.

401 *Endemann,* Handelsrecht, Bd. I, S. 170.

402 *Endemann,* Handelsrecht, Bd. I, S. 170.

403 In diese Richtung gehend auch *Haab,* Beitrag zur Geschichte und Dogmatik der Handelsfirma, S. 37 ff. Die Firma der OHG sei im Gegensatz zur AG nicht Existenzvoraussetzung derselben, da sie nur dazu diene, dem Rechtsverkehr anzuzeigen, daß eine gemeinsame Verpflichtung oder Berechtigung der Gesellschafter entstehen soll. Eine juristische Person könne dagegen nicht ohne eigenen Namen existieren.

404 *Fischer,* Preußens kaufmännisches Recht, S. 336.

405 *Endemann,* Handelsrecht, Bd. I, S. 170.

5. Registrier- und Publizitätspflichten

Das ADHGB führte anders als ALR und badisches HGB ein allgemeines Handelsregister ein. Gemäß Art. 89 ADHGB bestand die Eintragungspflicht der errichteten OHG in dieses Register. Anders als Art. 42 des badischen HGB führten nicht vorgenommene Publizitätspflichten aber nicht zu zivilrechtlichen Sanktionen. Die unterlassene Anzeige hatte lediglich eine Ordnungsstrafe zur Folge.[406] Damit konnte die Handelsgesellschaft als Außengesellschaft bereits ab Vertragsschluß bzw. Aufnahme der Geschäftstätigkeit existieren. Der Grund für diese Änderung der Rechtsfolgen eines Verstoßes gegen Publizitätspflichten gegenüber ALR bzw. Code de Commerce war der gleiche wie für die Abschaffung des Schriftformerfordernisses. Man wollte die Gründung von jungen Unternehmen in Form von Personenhandelsgesellschaften so einfach wie möglich und nötig gestalten und dem Handelsverkehr größtmögliche Freiheit gewähren.[407]

Dritter Abschnitt

Ergebnisse des Ersten Teils

Die Entwicklung der rechtlichen Gründungsvoraussetzungen von Handelsgesellschaften beginnt mit den süddeutschen Fernhandelsgesellschaften des 15. und 16. Jahrhunderts. Die Gründung solcher Fernhandelsgesellschaften unterfiel entweder den Stadtrechten oder dem gemeinen Recht. Grundsätzliche Unterschiede hinsichtlich der rechtlichen Gründungsvoraussetzungen ergeben sich nicht. Der Gesellschaftsvertrag war elementare Gründungsvoraussetzung für die Errichtung einer Handelsgesellschaft. Sein Abschluß war grundsätzlich nicht an die Einhaltung einer besonderen Form gebunden. In rechtlicher Hinsicht war der Gesellschaftszweck das entscheidende Merkmal des Gesellschaftsvertrages. Er diente der Unterscheidung zwischen der Handelsgesellschaft als Außengesellschaft bzw. Unternehmensträgerin und der *societas* des gemeinen Rechts als bloßer Innengesellschaft. Er mußte nach dem damaligen Sprachgebrauch auf *„gewerb und handtierung"* gerichtet sein. Bereits im 15. bzw. 16. Jahrhundert ist somit erkennbar, daß die Gründung von Handelsgesellschaften an den Betrieb eines gewerblichen Unternehmens anknüpft.

Regelungen über Gewinnverteilung und Geschäftsführung waren nur dispositiv und damit nicht notwendiger Inhalt des Gesellschaftsvertrages. Eine

---

406 *v. Hahn,* Bd. II, S. 108.

407 *Lutz,* Protokolle, S. 167.

Verpflichtung der Handelsgesellschaft, eine bestimmte Firma zu führen, gab es noch nicht.

Bei der Gesellschaftsgründung bestand innerhalb des Geltungsbereichs der Stadtrechte bereits eine Art Rechtsformzwang. Die Gründung einer Außengesellschaft als gemeinschaftliches Unternehmen konnte nur in Form der Handelsgesellschaft, dagegen nicht als römisch-rechtliche societas erfolgen. Dieser Umstand wird daran deutlich, daß die Stadtrechtsreformationen nur die Handelsgesellschaften als Gesellschaftsform berücksichtigten. Da die societas als Gesellschaftsform ebenfalls bekannt war, ist davon auszugehen, daß ein Bedürfnis bestand, eigene rechtliche Grundlagen für die Errichtung und Bestand von Handelsgesellschaften festzulegen. Durch diese separate Regelung der Handelsgesellschaft als eigenständige Gesellschaftsform in den Stadtrechtsreformationen ist erstmalig in kodifizierter Form eine Absonderung handelsrechtlicher Materien vom allgemeinen Privatrecht erkennbar. Bereits in dieser Zeit sah man offensichtlich die Abgrenzung des Handelsrecht vom allgemeinen Zivilrecht als ein Kodifikationsproblem an.

Die Reichspolizeiordnungen von 1548 und 1577 nahmen keinen Einfluß auf die rechtlichen Gründungsvoraussetzungen der Fernhandelsgesellschaften. Sie richteten sich lediglich gegen die Monopolbildung und waren nach heutigem Verständnis Kartellrecht. Im 16. Jahrhundert bestehende Bestrebungen zur Änderung und Einschränkung der rechtlichen Grundlagen für die Gründung von Handelsgesellschaften setzten sich nicht durch.

Nach den Stadtrechtsreformationen regelt das preußische Allgemeine Landrecht von 1794 als erste Kodifikation umfassend das Recht der Handelsgesellschaften. Die Errichtung erforderte zunächst den Abschluß eines Gesellschaftsvertrages. Das ALR stellte für den Abschluß des Gesellschaftsvertrages unter Androhung der Nichtigkeit das Erfordernis der Schriftform auf. Wesentliches Charakteristikum für die Errichtung einer Handelsgesellschaft war auch nach dem ALR die Vereinbarung eines besonderen Gesellschaftszwecks. Der Zweck der Errichtung einer Handelsgesellschaft konnte im Handel, im Betrieb einer Fabrik oder einer Seereederei liegen. Die Betreiber derartiger Geschäfte besaßen kaufmännische Rechte. Ihnen stand das Recht zu, eine Handelsgesellschaft zu gründen. Im ALR tritt bei der Gründung von Handelsgesellschaften als rechtsdogmatischer Anknüpfungspunkt das kaufmännische Unternehmen damit deutlich hervor.

Durch das ALR tritt neben den besonderen Gesellschaftszweck die Firma als zweites wesentliches Merkmal der Handelsgesellschaft und damit als Erfordernis für die Errichtung dieser Gesellschaftsform. Zum wirksamen Abschluß eines Handelsgesellschaftsvertrages mußten sich die Gesellschafter auch über eine gemeinsame Firma einigen. Als erste Kodifikation mit einem umfassenden Handelsrecht stellte das ALR bei der Errichtung von

Handelsgesellschaften Publizitätspflichten auf, ein allgemeines Handelsregister kannte es dagegen noch nicht. Die Verletzung dieser Bekanntmachungspflichten zog keine zivilrechtlichen Sanktionen nach sich. Nach II 8 § 625 ALR konnte die Handelsgesellschaft in einem solchen Fall aber nicht als Außengesellschaft und Unternehmensträgerin existieren. Bis zur wirksamen Bekanntmachung des Gesellschaft existierte nur eine Innengesellschaft. Die Erfüllung der Publizitätspflichten war nach ALR daher ebenfalls eine wesentliche Voraussetzung für die wirksame Errichtung einer Handelsgesellschaft.

Die Möglichkeit, Handelsgesellschaften zum Betrieb eines Unternehmens zu gründen, ist durch das badische Handelsrecht von 1810 wesentlich erweitert worden. Das badische Handelsrecht erweiterte den Anwendungsbereich des Handelsrechts, in dem es dieses Sonderprivatrecht auf eine größere Zahl von Handelsgeschäften erstreckte. Das Betreiben dieser Geschäfte konnte dann auch den gemeinsamen Zweck als Bestandteil des Gesellschaftsvertrages bei der Gründung einer Handelsgesellschaft bilden. Den Unternehmensbegriff und sein Anknüpfungspunkt, das Handelsgeschäft, arbeiteten die Verfasser dieses Gesetzes wesentlich besser heraus als die Redaktoren des ALR.[408] Anders als im ALR konnten auch das Betreiben von Kommissions- bzw. Speditionsgeschäften Gegenstand der Gründung einer offenen Handelsgesellschaft sein. Makler und Bankiers konnten sich zur Ausübung ihrer Geschäfte nun auch dieser Gesellschaftsform bedienen. Die wesentliche Leistung des badischen HGB für die Entwicklung des deutschen Gesellschaftsrechts liegt also darin, daß es durch die Ausweitung des handelsrechtlichen Anwendungsbereichs die Gründung von Handelsgesellschaften für eine größere Anzahl von Unternehmenstypen ermöglichte.

Die weitere wesentliche Entwicklung des badischen Handelsrecht besteht darin, daß es als erste handelsrechtliche Kodifikation die Möglichkeit eröffnete, Kommanditgesellschaften zu gründen. Dabei war es durch eine entsprechende Änderung des Gesellschaftsvertrages möglich, eine offene Handelsgesellschaft in eine Kommanditgesellschaft umzuwandeln, indem der Gesellschaftsvertrag dahingehend geändert wurde, daß ein Gesellschafter nur noch beschränkt auf seine Einlage haftete. Dadurch wurde zum ersten Mal die Möglichkeit geschaffen, eine Gesellschaft durch Umwandlung zu gründen.

Als Schlußpunkt in der Entwicklung der rechtlichen Gründungsvoraussetzungen von Handelsgesellschaften ist das ADHGB von 1861 zu sehen. Die in ihm geschaffenen Grundlagen liegen für die Personenhandelsgesellschaften noch weitgehend dem heutigen HGB zugrunde.[409] Durch das ADHGB

[408] *Raisch,* Abgrenzung, S. 52.

fand die Entwicklung des Begriffs des Handelsgewerbes als Inhalt des besonderen Gesellschaftszwecks und Gegenstandes der OHG bzw. KG seinen Abschluß. Der Katalog der Artt. 272, 273 ADHGB nahm im wesentlichen die Handelsgeschäfte auf, die auch in § 1 Abs. 2 HGB bis zur Handelsrechtsreform von 1998[410] enthalten waren. Für den Abschluß des Gesellschaftsvertrages schaffte es das im ALR und badischem HGB noch bestehende Schriftformerfordernis ab, um die Gründung von Unternehmen zu erleichtern. Das ADHGB führte als erste handelsrechtliche Kodifikation in Deutschland ein allgemeines Handelsregister ein, in das eine Handelsgesellschaft einzutragen war. Wie im heutigen HGB und im Gegensatz zu ALR und badischem HGB führte die Verletzung von Publizitätspflichten aber nicht dazu, daß eine Personenhandelsgesellschaft nicht wirksam errichtet werden konnte. Es handelte sich dabei lediglich um eine polizeiliche Pflicht, deren Verstoß nur eine Ordnungsstrafe zur Folge hatte. Die gemeinsame Firma wurde in der Rechtswissenschaft nicht mehr als wesentlicher Bestandteil des Gesellschaftsvertrags angesehen.

Abschließend bleibt für den Ersten Teil dieser Arbeit folgendes festzuhalten: Die Entwicklung der rechtlichen Gründungsvoraussetzungen von Personenhandelsgesellschaften läßt sich grundsätzlich in zwei wesentliche Kategorien einteilen. Die erste Kategorie betrifft den Gesellschaftsvertrag und seinen notwendigen Inhalt, die zweite Kategorien die Publizitätspflichten.

Die wesentliche Entwicklung für den notwendigen Inhalt des Gesellschaftsvertrags vollzog sich im Bereich des besonderen Gesellschaftszwecks. Dieser mußte nach den entsprechenden Vorschriften der Stadtrechtsreformationen einen handelsgewerblichen Zweck haben.[411] Der Zweck des Gesellschaftsvertrages einer Handelsgesellschaft mußte im Betrieb eines Handelsgeschäfts liegen. Die Vereinbarung des besonderen Gesellschaftszwecks diente also bereits seit dem 15. Jahrhundert dazu, die Handelsgesellschaft als Außengesellschaft und Trägerin gemeinschaftlicher Unternehmungen von der zivilrechtlichen societas als bloßer Innengesellschaft abzugrenzen. Diese Systematik wurde im 18. und 19. Jahrhundert von ALR und badischem HGB aufgenommen. Auch in diesen Kodifikationen mußte der besondere Gesellschaftszweck einer Handelsgesellschaft in dem Betrieb eines Handelsgeschäfts liegen. Der Begriff des Handelsgeschäfts, der für das deutsche Handelsrecht im wesentlichen durch den Einfluß des französischen Rechts entwickelt wurde, diente aber nicht allein der Abgrenzung der Handelsgesellschaft von einer zivilrechtlichen Gesellschaft,

---

409 *K. Schmidt,* Gesellschaftsrecht, § 46 I 2.

410 BGBl. I 1998, S. 1474.

411 Vgl. das erste Gesetz des dreißigsten Titels der Nürnberger Reformation von 1478, 1. Abschnitt B. II. 2.

sondern war generell der Anknüpfungspunkt für die Abgrenzung des Handelsrechts als Sonderprivatrecht der Kaufleute vom allgemeinen Zivilrecht. Insofern ist ein wesentlicher Teil des Gründungsrechts der Handelsgesellschaft als Gesellschaftsform in die allgemeine Entwicklung des Handelsrechts und der handelsrechtlichen Dogmatik einzureihen. Der Gesellschaftszweck als wesentlicher Bestandteil des Gesellschaftsvertrages und die Möglichkeit, Handelsgesellschaften für die Ausübung bestimmter unternehmerischer Tätigkeiten zu gründen, ist daher stets im Zusammenhang mit der allgemeinen rechtsgeschichtlichen Entwicklung des Handelsrecht zu sehen. Der Beginn dieser Entwicklung setzte aber erstmalig in den Stadtrechtsreformationen beim Handelsgesellschaftsvertrag selbst ein. Das ADHGB von 1861 setzte den Schlußpunkt dieser Entwicklung. Es beinhaltete den Katalog von Handelsgeschäften, der bis 1998 im wesentlichen Bestandteil von § 1 Abs. 2 HGB war.

Im 18. Jahrhundert wurden die Gründungsvoraussetzungen von Handelsgesellschaften um die Publizitätspflichten erweitert. Zum Schutz des Rechtsverkehrs mußte die Errichtung der OHG der Obrigkeit angezeigt werden. Nach ALR und badischen HGB war diese Anzeige Wirksamkeitsvoraussetzung für die Gründung einer OHG bzw. KG. Ohne die Einhaltung der Publizitätspflichten konnte die Handelsgesellschaft als Außengesellschaft nicht wirksam entstehen und damit nicht Unternehmensträgerin sein. Die Entwicklung dieser Gründungsvoraussetzung fand im ADHGB seinen Abschluß. Das ADHGB führte ein allgemeines Handelsregister ein, in das eine OHG bzw. KG einzutragen war. Die Nichteinhaltung dieser Pflicht führte aber nicht mehr dazu, daß eine Handelsgesellschaft nicht wirksam entstehen konnte. Sie war lediglich eine Ordnungspflicht. Dieser Gedanke liegt noch dem heutigen HGB zugrunde.

Zweiter Teil

Die historische Entwicklung der rechtlichen Voraussetzungen für die Gründung von Aktiengesellschaften

Erster Abschnitt

Die brandenburgischen Handelskompagnien des 17. und 18. Jahrhunderts

A. Untersuchungsgegenstand

Der Beginn der Aktiengesellschaft als Gesellschaftsform bzw. der Ursprung von Kapitalgesellschaften[1] in Deutschland wird heute überwiegend in der Gründung der sogenannten *Emdener Compagnien* gesehen.[2] Bereits diese Gesellschaften wiesen die beiden wesentlichen Merkmale moderner Aktiengesellschaften, Verbriefbarkeit und Übertragbarkeit der Anteile sowie die Beschränkung der Haftung auf das Gesellschaftsvermögen auf.[3] Teilweise wird aber auch die Ansicht vertreten, die historische Entwicklung der Aktiengesellschaft beginne schon mit den bereits behandelten Saigerhandelsgesellschaften.[4] Der erstgenannten und wohl herrschenden Auffassung ist aber zu folgen. Die Mindermeinung stellt zwar zutreffend fest, daß die Saigerhandelsgesellschaften durch die größere Trennung von Arbeit und Kapital Unterschiede zu den Fernhandelsgesellschaften aufwiesen. Die grundlegende rechtliche Struktur ist aber bei beiden Gesellschaftsformen die gleiche.[5] Auch bei den Saigerhandelsgesellschaften bestand grundsätzlich die solidarische persönliche Haftung der Hauptgesesellschafter, wie sie für eine Personengesellschaft typisch ist. Aktiengesellschaften waren diese Gesellschaften unter Berücksichtigung der oben genannten Merkmale

---

[1] Der Begriff „Kapitalgesellschaft" wird in der Literatur bereits für diese Gesellschaften verwandt, vgl. *Coing,* Europäisches Privatrecht, Bd. I, S. 524 f.

[2] *Gmür,* in: Festschrift für Harry Westermann, S. 167 ff.; *Rauch,* in: ZRG GA 69 S. 239 ff.; *Heße,* S. 86; *Wiethölter,* S. 56 ff.; *Kübler,* S. 5.

[3] Vgl. *Hartung,* S. 245.

[4] Vgl. *Bauer,* S. 38 f., 61 ff., 73 ff.; teilweise auch *Lutz,* Bd. I, S. 377 f.

[5] *Kammerer,* S. 289 ff.

nicht.[6] Die Untersuchung beginnt daher mit den brandenburgischen Handelskompagnien des 17. Jahrhunderts.

Während in England, den Niederlanden und anderen europäischen Staaten Handelskompagnien bereits zu Beginn des 17. Jahrhunderts errichtet wurden, kam es in Deutschland erst 50 Jahre später zur Gründung solcher Gesellschaften.[7] Erst gegen Ende des Dreißigjährigen Krieges faßte Friedrich Wilhelm, der Große Kurfürst, von Brandenburg, den Entschluß, Seehandelskompagnien entstehen zu lassen, mit deren Hilfe er auch Kolonien gründen wollte.[8]

Nach erfolglosen Versuchen in den Jahren 1647 und 1651 gründete man 1682 eine Brandenburgisch-Afrikanische Kompagnie für den Handel an der Goldküste in Guinea. Diese Kompagnie bestand über mehrere Jahre und ist daher historisch als Beginn der Entstehung dieser Gesellschaften in Deutschland anzusehen. Im Gegensatz zu den Fernhandelsgesellschaften, die auch interkontinental operierten, handelte es sich bei den Handelskompagnien aber nicht um offene Handelsgesellschaften. Die Gesellschafter sollten gerade nicht unbeschränkt haften, die Gesellschaften besaßen bereits korporativen Charakter.[9] Bei der Handelskompagnie handelte es sich daher um eine für Deutschland neue Gesellschaftsform zur Entfaltung unternehmerischer Tätigkeit. Die Untersuchung der Gründungsvoraussetzungen von Aktiengesellschaften beginnt daher mit den brandenburgischen Handelskompagnien.

Die geschichtliche Entwicklung der Handelskompagnien blieb aber nicht auf das 17. Jahrhundert beschränkt. Nachdem die brandenburgische Kompagnie bzw. eine Nachfolgegesellschaft 1711 durch Friedrich III. endgültig aufgelöst wurden, kam es unter Friedrich II. erneut zur erfolgreichen Gründung einer Handelskompagnie. Nach einem ersten erfolglosen Versuch 1750[10] wurde 1751 *die Asiatische Handelscompagnie* errichtet, die von Emden aus Handelsfahrten nach Canton durchführte. 1753 gründete man ebenfalls in Emden eine bengalische Kompagnie für den Handel nach

---

[6] *Kammerer,* S. 305 f.

[7] *Gmür,* in: Festschrift für Harry Westermann, S. 167 ff. Eine Aufzählung der bedeutensten europäischen Handelskompagnien findet sich bei *Wiethölter,* S. 56 f. Zur Entwicklung der Handelskompanien im spanischen Kolonialreich vgl. *Frey,* S. 49 ff.

[8] *Gmür,* in: Festschrift für Harry Westermann, S. 172.

[9] Vgl. § 20 des Ocroi der Brandenburgischen-Afrikanischen Kompagnie unten S. 118.

[10] Am 1.9.1750 wurde dem Ritter de la Rouche ein Octroi für eine zum Handel mit China bestimmte Kompagnie in Emden erteilt. Zur endgültigen Gründung einer Kompagnie kam es aber nicht, da de la Touche wegen seiner mißlichen Vermögensverhältnisse nicht genügend Kapitalgeber fand.

Indien. 1769 wurde die Emder Heringsfischerei-Gesellschaft und 1772 die preußische „See-Handlungs-Gesellschaft“ für den Salz- und Wachshandel gegründet.

B. Rechtliche Gründungsvoraussetzungen

I. Octroi

Grundvoraussetzung für Errichtung einer Handelskompagnie als Frühform der Aktiengesellschaft[11] war das Vorliegen eines Octroi. Generell wird der Octroi als eine Urkunde (auch „Machtbrief“) der Obrigkeit bezeichnet, durch welche alle den Beteiligten und deren Rechtsnachfolgern bewilligten privat- und öffentlich-rechtlichen Privilegien festgelegt sind.[12] Im Fall der Handelskompagnien ermächtigte der Octroi den oder die Adressaten zur Errichtung einer solchen Gesellschaft und gewährte die dazu erforderlichen Privilegien. Ohne den Octroi konnte eine Handelskompagnie nicht errichtet werden.[13]

1. Der Zweck des Octroi als Voraussetzung für die Gründung einer Handelskompagnie

Die rechtswissenschaftliche Literatur hat sich lange Zeit wenig mit der Frage auseinandergesetzt, aufgrund welcher Rechtsgrundsätze bzw. welcher rechtlicher Grundlagen die Errichtung der Handelskompagnien erfolgte. So wird zwar überall zutreffend festgestellt, daß die Gründung einer Handelskompagnie nur durch Octroi erfolgen konnte, warum dieser aber Voraussetzung der Gründung war, wird in der Regel nur unzureichend beantwortet. Die Arbeiten von Ring und Schück, die ausführlichsten und wichtigsten Werke über die rechtliche Struktur der brandenburgischen bzw. preußischen Handelskompagnien im 19. Jahrhundert, gehen auf diese Frage so gut wie überhaupt nicht ein.[14] Ring stellt nur lapidar fest, daß sich die Gründung der Handelskompagnien jenseits der rechtlichen Grundlagen des gemeinen

---

[11] Für die Handelskompagnien soll zur rechtlichen Einordnung der Gesellschaftsform der Begriff Frühform der Aktiengesellschaft gewählt werden. Auch wenn diese im Hinblick auf ihre rechtliche Struktur noch nicht alle Merkmale einer modernen Aktiengesellschaft besaßen, entsprach die privatrechtliche Ordnung jedoch in großem Maße deren heutiger Aktiengesellschaften. Wie im weiteren nachgewiesen wird, werden die brandenburgischen Kompagnien zu Recht als frühe Aktiengesellschaften angesehen, vgl. *Rauch,* in: ZRG GA 69, S. 239 ff.

[12] Vgl. auch *Endemann,* Handelsrecht, Bd. I, S. 487.

[13] Vgl. *Großfeld,* S. 115 ff.

[14] Vgl. insoweit nur die Meinung *Rings,* unten Fn. 15.

Rechts vollzog.[15] Nach seiner Auffassung soll die Gründung offensichtlich auf einer rechtlichen Sonderentwicklung beruhen. Betrachtet man die rechtliche Entwicklung des Gesellschaftsrechts in Deutschland seit dem 15. Jahrhundert, fällt auf, daß das gemeine Recht zumindest im Bereich der offenen Handelsgesellschaft für die Errichtung von Gesellschaften bereits konkrete Grundsätze aufstellte. Es ist daher nur schwer vorstellbar, daß das gemeine Recht auf die rechtlichen Gründungsvoraussetzungen der Handelskompagnien überhaupt keinen Einfluß gehabt haben soll. Erst in jüngster Zeit hat sich Hartung intensiv mit der Rechtsnatur der Handelskompagnien und in diesem Zusammenhang auch mit deren Errichtung beschäftigt.[16]

Im Rahmen dieser Arbeit soll aber im Rahmen einer eigenen Einordnung untersucht werden, warum nach dem damaligen Gesellschaftsrecht die Errichtung einer Handelskompagnie stets aufgrund eines Octroi erfolgte. Der gesellschaftsrechtliche Hintergrund des Octroi als Gründungsvoraussetzung im Hinblick auf eine mögliche Verankerung im gemeinen Recht ist dabei zu hinterfragen. Da im Gegensatz zum heutigen Recht rechtliche Grundlagen für die Errichtung von Aktiengesellschaften oder ähnlichen Gesellschaften in kodifizierter Form fehlten, ist zu untersuchen, ob möglicherweise Rechtsgrundsätze des gemeinen Rechts einen Octroi erforderlich machten. Dabei ist insbesondere der Frage nachzugehen, inwieweit das gemeine Recht überhaupt die Gründung von Handelskompagnien ermöglichte.

Die Rechtswissenschaft im 17. Jahrhundert hatte noch keine einheitliche und ausgeführte juristische Theorie der Kapitalgesellschaft entwickelt.[17] Das gemeine Recht kannte eine derartige Gesellschaftsform nicht. Das römische Recht kannte allerdings schon die Möglichkeit, Korporationen zumindest partiell zu wirtschaftlichen Zwecken zu errichten.[18] Bereits im römischen Recht besaßen Korporationen das Merkmal der Haftungsbegrenzung.[19] Im Geltungsbereich des ius commune stand den Kaufleuten zur Verfolgung gemeinsamer wirtschaftlicher Zwecke als Gesellschaftsform aber allein die (offene) Handelsgesellschaft zur Verfügung. Diese war aber durch die solidarische Haftung für die Gesellschaftsschulden gekennzeichnet.[20] Die Handelskompagnien des 17. und 18. Jahrhunderts sollten aber Handel mit anderen Kontinenten betreiben, was schon in ihren Bezeichnun-

---

15 *Ring,* S. 231.

16 *Hartung,* Geschichte und Rechtsstellung der Compagnie in Europa – Eine Untersuchung am Beispiel der englischen East-India-Company, der niederländischen Vereenigten Oostindischen Compagnie und der preußischen Seehandlung.

17 *Coing,* Europäisches Privatrecht, Bd. I, S. 524.

18 Vgl. unten die Übersetzung von D. 3.4.1.1.

19 *Honsell/Mayer-Maly/Selb,* S. 78.

20 Vgl. oben Erster Teil, 1. Abschnitt, B. IV.

gen zum Ausdruck kam (z. B. Brandenburgisch-Afrikanische Compagnie). Der Aufbau eines solchen Handelsunternehmens hatte erhebliche wirtschaftliche Risiken. Kein vernünftiger Unternehmer wäre unter der Bedingung persönlicher Haftung zur Übernahme eines derartigen wirtschaftlichen Risikos bereit gewesen. Als Gesellschaftsform war die offene Handelsgesellschaft als Träger eines derart risikobehafteten Unternehmens nicht geeignet. Die Gründung der Handelskompagnien erfolgte in Deutschland in starkem Maße auf staatliche Initiative.[21] Der Staat als Gesellschafter hatte ebenfalls kein Interesse an einer persönlichen Haftung im Falle eines Mißerfolgs der unternehmerischen Aktivitäten der Handelskompagnie.

Um nicht eine Handelsgesellschaft als Gesamthandsgemeinschaft sondern eine Gesellschaft mit der Möglichkeit einer umfassenden Haftungsbeschränkung gründen zu können, konnte folglich auf die Regeln des gemeinen Rechts über die allgemeinen Handelsgesellschaften nicht zurückgegriffen werden.[22]

Wie aber aus dem Inhalt der Octrois deutlich wird, waren die Handelskompagnien Korporationen, ihre Mitglieder hafteten nur beschränkt mit ihrem Gesellschaftsanteil und der Bestand der Gesellschaft war vom Mitgliederwechsel unabhängig.[23] Es ist daher zu untersuchen, inwieweit das gemeine Recht auf der Grundlage des römischen Rechts die Gründung von Korporationen zur Kapitalbeschaffung auf dem Gebiet des Privatrechts zuließ. Korporationen kannte das römische Rechts grundsätzlich nur unter dem Begriff der *universitas.*

Für das Gebiet Brandenburgs kann dabei im Rahmen dieser Untersuchung allein auf das gemeine Recht zurückgegriffen werden. In Folge der Reichskammergerichtsordnung von 1495 war in Brandenburg das Verhältnis von rezipiertem römischen Recht und einheimischem Recht durch die Kammergerichtsordnung von 1516 zugunsten des rezipierten Rechts fixiert worden.[24]

a) Die Grundsätze des ius commune zur universitas

Die *universitas* war nach römischem Recht rechtlich von den einzelnen Mitgliedern abgesondert als eigene Rechtsperson anzusehen.[25] Die besaß

[21] Vgl. *Schmoller* (Gustav), in: Schmollers Jahrbuch 17 (1893), S. 959–1018, S. 985.

[22] Vgl. *Wiethölter,* S. 58.

[23] Vgl. *Schück,* Theil II, S. 359.

[24] Vgl. *Luig,* S. 523. Nennenswertes Landrecht gab es nur in Ost-Preußen.

[25] Vgl. *Lauterbach,* Collegii theoretico-practici ad quinquaginta Pandectarum libros, Bd. 2 zu D 3,4.

ein eigenes Vermögen, handelte durch ihre Organe und konnte sich eigene Statuten geben.[26] Eine inhaltlich in sich geschlossene Lehre von der *universitas* als Personenverband, die rechtlich ein eigenes Rechtssubjekt war, entwickelten aber erst die mittelalterliche Kanonistik und Legistik. Das klassische römische Recht besaß eine derartige geschlossene Lehre von einer rechtlich selbständigen Organisation im Privatrecht nicht.[27] Die heutige Lehre von der juristischen Person wurde erst im 19. Jahrhundert entwikkelt.[28] Insofern kann die *universitas* nicht als juristische Person bezeichnet werden. Im *Corpus Iuris* finden sich einige Regeln über die *universitas*, insbesondere über die Verschiedenheit ihres Vermögens von dem ihrer Mitglieder (D. 3.4.). Dabei unterscheidet das gemeine Recht vier Arten der universitas, nämlich die provincia, die civitas, das castellum vel vicus und die collegia. Bei den ersten drei Unterarten der universitas handelte es sich um rein öffentlich-rechtliche Gebietskörperschaften.

b) Das collegium als Unterart der universitas

Bei dem *collegium* handelte es sich um eine Art von Verein, der auch von Privatpersonen zu einem bestimmten Zweck gegründet werden konnte. Der Gründung durften aber nicht nur beliebige wirtschaftliche oder ideelle Zwecke zugrunde liegen, vielmehr mußte der Zweck eines *collegiums* auch der Erfüllung öffentlicher Aufgaben dienen.[29] Andernfalls war die Gründung eines solchen Vereins nicht erlaubt. Der rechtliche Charakter einer solchen Gesellschaft war nicht allein privatrechtlich, sondern in mehr oder weniger starkem Maße auch öffentlich-rechtlich. Um ein collegium wirksam errichten zu können und dem gemischt öffentlich-privatrechtlichem Charakter Rechnung zu tragen, bedurfte es stets einer besonderen Erlaubnis (adprobatio) des Staates.[30] Durch diese Erlaubnis wurde dem collegium die Rechtsfähigkeit verliehen. Es entstand so ein neuer Rechtsträger mit eigener, von den Mitgliedern losgelöster Rechtspersönlichkeit und dem Merkmal der Haftungsbeschränkung.[31] Die inneren Angelegenheiten dagegen blieben staatlich nahezu ungeregelt und den collegia selbst überlassen.[32] Ihr Innenverhältnis konnten sie selbst durch ein entsprechendes Statut regeln,

---

[26] *Coing*, Europäisches Privatrecht, Bd. I, S. 262.

[27] *Coing*, Europäisches Privatrecht, Bd. I, S. 262.

[28] Die wesentliche Grundlage für die Entwicklung der Lehre von der juristischen Person bildete im 19. Jhdt. die Fiktionstheorie v. Savignys, vgl. unten S. 161 ff. und *Honsell/Mayer-Maly/Selb*, S. 76 ff.

[29] Vgl. *Kaser*, Bd. II, S. 263.

[30] *Honsell/Mayer-Maly/Selb*, S. 79.

[31] Vgl. *Honsell/Mayer-Maly/Selb*, S. 78 ff.; *Mitteis/Lieberich*, S. 46.

[32] Vgl. *Kaser*, S. 264.

besondere Regeln oder Vorschriften diesbezüglich besaß das römische Recht nur sehr eingeschränkt.[33] Da es sich bei den anderen Formen der universitas um rein öffentlich-rechtliche Körperschaften handelte, kommen für die Errichtung der Handelskompagnien allein die Grundsätze zum *collegium* als Unterart der *universitas* in Betracht.[34]

Als Zwischenergebnis kann also zunächst festgehalten werden, daß zur Gründung von Korporationen es nach gemeinem Recht der Grundsätze zur *universitas* bedurfte. Bei der universitas gab es vier verschiedene Grundformen, von denen die provincia, die civitas und castellum vel vicus rein öffentliche-rechtlichen Gebietskörperschaften waren.

c) Die Übertragung der rechtlichen Grundlagen des collegiums auf die Handelskompagnien

Ein Anhaltspunkt für die rechtliche Einordnung der Handelskompagnien ergibt sich unter Rückgriff auf das Werk von *Johannes Marquard* aus dem 17. Jahrhundert.[35] In *Marquards* Handelsrecht wird die Ansicht vertreten, daß die Kompagnien grundsätzlich dem gemeinrechtlichen Rechtsinstitut des *collegium* unterfielen.[36]

In der neueren Literatur ist diese Einordnung Marquards in Frage gestellt worden. Gmür vertritt die Ansicht, daß sich bei Marquard nur unzureichende Anhaltspunkte für die Qualifizierung der Handelskompagnien als collegia ergeben. Es wird als Begründung angeführt, Marquard hätte sich nur unklar zur rechtlichen Struktur der Kompagnien geäußert.[37] Im Ergebnis bezweifelt Gmür daher die rechtliche Einordnung der Handelskompagnien als collegia. Den Zweifeln von Gmür an dieser rechtlichen Einordnung der Handelskompanien als gemeinrechtliche Collegien soll im Rahmen der Untersuchungen dieser Arbeit aber nicht gefolgt werden. Dafür sprechen folgende Erwägungen. Aus der bereits zitierten Stelle in Marquards Werk über das Handelsrecht[38] ergibt sich unzweifelhaft, daß die Kompagnie nach

---

[33] Vgl. unten III.

[34] Vgl. *Marquardt,* Tractatus politico-juridicus De iure mercatorum et commerciorum singulari, Francofurti 1662, III, 1, Nr. 64.

[35] Zu *Johannes Marquard* (1610–1668) vgl. *Eisenhardt,* Rechtsgeschichte, S. 243 f.

[36] *Marquard,* III, 1, Nr. 64. Danach war die Handelskompanie ein collegium licitum und damit eine Erscheinungsform der universitas. Vgl. dazu auch *Lossaeus,* Tractatus de iure universitatum, I, 1 Nr. 53 ff., über collegia licita als species der universitas. Collegium licitum bedeutet „erlaubter Verein". Fehlte eine staatliche adprobatio, bestand nur ein collegium illicitum, das jederzeit aufgelöst werden konnte, vgl. *Röh,* S. 21.

[37] Vgl *Gmür,* in: Festschrift für Harry Westermann, S. 181.

Marquards Ansicht als collegium und damit als Unterform der gemeinrechtlichen universitas anzusehen war.[39] Neben Marquard nehmen aber auch andere Autoren im 17. bzw. 18 Jahrhundert eine solche Einordnung vor.[40] Ebenso erwähnen vernunftrechtliche Systeme und Kommentare die Kompagnien mitunter bei der Abgrenzung zwischen societas und universitas und rechnen sie unzweifelhaft zur letzteren.[41] Die Gründung einer Handelskompagnie richtete sich damit nach den Grundsätzen des gemeinen Rechts zur universitas bzw. zum collegium.[42] Im neuesten Schrifttum wird diese Ansicht im Hinblick auf die Gründungsvoraussetzungen auch von Hartung geteilt.[43] Insgesamt sieht Hartung die Kompagnien aber als ein *Institut sui generis* an. Aufgrund der klaren rechtlichen Einordnung der Kompagnien in der zeitgenössischen rechtswissenschaftlichen Literatur des 17. und 18. Jahrhunderts soll Hartung in diesem Punkt aber nicht gefolgt werden.

Für das obige Ergebnis spricht auch die bereits getroffene Feststellung, daß in dem Gebiet, in dem die Handelskompagnien ihren Sitz hatten, keine besonderen Regelungen über Korporationen auf dem Gebiet des Privatrechts oder Kapitalgesellschaften existierten. Da das gemeine Recht als im 17. Jahrhundert geltendes Privatrecht Grundsätze für die Gründung von Gesellschaften als Korporationen vorsah, liegt der Schluß sehr nahe, daß eine Handelskompagnie nur auf der Grundlage dieses Rechts gegründet werden konnte. Zur Errichtung eines solchen collegiums bedurfte es aber nach der obigen Darstellung einer besonderen Ermächtigungsgrundlage. Die Gründung einer wirtschaftlich tätigen Korporation mit eigener Rechtsfähigkeit und der Möglichkeit einer Haftungsbeschränkung auf das Gesellschaftsvermögen konnte nach den Grundsätzen des ius commune zum collegium nur aufgrund einer besonderen staatlichen Erlaubnis erfolgen. Ohne eine solche adprobatio war die Errichtung einer solchen Handelskompagnie nicht erlaubt.[44]

Diese Erlaubnis stellt für die Brandenburgischen Handelskompagnien der Octroi dar. Damit ist die Frage beantwortet, welche gesellschaftsrechtliche Funktion dem Octroi bei der Errichtung einer Handelskompagnie zukam.

---

38 Vgl. Fn. 36.

39 *Ring,* S. 231 vertritt die nicht mehr haltbare Auffassung, daß sich die Errichtung einer Handelskompagnie jenseits des gemeinen Rechts vollzogen hätte.

40 *Siemers,* De collegiis mercatorum, S. 26, „Collegium Mercatorium, legitime hoc pacto constitutum corpus repraesentat, ex variis membris compositum (...)".

41 Vgl. die Nachweise bei *v. Gierke,* Genossenschaftsrecht, Bd. 4, S. 555, Fn. 56 (hier insbesondere Miles, De iure principis circa commerciorum libertatem tuendam dissertatio); außerdem *Voet,* Vol. I, lib. XVII, tit. II N. 5.

42 Vgl. auch *Wiethölter,* S. 58.

43 *Hartung,* S. 183.

44 Vgl. unten Digestenstelle Gai. D. 3.4.1.1.

Zu untersuchen bleibt allerdings noch, warum die Erlaubnis aufgrund eines solchen Machtbriefes in Form eines legislativen Akts des Souveräns erfolgte. In der Literatur ist die Meinung herrschend, daß die Erlaubnis nur in der besonderen Form des Octroi, also einer besonderen Privilegienurkunde möglich war.[45]

Für diese Ansicht, der auch hier gefolgt werden soll, sprechen vor allem zwei Aspekte. Die Verleihung von Korporationsrechten stellte im gemeinen Recht eine absolute Ausnahme dar. Dafür findet sich ein Beleg unmittelbar im römischen Recht, nämlich in der Digestenstelle Gai. D. 3.4.1.1:[46]

„Neque societas neque collegium huiusmodi corpus passim omnibus haberi conceditur, nam et legibus et senatusconsultis et pricipalibus constitutionibus ea res coercetur. Paucis admodum in causis concessa sunt huiusmodi corpora: ut ecce vectigalium publicorum sociis permissum est corpus habere, vel auridofodnatum vel argentifodinarium vel salinarum. Item collegia Romae certa sunt, quorum corpus senatusconsultis atque constitutionibus principalibus confirmatum est, veluti pistorum et quorundum aliorum, et naviculariorum, qui et in provinciis sunt. Quibus autem permissum est, corpus habere collegii, societatiis, sive cuiusque alterius eorum nomine: proprium est ad exemplum rei publicae habere res communes, arcam communem et actorem sive syndicum, per quem, tanquam in re publica, quod communiter agi fierique oporteat, agatur, fiat."

„Es wird nicht ohne weiteres allen Personen erlaubt, eine Gesellschaft oder einen Verein oder eine derartige Körperschaft zu bilden. Dieses Recht wird nämlich durch Gesetz, Senatsbeschlüsse und kaiserliche Verordnungen eingeschränkt. Nur in wenigen Fällen sind derartige Organisationen gestattet. So ist zum Beispiel den Teilhabern bei der Pachtung öffentlicher Abgaben oder von Gold- oder Silbergruben und von Salzwerken gestattet, eine Körperschaft zu bilden. Außerdem gibt es in Rom bestimmte Innungen, denen durch Senatsbeschluß und kaiserliche Verordnungen das Korporationsrecht bestätigt ist, zum Beispiel die der Müller und gewisser andere Gewerbetreibender, auch die der Reeder. Diese bilden auch in den Provinzen Körperschaften. Welchen Personen es nun gestattet ist, als Verein, Gesellschaft oder unter beliebiger sonstiger Bezeichnung eine Körperschaft zu bilden, für die ist es charakteristisch, daß sie nach dem Vorbild eines öffentlichen Gemeinwesens gemeinsame Einrichtungen, eine Vereinskasse und einen Vorstand oder Vertreter haben, der – wie im Gemeinwesen – alles das vornimmt und ausführen läßt, was gemeinsam veranlaßt und ausgeübt werden soll."

In den Digesten wird demnach festgestellt, daß weder eine Gesellschaft[47] noch ein Collegium, noch sonstige Vereine im allgemeinen als Korporatio-

---

[45] Vgl. u.a. *Großfeld,* S. 115 f.; *Schmalz,* S. 8.

[46] Vgl. *Honsell/Mayer-Maly/Selb,* § 36, S. 80.

[47] Bei den in der zitierten Digestenstelle aufgeführten societates handelt sich nicht um die allgemeinen societates des römisches Rechts im Sinne eines bloßen Obligationenverhältnisses, sondern um die sog. societates publicarum, d.h. die Gesellschaften der Steuerpächter, denen Korporationsrechte verliehen werden konnten, vgl. *Honsell/Meyer-Maly/Selb,* S. 78.

nen auftreten durften, außer wenn ihnen dieses Recht durch ausdrückliche Erlaubnis im Rahmen von Gesetzen, Senatsbeschlüssen und kaiserlichen Verordnungen zugestanden wurde. Aus dem Wortlaut der Digestenstelle wird also deutlich, daß die Erlaubnis zur Errichtung eines collegium die Verleihung eines besonderen Privilegs in Form eines legislativen Akts voraussetzte. Ansonsten war die Bildung solcher Zusammenschlüsse verboten. Zu berücksichtigen ist des weiteren, daß in der Rechtswissenschaft im 17. und 18. Jahrhundert das Privileg immer im Zusammenhang mit dem Gesetzesbegriff dargestellt und als ein Annex der Gesetzgebung betrachtet wird[48]: „potestatis legislatoriae adnexum est ius privilegiorum (...)“.[49]

Es diente der Möglichkeit, Sonderberechtigungen oder Befreiungen abweichend von der allgemeinen Rechts- oder Gesetzesregel zu erteilen[50], wie hier der Verleihung von Korporationsrechten an eine Handelsgesellschaft. Im deutschen Rechtskreis erfolgte die Gewährung eines Sonderrechts im Wege der Erteilung durch eine Privilegienurkunde,[51] die im speziellen Fall der Handelskompagnie als Octroi (dt. Machtbrief) bezeichnet wurde. Auf das Erfordernis eines Privilegs als legislativen Akt konnte bei der Errichtung einer Handelskompagnie also nicht verzichtet werden. Eine nicht förmliche Erlaubnis zur Errichtung eines collegiums war nach gemeinem Recht nicht möglich.[52]

Gmür[53] vertritt dagegen die Ansicht, daß zur Gründung einer Handelskompagnie auch eine nicht förmliche Zulassung durch die Obrigkeit ausgereicht hätte.[54] In welcher Form eine Erlaubnis zur Errichtung eines collegiums zu erfolgen hatte, schreibe das gemeine Recht nicht vor. Diese Meinung ist aber nach dem oben Gesagten als unzutreffend abzulehnen. Aus dem Wortlaut der zitierten Digestenstelle und den Grundsätzen zur Erteilung eines Privilegs im 17. und 18 Jahrhundert ergibt sich eindeutig, daß zur Zulassung eines collegiums ein förmlicher Akt der Legislative erforderlich war. Legislativorgan war im absolutistischen Territorialstaat des 17. Jahrhunderts der Landesfürst, in Brandenburg der Kurfürst.[55]

Zutreffend ist daher die auch von Lammel vertretene Ansicht, daß im Rahmen des Octroi-Systems die Gründung von Handelskompagnien nur durch einen Legislativakt erfolgen konnte.[56] Abschließend ist festzuhalten,

---

48 *Mohnhaupt,* in: Ius Commune, Bd. V (1975), S. 83.

49 *Pütter,* Institutiones iuris publici germanici, editio III, S. 222.

50 *Mohnhaupt,* in: Ius Commune, Bd. V (1975), S. 83.

51 *Mohnhaupt,* in: Ius Commune, Bd. V (1975), S. 78.

52 Vgl. *Roesler,* in: ZHR 4 (1861), S. 291 ff.

53 In Festschrift für Harry Westermann, S. 167 ff.

54 *Gmür,* in: Festschrift für Harry Westermann, S. 183.

55 Vgl. *Boldt,* Deutsche Verfassungsgeschichte, Bd. I, S. 225.

daß im gemeinen Recht rechtliche Grundlagen zur Verfügung standen, die auf die Gründung von Handelskompagnien als Frühform von Aktiengesellschaften entsprechend angewendet werden konnten. Die Errichtung solcher Gesellschaften war aber nur unter engen Voraussetzungen möglich. Eine solche Gesellschaft konnte nur als wirtschaftlich tätiges collegium gegründet werden. Die zur Errichtung einer solchen Gesellschaft notwendige Erlaubnis in Form eines Legislativaktes stellte der Octroi des Souveräns dar.

2. Inhalt des Octroi

Hinsichtlich der inhaltlichen Struktur des Octroi läßt sich eine klare, vorgefasste Ordnung nicht erkennen. Die aneinander gereihten Einzelanordnungen lassen sich lediglich in zwei Gruppen einteilen: gesellschaftsrechtliche Regelungen und solche Regelungen, die sich allein auf die Übertragung von öffentlichen Aufgaben und Zusicherungen des Staates bezogen.

a) Octroi für die Brandenburgisch-Afrikanische Kompagnie von 1682[57]

Im November 1682 erließ Friedrich Wilhelm, Kurfürst zu Brandenburg, den Octroi für die Brandenburgisch-Afrikanische Kompagnie. Daraus wird die Motivation für die Gründung der Handelskompagnie deutlich:

> „Wir Friderich Wilhelm, von Gottes Gnaden Markgraf zu Brandenburg, urkunden und bekennen hiemit vor Uns und Unsere Nachkommen, Churfürsten und Markgrafen zu Brandenburg und Herzoge in Preußen: Nachdem einige Liebhaber der Commercien, sowohl von Unseren Unterthanen als Fremden, Uns unterthänigst zu erkennen gegeben, welchergestalt auch Sie nach dem Exempel anderer Nationen eine Afrikanische Compagnie anzufangen geneigt wären, mit gehorsamster Bitte, Wir wollten ihnen dazu, und damit sie solch wichtiges und kostbares Werk sicher anfangen und fortsetzen könnte, Unsern mächtigen Schutz, Protection und Octroy verleihen, und wir dann dabei erwogen, daß nicht allein unsere Lande und Seehafen, sondern auch die umbliegende und ein groß Theil von Deutschland durch Stiftung dieses Handels und Anrichtung einer solchen Compagnie merklich würden beneficieret werden, daß wir aus solchen und anderen bewegenden Ursachen diesem ihren gerhanen unterthänigsten Ansuchen in Gnaden deferiret, thun auch solches hiemit und kraft dieses Unseres Machtbriefes und Octroys, welches Wir ihnen ertheilen, also und dergestalt, daß (...).“

---

[56] Vgl. *Lammel,* in: Coing (Hrsg.), Handbuch, Bd. II/2, S. 669.

[57] Abgedruckt bei *Schück,* S. 136 ff.

aa) Gesellschaftsrechtlicher Inhalt

§ 1 des Octrois von 1682 beginnt mit einer gesellschaftsrechtlichen Regelung, indem er den Gegenstand der Gesellschaft, d.h. den Gesellschaftszweck der zu errichtenden Kompanie festlegt:

> „Anfänglich Eingangs erwähnter Compagnie freistehen solle, an der afrikanischen Küste mit Pfeffer, Elephantenzähnen, Gold, Sklaven oder was sonst daselbst zu negotiiren und zu handelen vorfallen möchte, ihre Commercien und freies Gewerbe zu treiben."

Eine Einschränkung erfuhr dieser Gesellschaftszweck in § 2 des Octroi:

> „Jedennoch mit diesem ausdrücklichen Vorbehalt und Bedingung, daß diese Unsere Compagnie mit ihrem Handel und Gewerbe denen Forten und Comtoiren, so anderen Potentaten, insonderheit denen Kronen Engelland und Dänemark, wie auch denen General-Staten der Vereinigten Niederlande zugehören, nicht zu nahe zu kommen, sondern sich dabei nach Herkommen und der Völker Recht achten und zu keinen Mißverständen Ursache geben sollen."

Aus der Regelung des Gesellschaftszwecks im Octroi wird deutlich, daß dieser den Grundsätzen des gemeinen Rechts über die offene Handelsgesellschaft bzw. der allgemeinen Sozietät entspricht. Die Formulierung in § 1 ähnelt stark den Regelungen über den Gesellschaftszweck in den Stadtrechtsreformationen und den Gesellschaftsverträgen der Fernhandelsgesellschaften. Die Anlehnung des Gesellschaftszwecks an die offenen Handelsgesellschaften macht deutlich, daß die Kompagnien in ihrer rechtlichen Struktur nicht allein auf den Grundsätzen zur universitas beruhten, sondern als neuer Typus von „Fernhandelsgesellschaften" auch auf denen zur allgemeinen Handelsgesellschaft als Grundtypus einer Gesellschaft zur gemeinschaftlicher unternehmerischer Tätigkeit fußten. Durch die Beschränkung des Gesellschaftszwecks in § 2 wird der öffentlich-rechtliche Charakter betont. Die Gesellschaft soll „zum Wohle Brandenburgs Handel in Afrika treiben". Dafür war es unerläßlich, sich durch die Ausübung des Handels nicht in Konflikte mit anderen Kolonialstaaten zu begeben.

In § 20 ist der rechtliche Charakter der Kompagnie als Gesellschaft mit eigener Rechtspersönlichkeit angesprochen:

> „Wenn aber die Compagnie in corpore von Jemand sollte besprochen werden, soll solches vor Unserer hohen Person selbst geschehen, und wollen Wir alsdann die Sache durch verordnete Commissarien aus Unseren Geheimen Räthen hören lassen."

Wenn die Kompagnie nur in corpore verklagt werden kann, muß es sich folglich um eine Korporation mit eigener Rechtspersönlichkeit handeln. Allerdings bedarf dies keiner besonderen Erwähnung, da dieser Umstand nach gemeinem Recht und dem Stand der damaligen Rechtswissenschaft bereits klar war.

Eine wichtige Regelung traf ferner § 24: „Was die eigentliche Direction der Compagnie betrifft, so soll dieselbe von den Participanten nach Anleitung des Reglements eingerichtet und von ihnen die Bewindthabere, Buchhaltere, Cassiers und See-Officiers verordnet und mit behörigen Commissionen, wiewohl unter Unserem Namen versehen werden.“[58]

Aus dieser Regelung wird deutlich, daß das Innenverhältnis grundsätzlich nicht durch den Octroi geregelt werden sollte. Das Innenverhältnis unter den Gesellschaftern (Participanten) mußte durch ein separates Rechtsverhältnis, das sogenannte Reglement bestimmt werden. Hinsichtlich des Inhalts dieses Reglements ließ der Octroi den Gesellschaftern grundsätzlich Gestaltungsfreiheit. Dies betraf die Geschäftsführung, die Beteiligung zu Gewinn und Verlust und das Verhältnis der Gesellschafter untereinander.[59] Die Festlegung, Abänderung und die Auslegung des Reglements war der Kompagnie selbst vorbehalten, während in Fragen des Octroi allein der Landesherr zuständig war. In der Trennung zwischen Octroi als Erlaubnis und dem Reglement als vertraglicher Bestimmung des Innenverhältnisses tritt deutlich die rechtliche Struktur eines gemeinrechtlichen collegium hervor.[60] Bei der Errichtung eines collegium erfolgt die Regelung des Innenverhältnisses nach römischem bzw. gemeinem Recht allein nach dem Willen der Mitglieder. Wenn der Octroi dennoch Grundzüge des Innenverhältnisses regelte, so sollte dies vor allem dazu dienen, dem den Octroi gewährenden Monarchen gewisse Rechte zur Einwirkung auf die zu errichtende Handelskompagnie und die rechtliche Gestaltung des Innenverhältnisses vorzubehalten.[61] Der Souverän war bei der Erteilung eines Privilegs also berechtigt, dessen Umfang zu bestimmen.

Insgesamt wird deutlich, daß der Octroi nicht nur öffentlich-rechtliche Wirkungen entfalten, sondern auch die privatrechtliche Grundstruktur der Handelskompagnie regeln sollte. Weitaus deutlicher kommt dies in späteren Octroi, beispielsweise in dem der preußischen Seehandlung von 1772 zum Ausdruck, in dem umfangreiche Regelungen zu den privatrechtlichen Verhältnissen der Kompagnie getroffen wurden.[62]

---

[58] Diese Regelung ähnelt der Digestenstelle D. 47, 22, 4, die die Satzungsbefugnis für das collegium regelt: „His sodalibus potestatem facit lex XII tabularum pactionem quam velint sibi ferre, dum ne quid ex publica lege corrumpant.“.

„Den Vereinsmitgliedern gewährt das Zwölftafelgesetz die Befugnis, sich nach Belieben eine Satzung zu geben, sofern sie dabei nur keine Vorschriften des öffentlichen Rechts verletzen“.

[59] *Schück,* S. 356.

[60] Vgl. Fn. 29 und 30.

[61] Vgl. *Gmür,* in: Festschrift für Harry Westermann, S. 185.

[62] Vgl. *Hartung,* S. 103.

bb) Öffentlich-rechtlicher Inhalt

Neben dem relevanten gesellschaftsrechtlichen Inhalt wies der Octroi hinsichtlich der Anzahl der getroffenen Regelungen überwiegend solche mit öffentlich rechtlichem Charakter auf. Durch ihn wurden neben der Verleihung von Korporationsrechten weitere Privilegien öffentlich-rechtlicher Art, in der Regel zunächst das Monopol, den Handel mit einer bestimmten Region oder für bestimmte Waren exklusiv durchführen zu dürfen.[63]

Im Octroi 1682 verpflichtete sich der Staat konkret in § 4, eine Festung am Handelsstützpunkt der Kompagnie in Afrika zu errichten und dafür die erforderlichen Kosten zu übernehmen. In § 5 wurde die Verpflichtung übernommen, diese Festung mit Soldaten auszustatten. Die Führung der Soldaten sollte nicht der Kompagnie obliegen, sondern einem Gouverneur, der wiederum aber nicht in geschäftlichen Angelegenheiten der Kompagnie entscheidungsbefugt war. Die für die Geschäfte der Kompagnie wichtigste Regelung fand sich in § 17. Darin wurde die Kompagnie von der Zoll- und Steuerpflicht befreit.[64]

Die öffentlich-rechtliche Ausgestaltung des Octroi ergibt sich aus der Funktion der Handelskompagnien im System der staatlichen Wirtschaftspolitik in der Zeit des Merkantilismus. Leitgedanke dieser Wirtschaftspolitik war überall in Europa die Schaffung eines einheitlichen Wirtschaftsgebiets, innerhalb dessen die Wirtschaft zur Vermehrung des Reichtums und Stärkung der Macht des Staates gelenkt werden sollte.[65] Hauptbestandteil dieser Wirtschaftspolitik waren der Ausbau und die Förderung von Handel, insbesondere des Außenhandels, und Gewerbe. Für diesen Zweck wurden auch die oktroyierten Handelskompagnien errichtet, und zwar zur Organisation und Abwicklung des Außenhandels, insbesondere mit überseeischen Ländern.[66] Zur Erreichung der Ziele der staatlichen Wirtschaftspolitik wurden den Handelskompagnien öffentlich-rechtliche Privilegien verliehen. Neben der Intention, im Rahmen von merkantilistischer Wirtschaftspolitik, Wirtschaftsförderung zu betreiben, tritt damit auch der dem gemeinen Recht zugrundeliegende Grundsatz deutlich hervor, daß die Errichtung einer Korporation als Vereinigung von Privatleuten auch der Erfüllung einer öffentlichen Aufgabe dienen mußte.

---

[63] Vgl. *Gmür,* in: Festschrift für Harry Westermann, S. 195.

[64] Zu dieser Art von Privilegien vgl. auch *Mohnhaupt,* in: Ius Commune, Bd. V (1975), S. 85.

[65] Für Brandenburg und die anderen deutschen Territorialstaaten vgl. *Conrad,* Deutsche Rechtsgeschichte, Bd. II, S. 260 und *Sombart,* Bd. II.

[66] *Heckscher,* Bd. I, S. 333 ff. Dieses Ziel kommt auch in der Präambel des Octroi von 1682 für die brandenburgisch-afrikanische Kompagnie zum Ausdruck.

b) Octroi für die Asiatische Handelskompagnie vom 8. Juli 1751

aa) Gesellschaftsrechtlicher Inhalt

§ 1 des Octroi vom 8. Juli 1751 regelt den Zweck und die Dauer der zu gründenden Gesellschaft:

> „Was massen Wir zuforderst, umg obgedachte Asiatische Handlungs-Compagnie desto mehr zu encouragiren, das derselben unter dem Nahmen des Heinrich Thomas Stuart allergdst verliehene Octroy bis auf zwantzig Jahre prolongiret haben wollen"

Der Zweck bestand demnach in dem Handel mit Asien, die Dauer der Gesellschaft sollte zunächst auf zwanzig Jahre beschränkt sein. Die Regelung des Innenverhältnisses wurde der Gesellschaft wiederum selbst überlassen. In § 4 und § 5 wurde dieses Recht aber wesentlich genauer umrissen als noch im Octroi von 1682:

> „Ueberlassen wir lediglich bemeldter Compagnie die Einrichtung ihrer innerlichen Verfassung und die Direction ihres Commercii, auch Verwaltung ihrer Sachen zu Wasser und zu Lande; dergestalt, dass die Compagnie Niemanden anders als denen Interessenten derselben, in einer allgemeinen Versammlung von ihrem Tun und Lassen Rechenschaft zu geben verpflichtet seyn soll.
>
> Zu welchem Ende der Compagnie freystehen soll, solche Reglements und Verordnungen zu machen, als dieselbe überall zur guten Einrichtung und Direction ihres Handels und Schiffahrt nützlich und convenable zu seyn erachtet wird: Gestalten wir dann auch deren Directeurs und Haubt-Participanten concedieren, die Contravenienten ihrer Reglements und Verordnungen, in ordinairen Fällen, mit einer proportionnirten Strafe zu belegen, auch desfalss der Compagnie die benötigte Gerichtsbarkeit über ihre Officianten und Subalternen gestatten."

Eine weitere Regelung findet sich diesbezüglich in § 23:

> „Verordnen und setzen Wir hierdurch feste, dass der Compagnie frey bleiben soll, sich ihre Directors und Hauptparticipanten selbst zu wählen, und solche zu Unserer gdsten Approbation in Vorschlag zu bringen; wie dan auch der Compagnie unbenommen ist, die erforderlichen Reglements und Statuta zu einer guten Ordnung und zu derselben Conservation, Vortheil und Verbesserung abzufassen, und zu deren mehrern Befestigung zu Unserer gdsten Approbation einzusenden. Die Bestellung der Officianten auch Subalternen der Compagnie, deren Annehmung und Dimittirung, wird derselben lediglich und allein überlassen, und ihr concediret, darunter nach eignem Willen und Gutfinden zu verfahren."

Auch an dieser Stelle des Octroi von 1751 wird wiederum deutlich, daß das Innenverhältnis grundsätzlich frei bestimmt werden konnte, der Monarch sich aber Mitbestimmungsrechte vorbehalten konnte.

Im Octroi von 1751 kommt erstmalig deutlich der rechtliche Charakter der Kompagnie als Frühform der Aktiengesellschaft durch Gebrauch moderner Rechtsterminologie zum Ausdruck:

„Declariren wir hierdurch gdst, dass einem jeden in Unseren Landen, von was Stande, Würde und Rang derselben seyn mag, frey und erlaubet seyn soll, an dieser Compagnie und deren Commercio, es sey durch Subscription, oder durch Ankauf von Actien, Theil zu nehmen, ohne dass dadurch seiner Noblesse, Stand oder Qualität im geringsten präjudicierte werde, noch einiger Abbruch geschehe.“

Der rechtliche Charakter der Kompagnie als Korporation und der Grundsatz der Haftungsbeschränkung werden stärker betont als im Octroi von 1682, wenn § 24 bestimmt:

„Setzen Wir hierdurch feste, dass weder die Directors und Haubtparticipanten der Compagnie, noch ihre Officianten und Subalternen, wegen Sachen, oder auch wegen etwaniger Schulden, so einigermassen in die Geschäfte der Compagnie einschlagen, anders als vor der Compagnie belanget noch ihre Persohnen oder Güther mit Arrest beleget, oder auch sonsten auf einige Weise molestiret werden sollen.“

Der Rest des Abschnitts ähnelt wiederum dem Octroi von 1682. Es wird festgestellt, daß gegen die Kompagnie nur „en corps“ geklagt werden kann.

bb) Öffentlich-rechtlicher Inhalt

Wie bei der inhaltlichen Ausgestaltung des Octroi der brandenburgisch-afrikanischen Kompagnie bestand ein Großteil der Regelungen des Octroi von 8. Juli 1751 in der Verleihung zusätzlicher öffentlich-rechtlicher Privilegien. Einige Privilegien sollen zur Verdeutlichung beispielhaft aufgeführt werden. In § 8 wurde der Kompagnie das Recht zugestanden, im eigenen Namen Soldaten anzuwerben. § 9 bestimmte, daß die Kompagnie, vertreten durch ihre Direktoren, in bestimmten Angelegenheiten eigene Gerichtsbarkeit ausüben konnte. In § 11 wurde der Kompagnie zugesichert, daß im Kriegsfall die sich in ihrem Eigentum befindlichen Schiffe nicht zu Einsätzen des Staates herangezogen werden konnten. Aufgrund von § 14 war die Kompagnie befugt, völkerrechtliche Verträge abzuschließen, sofern dies zur Erreichung des Gesellschaftszwecks der Kompagnie notwendig war. Wie schon die brandenburgisch-afrikanische Kompagnie wurde auch die Asiatische Handelskompagnie in § 16 grundsätzlich von der Verpflichtung zur Zahlung von öffentlichen Steuern und Abgaben freigestellt. Insgesamt dienten die aufgeführten Privilegien wiederum der Unterstützung der Ziele merkantilistischer Wirtschaftspolitik.[67]

[67] Vgl. oben Fn. 55 und 56.

II. Zwischenergebnis – Die Grundzüge des gemeinen Rechts zur Gründung von Handelskompagnien als Frühform der Aktiengesellschaft

Der Octroi war die elementare Gründungsvoraussetzung für die Errichtung einer Handelskompagnie. Eine Gründung einer privilegierten Handelsgesellschaft als Korporation mit einer entsprechenden Haftungsbeschränkung auf das Gesellschaftsvermögen konnte nach den Grundsätzen des gemeinen Rechts nur in Form des collegiums erfolgen. Die Errichtung eines solchen collegiums mußte zumindest auch im öffentlichen Interesse erfolgen und setzte eine Erlaubnis des Staates voraus. Diese Erlaubnis wurde in Form eines Octroi erteilt.[68] Der Octroi beinhaltete grundsätzlich zwei verschiedene Arten von Regelungen; die erste Gruppe umfaßte Regelungen, die gesellschafts- bzw. privatrechtlicher Natur waren, also Aussagen zum Aufbau und zur rechtlichen Struktur der Gesellschaft machten. Sie betrafen aber nur Fragen grundsätzlicher Art wie die Festlegung des Gesellschaftszwecks und das rechtliche Wesen der Kompagnie.[69] Im Innenverhältnis bestand, dem gemeinen Recht folgend, grundsätzlich die Möglichkeit der freien Gestaltung der inneren Verfassung. Wie sich aber insbesondere aus § 24 des Octroi von 1751 ergibt, sicherte sich der Souverän Einflußmöglichkeiten wie z. B. bei der Bestellung des Vorstandes. Die zweite Gruppe bildeten Regelungen, die sich allein mit den öffentlich-rechtlichen Befugnissen der Kompagnie, also ihrer kraft Privilegium verliehenen besonderen Rechte und ihre Pflichten gegenüber dem Staat, befaßten.

Die inhaltliche Struktur der verschiedenen Octrois ist uneinheitlich. Lediglich in der Einleitung finden sich Übereinstimmungen. Zu Beginn eines jeden Octroi wird die Ermächtigung der Gründungsgesellschafter zur Errichtung der Handelskompagnie durch den Souverän erteilt. § 1 des jeweiligen Octroi trifft stets Aussagen über den Zweck der Errichtung, also den Gesellschaftszweck. Einem einheitlichen Muster folgt die inhaltliche Struktur nur im Rahmen der groben Zweiteilung in öffentlich-rechtliche und gesellschaftsrechtliche Regelungen.

---

[68] Vgl. *Ring,* S. 234.

[69] So wurde deklaratorisch festgestellt, daß es sich bei der Kompagnie um eine Korporation mit eigener Rechtspersönlichkeit handelte, vgl. § 20 des Octroi von 1682.

III. Der Gesellschaftsvertrag der Handelskompagnien und sein notwendiger Inhalt

Das Octroi war die erste grundlegende Voraussetzung für die Gründung einer Handelskompagnie, ohne diesen Machtbrief konnte sie auf der Grundlage des gemeinen Rechts nicht als wirtschaftlich tätiges collegium errichtet werden. Nach römischem Recht (Gai D. 47, 22, 4) war zur Gründung neben der staatlichen Erlaubnis aber auch die Aufstellung von Statuten notwendig, die das Verhältnis der Gesellschafter bzw. Mitglieder untereinander bestimmten. Folglich war der Abschluß eines solchen Gesellschaftsvertrages neben dem Octroi die zweite elementare Gründungsvoraussetzung zur Errichtung einer Handelskompagnie.[70] Nach den Grundsätzen des gemeinen Rechts zum collegium konnten die Gesellschafter ihre Statuten im Innenverhältnis weitgehend frei bestimmen.[71] Zu berücksichtigen ist aber, daß es dem Souverän im Rahmen der Privilegienerteilung durch Octroi freistand, auch Einfluß auf das Innenverhältnis zu nehmen.

Aus der für das collegium einschlägigen Digestenstelle Gai. D. 3.4.1.1 ergibt sich aber als Mindestanforderung an diese Statuten, daß Korporationen nach römischem Recht bei ihrer Errichtung zumindest über eine Vereinskasse und einen Vorstand verfügen mußten.[72] Das Reglement mußte also diesbezüglich Regelungen treffen. Wie das Erfordernis einer „Vereinskasse" zu definieren ist, wird in den Digesten nicht ausgeführt. Da aber nach Ulp. D. 3.4.7.1 nur die Körperschaft selbst, nicht aber der einzelne für die Schulden der Gesellschaft haftete, ist wohl davon auszugehen, daß schon bei Errichtung eines römischen collegiums ein gewisses Kapital vorhanden sein mußte. Dem folgend ist unter dem Begriff der „Vereinskasse" wahrscheinlich auch das Erfordernis eines Grund- oder Anfangskapitals zu verstehen (vgl. auch die nachstehenden Ausführungen zu 1.)

Festzuhalten bleibt aber, daß die rechtliche Basis der inneren Struktur im gemeinen Recht allein der Gesellschaftsvertrag schuf. Der Gesellschaftsvertrag wurde dabei stets nach dem Erlaß des Octroi geschlossen. Dies zeigt sich im Fall der Brandenburgisch-Afrikanischen Kompagnie zum einen an der zeitlichen Reihenfolge der einzelnen Gründungsschritte. Das Reglement

---

[70] Den Unterschied zwischen Octroi und Reglement stellt *Lammel,* in: Coing, Handbuch, Bd. II/2, S. 670 nur verkürzt dar. Er trennt bei der Brandenburgisch-Afrikanischen Handelskompanie von 1682 nicht eindeutig zwischen diesen unterschiedlichen Errichtungsvoraussetzungen und geht allein vom dem Octroi und dem dem Reglement vorausgehenden Edikt aus, das selbst nur eine Absichtserklärung darstellte.

[71] Vgl. *Honsell/Mayer-Maly/Selb,* S. 79. Für die Brandenburgischen Handelskompagnien dies explizit feststellend Schück, S. 356.

[72] *Roesler,* in: ZHR (108), S. 292.

wurde erst nach Erlaß des Octroi im April 1683 aufgestellt.[73] Zum anderen ergibt sich dies aus dem Wortlaut der §§ 5 und 6 des Octroi für die Asiatische Handelskompagnie vom 8. Juli 1751. Darin werden die Gesellschafter der Kompagnie erst ausdrücklich ermächtigt, sich eigene Statuten zu geben.[74] Deutlich wird daran, daß die staatliche Vorgabe die Gründung von Handelskompagnien erst ermöglichte. Eine Gründung allein auf der Grundlage privatautonomer Entscheidungen war im Octroi-System nicht möglich.

Obwohl die innere Organisation der Handelskompagnien noch nicht einheitlich war,[75] soll am Beispiel des Reglements der Brandenburgisch-Afrikanischen Kompagnie von 1683, das als Quelle vollständig erhalten ist, dargestellt werden, welche Regelungen das Reglement einer Handelskompagnie grundsätzlich beinhaltete. Das Reglement traf im wesentlichen folgende Regelungen. Es regelt in Grundzügen die Kapitalaufbringung (den Umfang des Grundkapitals), die Geschäftsführung, die Gesellschafterstellung und die Rechte und Pflichten der Mitglieder sowie das Erfordernis und die Befugnisse der Generalversammlung der Anteilseigner. Die ersten beiden Punkte waren durch das gemeine Recht grundsätzlich vorgegeben. Das Reglement von 1751 konnte als Quelle aufgrund fehlender Zugänglichkeit nicht herangezogen werden, aus den Ausführungen von Ring ergibt sich aber, daß es prinzipiell sehr ähnliche Regelungen beinhaltete wie das Reglement von 1683.[76]

1. Grundkapital

Die Brandenburgisch-Afrikanische Kompagnie besaß kein festes, in der Höhe von vornherein bestimmtes Grundkapital[77]. In § 1 des Reglements vom 28. April 1683 wird zwar ein Anfangskapital von 50.000 Reichstalern festgelegt. Dabei sollte es sich aber nur um das für die Gründung der Gesellschaft erforderliche Minimalkapital handeln, das erforderlich war, um eine erste Handelsfahrt nach Afrika (Guinea) überhaupt durchführen zu können.[78] Die Festlegung eines bestimmten Grundkapitals mit Garantiefunktion, das nur durch entsprechende Kapitalerhöhungen vergrößert wer-

---

[73] Vgl. *Schück,* S. 367.

[74] § 5: „Ueberlassen Wir lediglich bemeldter Compagnie die Einrichtung ihrer innerlichen Verfassung und die Direction ihres Commercii (...)“.

§ 6: „Zu welchem Ende des Compagnie freystehen soll, solche Reglements und Verordnungen zu machen, als dieselbe überall zur guten Einrichtung und Direction ihres Handels und Schiffarth nützlich und convenable zu seyn erachtet wird (...)“.

[75] *Coing,* Europäisches Privatrecht, Bd. I, S. 527.

[76] Vgl. *Ring,* S. 236 ff.

[77] Vgl. *Schück,* S. 360 und *Wiethölter,* S. 58.

[78] Vgl. *Schück,* S 360.

den konnte, war damals noch nicht üblich.[79] Wie oben ausgeführt, bestimmte das gemeine Recht lediglich, daß die Gesellschaft über ein Anfangskapital verfügen mußte, Grundsätze zur Erhaltung dieses Kapitals gab es dagegen nicht.

Die Ursache für diese Lückenhaftigkeit des Gesellschaftsrechts in dieser Zeit ist auch darin zu suchen, daß die Entwicklung einer Korporation mit wirtschaftlicher Betätigung in Deutschland erst am Anfang stand. Eine derartige Gesellschaft stellte gegen Ende des 17. Jahrhunderts aufgrund des geltenden Gesellschaftsrechts eine absolute Ausnahme dar. Eine Gründung war nur durch staatliche Initiative möglich. Es bestand daher auch kein Bedürfnis, für die Gründung einer größeren Zahl von Aktiengesellschaften in rechtlicher Hinsicht homogene Grundsätze hinsichtlich der Kapitalaufbringung aufzustellen. Vielmehr herrschte die Ansicht vor, eine möglichst große Zahl von Anteilseignern und ein steter unbeschränkter Zufluß von frischem Kapital könne der wirtschaftlichen Entwicklung der Handelskompagnie nur nützen.[80]

2. Gesellschafter bzw. Aktionäre

Aus § 12 des Reglements von 1683 ergibt sich, daß jede Person Gesellschafter, d. h. Mitglied der Handelskompagnie werden konnte, die sich mit mindestens 200 Reichstalern an der Kompagnie beteiligte:

> „Alle und jede, so in diese Companie einzutreten verlangen, weß Standes oder Nation die auch sein möchten, sollen darin, jedoch weniger nicht, als gegen Conferirung einer Summe von 200 Rthler, admittiret und eingeschrieben werden, und wir der Präsident und Bewindhabere über die eingelegeten Capitalia behörige Obligationes ausstellen und von der Compagnie bestalten Cassierer die Quittung darunter zeichnen lassen.“

Weitere Einschränkungen, die an die Gesellschafterfähigkeit geknüpft wurden, traf das Reglement nicht. § 12 bestimmt ebenfalls, daß über die Beteiligung und deren Höhe ein Anteilschein ausgegeben wurde. Diese Anteile wurden bei der Brandenburgisch-Afrikanischen Kompagnie ausnahmslos auf den Namen ausgestellt, Inhaberaktien gab es noch nicht.[81] Das Reglement von 1683 traf noch keine Aussagen darüber, inwiefern eine Übertragung des Anteilscheins, d. h. der Aktie möglich war. Die Anteilscheine konnten aber durch Zession übertragen werden, die der Zedent auf dem Aktientitel zu vermerken hatte. Der neue Anteilseigner wurde daraufhin in das Aktienbuch eingetragen, das von der Kompagnie geführt wurde.[82] Über

---

[79] Vgl. auch *Gmür,* in: Festschrift für Harry Westermann, S. 187.
[80] Vgl. *Schück,* S. 360.
[81] Vgl. *Gmür,* in: Festschrift für Harry Westermann, S. 187.

eine Mindestanzahl von Gesellschaftern trifft das Reglement keine Aussagen. Nach gemeinem Recht waren aber mindestens drei Gesellschafter zur Errichtung eines collegiums notwendig.[83]

Unter den Aktionären müssen bei der Brandenburgisch-Afrikanischen Kompagnie zwei Gruppen unterschieden werden. Es gab einfache und besondere Aktionäre, die ersten wurden als Partizipanten, die zweiten als Hauptpartizipanten bezeichnet. Partizipant war nach § 12 des Reglements jeder, der 200 Taler in die Gesellschaft eingelegt hatte, Hauptpartizipant gemäß § 6 jeder, der mindestens 1000 Taler in Aktien besaß. In dieser Unterscheidung nach Höhe der Beteiligung will Gmür die Übernahme gesellschaftsrechtlicher Grundsätze aus der Gesellschafterstruktur der Fernhandelsgesellschaften erkennen, bei denen ebenfalls Unterschiede im Gesellschafterkreis bestanden.[84] Das Gesellschaftsrecht der Fernhandelsgesellschaften kannte auch unterschiedliche Beteiligungsformen, die Gesellschafter wurden, wie bereits ausführlich erörtert, als Hauptgesellschafter und stille Gesellschafter angesehen.[85] Allerdings war diese Unterscheidung bei den Fernhandelsgesellschaften in erster Linie wichtig für die Frage nach der persönlichen unbeschränkten Haftung für Gesellschaftsschulden. Der Vergleich mit den Fernhandelsgesellschaften trifft daher nur für den Bereich der gesellschafterlichen Kontroll- und Mitwirkungsrechte zu. Die einfachen Partizipanten besaßen ebenfalls nur sehr eingeschränkte Kontrollrechte.[86]

3. Die Generalversammlung

Das willensbildende Organ der Handelskompagnie war die Generalversammlung. Sie bestand allein aus den Hauptpartizipanten. Die Einberufung der Generalversammlung erfolgte stets nach Rückkehr der Schiffe von den Handelsfahrten, um über die Verwendung und den Verkauf der Ladung zu beraten,[87] ansonsten in allen weiteren in der Satzung vorgesehenen Fäl-

---

82 Vgl. *Gmür,* in: Festschrift für Harry Westermann, S. 187.

83 Vgl. *Marcell.* D. 50,16,85: „Neratius Priscus tres facere existimat collegium".

84 *Gmür,* in: Festschrift für Harry Westermann, S. 187.

85 Vgl. Erster Teil, 1. Abschnitt, B. III. 3. b) bb).

86 Vgl. unten Fn. 88 und 89.

87 Diese Befugnis der Generalversammlung ergibt sich nicht aus dem Octroi oder dem Reglement, sondern aus dem Edict wegen Octroyirung der aufzurichtenden Handels-Compagnie auf den Küsten von Guinea v. 7. März 1682. In § 4 heißt es: „So oft ein Schiff oder mehr aus Guinea zurückkommen, sollen dergleichen Versammlungen oder Conventus gehalten und daselbst deliberiret werden. wie die mitgebrachte Waaren am vorteilhaftesten zu verkaufen und auszubringen sein? Sollte aber ein oder ander der Participanten persönlich nicht erscheinen können oder wol-

len.[88] Das Stimmrecht richtete sich nach dem Anteil, pro 1000 Taler besaß jeder Hauptaktionär eine Stimme. Aus § 7 ergibt sich, daß die Bestellung und Abberufung des Vorstandes und anderen leitenden Personals allein durch einen Beschluß der Generalversammlung erfolgen konnte.[89] In der Hauptversammlung stand es ferner jedem Hauptaktionär frei, Anträge hinsichtlich der Angelegenheiten der Gesellschaft zu stellen, über die dann nach dem Mehrheitsprinzip abgestimmt wurde. An diesen Beschluß der Generalversammlung war der Vorstand dann gebunden.[90] Nur in in der Satzung bestimmten Ausnahmefällen, die von besonderer Wichtigkeit für die Gesellschaft waren, konnte ein Beschluß nur durch eine qualifizierte Mehrheit der Stimmen der Hauptpartizipanten herbeigeführt werden. Zu diesen gehörten die Aussetzung der Gewinnverteilung, die Aufnahme eines Kredits und die Abberufung eines Vorstandsmitgliedes (Bewindhaber).[91] Auch eine Änderung des Reglements unterstand allein der Befugnis der Generalversammlung. Eine solche Änderung des Gesellschaftsvertrages konnte aber nur durch einen einstimmigen Beschluß der Generalversammlung herbeigeführt werden.[92]

---

len, stehet ihm frei sein Votum einen andern aufzutragen. Die Anwesende setzen aber nichtdestoweniger ihre Deliberationes fort." Auch dieses Edikt ist Bestandteil des für die Handelskompanie geltenden Gesellschaftsrechts (vgl. *Schück* (Fn. 440), S. 367). Daraus wird deutlich, daß zwar grundsätzlich zur Gründung der Compagnie aufgrund der vom collegium des gemeinen Rechts übernommenen rechtlichen Struktur ein Octroi und das Reglement erforderlich waren, der erforderliche Inhalt des Reglement konnte aber auch aus weiteren Rechtsquellen wie Edikten stammen.

[88] Vgl. *Schück,* S. 367.

[89] § 6 des Reglements: „Alle diejenige, so 1000 Rthlr. einschreiben, sollen als Hauptparticipanten consideriret, und soviel Vota als 1000 Rthlr. eingeleget, zu führen befugt sein. Es werden dieselbe auch bei Bestallung der Bewindhabere, des Buchhalters, Cassiers, Magazin und Equipage Meisters oder anderer bei der Compangnie benöthigter Officierer, wie imgleichen, was jedem an Gage zuzulegen, um ihre Meinung allemal befraget werden, und mögen das ihnen darüber competirende Votum entweder selbst oder durch bevollmächtigte Mitparticipanten ablegen.".

[90] § 7: „Es soll in dieser Versammlung einem jeden Hauptparticipanten freistehen und erlaubet sein seine wider den Präsidenten und die Bewindhaber etwa habende Gravamina oder was er sonsten zum Besten und Aufnehmen der Compagnie zu erinnern nöthig erachten mööchte, fürzustellen, worüber als dann ordentlich votirt, per majora geschlossen, auch das Resultat dem Collegio der Bewindhaber kundgethan, und dasselbe nebst dem Präsidenten gehalten sein soll, sich in allem darnach zu reguliren.".

[91] Vgl. §§ 11, 13, 15 des Reglements vom 28.4.1683, abgedruckt bei *Schück*; Bd. 2, S. 172 f.

[92] § 24: „(...) Dasjenige aber, was hierunter obbeschriebenermaßen exprimiret, soll pro lege fundamentali gehalten und ohn einmüthigen Consens davon nicht abgetreten noch recediret werden. (...)".

4. Das Direktorium

Die Geschäftsführung der Handelskompagnie wurde durch ein Kollegium von Direktoren ausgeübt. In § 5[93] des Reglements wurde festgelegt, daß die Kompagnie von drei Bewindhabern[94] geleitet werden sollte, darunter fiel auch die Vertretung der Gesellschaft nach außen.[95] Diese werden von der Generalversammlung aus den Reihen der Hauptaktionäre gewählt. Das Recht, den Präsidenten zu bestimmen, stand dabei dem Kurfürst als Souverän persönlich zu. Die übrigen Direktoren lösten sich dabei monatlich in der Stellung des Vizepräsidenten ab. Die Wahl erfolgte auf unbestimmte Zeit. Dies ergibt sich aus § 15, wonach eine Entlassung der Direktoren nur durch eine qualifizierte 2/3 Mehrheit der Generalversammlung möglich war. Voraussetzung war aber ein gesellschaftsschädliches Verhalten, z.B. das Zuwiderhandeln gegen Beschlüsse der Gesellschafterversammlung oder ein gegen die Bestimmungen des Octroi verstoßender, eigennütziger Handelsbetrieb.[96] Neben den Befugnissen der Generalversammlung traf das Reglement im wesentlichen Regelungen über Pflichten des Direktoriums.

Verpflichtet werden konnte die Gesellschaft nur, wenn sowohl Präsident als auch Vizepräsident eine rechtsgeschäftliche Vereinbarung unterzeichnet hatten (§ 19). Sie waren verpflichtet, einmal pro Jahr eine Bilanz aufzustellen, die staatlichen Stellen und auf Verlangen auch den Hauptaktionären gegenüber zu veröffentlichen war (§ 11). Es bestand ferner die Verpflichtung, jederzeit auf Verlangen des Präsidenten oder Vizepräsidenten, mindestens aber einmal pro Woche zu Direktoriumssitzungen zusammenzukommen. Diese Direktoriumssitzungen sollten insbesondere dazu dienen, die laufenden Geschäfte der Gesellschaft zu überwachen. Eine mangelnde Überwachung führte zu einer Schadensersatzpflicht gegenüber der Gesellschaft (§ 14).

---

[93] „Diese Compagnie soll anfangs von einem Präsidenten und zwei Bewindhabern gouverniret werden. Den Präsidenten werden S. Chf. Dl. ex numero derer von den Hauptparticipanten erwählten Bewindhabern bestellen, und sollen die übrige Bewindhabere in dem Vice-Praesidio monatlich einer den anderen ablösen.".

[94] Aus dem Niederländischen stammende Bezeichnung für Direktor oder Vorsteher. Als solche wurden auch die Vorstandsmitglieder der Niederländisch-Ostindischen Compagnie bezeichnet.

[95] Vgl. oben, Erster Teil, Zweiter Abschnitt, B. I. 2. b) dd) (1) zur damals noch nicht bekannten Trennung zwischen Innen-und Außenverhältnis.

[96] *Schück,* S. 366.

C. Zusammenfassung

Was die rechtlichen Gründungsvoraussetzungen der Brandenburgischen Handelskompagnien angeht, kann also zunächst festgestellt werden, daß die Gründung einer Korporation mit wirtschaftlicher Betätigung und unter Nutzung des Vorteils der Haftungsbeschränkung auf der Grundlage des gemeinen Rechts möglich war. Die rechtlichen Gründungsvoraussetzungen beruhten auf dem römischen Recht, im wesentlichen auf der Digestenstelle Gai. D. 3.4.1.1. Grundvoraussetzung für die Gründung einer Handelskompagnie war dabei der Octroi. Die Errichtung einer Korporation zu privaten Zwekken stellte eine Ausnahme dar und bedurfte der Erlaubnis durch den Landesherrn in Form eines Legislativaktes. Derartige Sonderrechte wurden in Deutschland im 17. und 18. Jahrhundert durch eine Privilegienurkunde verliehen, die auch als Machtbrief oder Octroi bezeichnet wird.

Weitere Voraussetzung für die wirksame Errichtung einer Handelskompagnie war der Abschluß eines Gesellschaftsvertrages, auch als Statut oder Reglement bezeichnet, der das Verhältnis der Gesellschafter untereinander bestimmte. Maßstäbe für den Inhalt des Gesellschaftsvertrages stellte das gemeine Recht nur sehr begrenzt auf. Aus Gai. D. 3.4.1.1 ergibt sich lediglich, daß eine Korporation über ein Anfangskapital und eine gemeinschaftliche Vertretung, d.h. einen Vorstand verfügen mußte. Die Willensbildung der Gesellschaft wurde bereits durch die Einrichtung einer Generalversammlung sichergestellt. Es gab bereits eine klare Aufgabenteilung zwischen dieser und dem Direktorium. Die Zweiteilung der gesellschaftlichen Organe findet sich auch in den ersten aktienrechtlichen Kodifikationen des 19. Jahrhunderts.[97] Auch hier gab es zunächst noch nicht das Institut des Aufsichtsrates als Organ zur Kontrolle des Vorstandes. Das Grundkapital war zwar notwendiger Bestandteil des Gesellschaftsvertrages, es wurde aber noch nicht als eine Rechnungsgröße auf der Passivseite der Bilanz angesehen, die angibt, in welcher Höhe die Aktionäre Eigenmittel zuführen müssen.[98] Es sollte nur sicherstellen, daß das für die Aufnahme der geschäftlichen Aktivitäten erforderliche Minimalkapital aufgebracht wurde. Sein Sinn und Zweck war allein der eines die gesellschaftlichen Aktivitäten ermöglichenden Betriebsmittelfonds. Grundsätze zur Kapitalaufbringung und Kapitalerhaltung waren noch nicht bekannt.

---

[97] Vgl. bspw. § 2 des PrAktG von 1843.

[98] Vgl. unten Fn. 167.

Zweiter Abschnitt

Die Gründung von Aktiengesellschaften im 19. Jahrhundert unter dem ALR und dem Konzessionssystem

A. Die Errichtung einer Aktiengesellschaft nach dem ALR

I. Beibehaltung des Octroi-Systems

Die Aktiengesellschaft als eigenständige Gesellschaftsform fand in das Preußische Allgemeine Landrecht keinen Eingang. Das ALR enthielt nur einige verstreute Bestimmungen über Aktien,[99] insbesondere kannte es das Rechtsinstitut der Aktie.[100] Das Aktienrecht in Preußen war bis zum Erlaß des preußischen Aktiengesetzes von 1843 dadurch gekennzeichnet, daß der Staat wie bei Errichtung der bereits behandelten Handelskompagnien einen umfassenden Einfluß auf die Gründung von Aktiengesellschaften durch Verleihung entsprechender Privilegien ausübte.[101]

Um eine Aktiengesellschaft mit der Möglichkeit einer Beschränkung der Haftung der Gesellschafter errichten zu können, bedurfte es der Gründung einer Korporation. Die Gründung einer Korporation setzte aber stets die Verleihung eines entsprechenden Privilegs voraus. Das ALR behielt also im wesentlichen die Grundsätze des gemeinen Rechts für die Gründung von Aktiengesellschaften bei, wonach diese, sofern für alle Kapitalanleger ein beschränktes Haftungsrisiko bestehen sollte, nur als eine Korporation gegründet werden konnten, wenn der Zweck der Gesellschaft gemeinnützig und im Interesse des Staates war.[102] Die Errichtung einer Aktiengesellschaft war somit wie im Fall der brandenburgischen Handelskompagnien grundsätzlich nur durch landesherrliches Privileg möglich. Das Octroi-System blieb bei der Errichtung von Aktiengesellschaften als Instrument staatlicher Wirtschaftspolitik bestehen.[103]

---

[99] *Baums,* S. 14.

[100] Vgl. I 2 § 12, I 11 § 793, I 12 § 415 ALR.

[101] *Lehmann,* Aktiengesellschaften, Bd. I, S. 286; vgl. auch *ders.,* Die geschichtliche Entwicklung des Aktienrechts, S. 82 ff.

[102] *Reich,* in: Ius Commune, Bd. II (1969), S. 244. Vgl. II 6 § 25 ALR: „Die Rechte der Corporationen und Gemeinen kommen nur solchen vom Staate genehmigten Gesellschaften zu, die sich zu einem fortdauernden gemeinnützigen Zweck verbunden haben."

[103] Vgl. *Baums,* Aktiengesellschaften, S. 28.

II. Gesetzliche Grundlagen für die Errichtung einer AG im ALR

Die Gründung einer Aktiengesellschaft richtete sich im wesentlichen nach den Regeln über die Corporationen in II 6 ALR. Wegen II 6 § 16 ALR war die Verleihung von Korporationsrechten an Gesellschaften zur Verfolgung wirtschaftlicher Zwecke nur als Ausnahme möglich. Für eine wirtschaftliche Tätigkeit unter dem gemeinschaftlichen Auftreten einer Gesellschaft zur Bündelung gemeinschaftlichen Kapitals sah das ALR als Gesellschaftsform allein die Handlungsgesellschaften, für Dauergesellschaften die fortgesetzte Societät vor. Hauptmotiv für die Gründung einer Aktiengesellschaft war aber schon damals die Möglichkeit der umfassenden Haftungslimitierung. Eine solche Privilegierung gegenüber der üblichen unbeschränkten Haftung der Gesellschafter bei der offenen Handelsgesellschaft des ALR war nur durch die Verleihung von Korporationsrechten nach II 6 §§ 25 ff. ALR möglich.[104] Das ALR setzte für die Verleihung von Korporationsrechten aber einen gemeinnützigen Zweck voraus, den eine Aktiengesellschaft als Wirtschaftsunternehmen nicht von vornherein erfüllte. Lag ein derartiger anerkennenswerter Gesellschaftszweck vor, konnte eine korporationsartige Gesellschaft grundsätzlich nur als erlaubte Privatgesellschaft i. S. d. II 6 11 ff. ALR errichtet werden. Die erlaubte Privatgesellschaft konnte aber nur im Innenverhältnis die Rechte einer Korporation besitzen.[105] Sie war nur im Innenverhältnis wie eine Körperschaft strukturiert, nach außen hafteten dagegen alle Mitglieder für Verbindlichkeiten der Gesellschaft unbeschränkt. Die erlaubte Privatgesellschaft besaß folglich nicht das für die Aktiengesellschaft typische Merkmal der beschränkten Haftung und konnte auch nicht auf ihren Namen Grundstücke erwerben.[106] Sie war nicht rechtsfähig. Grundsätzlich bestand nach der Systematik des ALR also nicht von vornherein die Möglichkeit der Errichtung einer Aktiengesellschaft als einer vor allem auf die Erzielung von Profit ausgerichteten Erwerbsgesellschaft mit dem wesentlichen Merkmal der Haftungsbeschränkung.[107]

Da das Bedürfnis des Wirtschaftslebens nach Aktiengesellschaften zur Finanzierung von kapitalintensiven unternehmerischen Aktivitäten auch in Preußen zu Beginn des 19. Jahrhunderts immer stärker wurde[108], sah sich

---

[104] *Laux,* S. 41. Die einzige Möglichkeit, sich im Rahmen des Gesellschaftsrecht im ALR haftungsbeschränkt an einer OHG zu beteiligen, war die stille Gesellschaft gemäß II 8 § 651 ALR. Vgl. dazu die Ausführungen *v. Savignys* unten Fn. 662.

[105] Vgl. II 6 § 14 ALR.

[106] *Schumacher,* ADHGB, S. 8.

[107] Vgl. *v. Gierke,* Genossenschaftstheorie, Bd. 4, S. 101 f.; *Hubrich,* in: Gruchots Beiträgen, Bd. 62, S. 8.

[108] *Schumacher,* ADHGB, S. 8.

der Gesetzgeber gezwungen, die Vorschriften über Korporationen trotzdem auf die Errichtung einiger Aktiengesellschaften anzuwenden. Für die Errichtung einer Aktiengesellschaften bedurfte es daher weiterer Privilegien gemäß II 6 § 22 ALR, um ihr die Korporationsrechte auch für einen nicht gemeinnützigen Zweck zu verleihen.[109] Die Aktiengesellschaft mit dem typischen Merkmal einer weitgehenden Haftungsbeschränkung war nach der Systematik des ALR eine privilegierte Gesellschaft. Sie konnte nur dann als solche errichtet werden, wenn der Staat ihr aufgrund eines Octroi die Privilegien einer Korporation zuwies. Aufgrund negativer Erfahrung mit den Handelskompagnien des 17. und 18. Jahrhunderts ging man jedoch bei der Verleihung von Privilegien sehr vorsichtig vor und achtete darauf, daß Aktiengesellschaften trotz eines wirtschaftlichen Zwecks auch noch einen fortdauernden gemeinnützigen Zweck besaßen.[110] Am ehesten dürfte ein solch gemeinnütziger Zweck noch bei Versicherungsgesellschaften bestanden haben.[111] Dieser Umstand wird insbesondere daran deutlich, daß das Versicherungsgewerbe zu Beginn des 19. Jahrhunderts nicht nur zahlenmäßig, sondern auch hinsichtlich der Kapitalstärke unter den Aktiengesellschaften in Preußen an erster Stelle stand.[112] Als gemeinnützig wurde generell nur das angesehen, was dem allgemeinen Landesinteresse diente. Die Beurtei-

---

[109] *Laux,* S. 41.

[110] Vgl. zum Beispiel Schreiben des Staatsministers v. Schuckmann an den Finanzminister Maaßen v. 31.12.1833 in Akten des Ministeriums für Handel und Gewerbe bezüglich der Bestimmungen über die Verhältnisse der Aktiengesellschaften, in: Staatsarchiv Dahlem, Vol. 1, Bl. 4 f, in dem es heißt: „Solange mir das Ministerium des Innern und der Polizei anvertraut war, bin ich im allgemeinen bei der Bewilligung von Rechten privilegierter Korporationen von dem staatspolizeilichen Grundsatze ausgegangen, daß selbige nur solchen Gesellschaften, welche sich zu einem fortdauernden gemeinnützigen Zweck vereinigen, zu gewähren, die Gemeinnützigkeit eines Zwecks aber nur aus dem Gesichtspunkte des allgemeinen Interesses, und nicht nach individuellen Beweggünden und Rücksichten des Privatinteresses zu berurteilen und zu würdigen sei.", sowie den Bericht des Staatsministers Rother an Justizminister v. Mühler v. 4.4.1837, in: GStA Dahlem, Vol. 1, Bl. 18 ff.

[111] *Laux,* S. 42; eine Ausnahme von dem gemeinnützigen Zweck machten man zu Beginn des 19. Jahrhunderts lediglich bei der Pommerschen Provinzial-Zuckersiederei von 1818. Sie verfolgte keinen solchen Zweck, wurde aber auf Veranlassung Hardenbergs trotz der Bedenken von v. Bülows genehmigt, da die Regierung diesen kaum entwickelten Gewerbezweig unterstützen wollte. Auf diese Aktiengesellschaft haben sich spätere Bewerber um die Verleihung von Korporationsrechten stets berufen.

[112] Von 1800–1825 wurden in Preußen insgesamt 16 Aktiengesellschaften mit einem Kapital von 11,5 Mio Talern errichtet, davon entfiel auf die fünf Versicherungsgesellschaften ein Kapital von 8 Mio Talern, vgl. *v. Engel,* in: Zeitschrift des königlich preußischen statistischen Büros (1875), S. 458. Als erste größere Aktiengesellschaft in Preußen wurde 1812 die Berlinische Feuerversicherungsgesellschaft gegründet.

lung des Vorliegens eines solchen Interesses oblag allein dem Souverän bzw. seinem zuständigen Minister.[113]

Ferner war für die Erteilung der erforderlichen Privilegien erforderlich, daß das geplante Unternehmen einen so großen Kapitaleinsatz erforderte, daß es aufgrund der zu erwartenden Haftungsrisiken nicht in Form einer offenen Handelsgesellschaft betrieben werden konnte. Sonst hätte kein Bedürfnis bestanden, die Gründung einer Aktiengesellschaft gegenüber der für das Wirtschaftsleben im ALR geschaffenen Gesellschaftsform der *fortgesetzten Societät* zu privilegieren.[114] Damit die Aktiengesellschaft im Wirtschaftsverkehr rechtlich agieren konnte, reichte es aber nicht allein aus, ihr die Rechte einer Korporation zu verleihen. Als Korporation besaß sie nämlich nach dem ALR noch keine kaufmännischen Rechte.[115] Kaufmännische Rechte standen allein den in II 8 § 475 ff. bezeichneten Gewerben zu.[116] Um aber z.B. wechselfähig zu sein, bedurfte es der Verleihung von kaufmännischen Rechten, vgl. II 8 § 718 ALR.[117] Für ihr wirksames Auftreten im geschäftlichen Verkehr mußte die AG wie ein Kaufmann handeln können. Zur wirksamen Errichtung war es also zwingend erforderlich, daß neben der Verleihung von Korporationsrechten zu Errichtung einer handlungsfähigen Aktiengesellschaft auch die Verleihung von kaufmännischen Rechten hinzutrat.[118] Insgesamt ist daher festzuhalten, daß die Gründung einer Aktiengesellschaft im ALR einige rechtliche „Kunstgriffe“ erforderte.

III. Zwischenergebnis

Aus rechtsgeschichtlicher Sicht stellt das ALR für das Gründungsrecht der Aktiengesellschaft keine Weiterentwicklung zum Octroi-System des 17. und 18. Jahrhunderts in Deutschland dar. Es sah bei der Errichtung von Aktiengesellschaften keine anderen Voraussetzungen vor als das gemeine Recht im Fall des collegiums als Unterart der universitas.[119]

---

113 Vgl. das in Fn. 527 zitierte Schreiben *v. Schuckmanns.*

114 *Schumacher,* ADHGB, S. 8.

115 Vgl II 6 § 25 ff. ALR.

116 Vgl. Erster Teil, 2. Abschnitt, B. I. 2. b) cc) (1).

117 II 8 § 718 ALR: „In der Regel ist nur derjenige wechselfähig, welcher die Rechte eines Kaufmannes hat.“

118 *Baums,* Aktiengesellschaften, S. 17.

119 Vgl. *Reich,* in: Ius Commune Bd. II (1969), S. 239, 244. Zu berücksichtigen ist aber, daß im ALR für die Festlegung des Korporationsbegriffs aber zunächst die Grundsätze des Naturrechts herangezogen wurden. Danach war die Korporation anders als im römischen Recht kein von der Gesamtheit der Mitglieder zu unterscheidendes Rechtssubjekt, sondern lediglich eine Bezeichnung für die Gesamtheit der Mitglieder hinsichtlich ihres Auftretens im Rechtsverkehr. Für die Errichtung und

Wesentliche Voraussetzung für die Errichtung einer Aktiengesellschaft war somit auch im ALR nicht der Abschluß eines entsprechenden Gesellschaftsvertrages unter Beachtung bestimmter Formvorschriften und Kapitalaufbringungsgrundsätze, sondern vor allem ein staatlicher Legislativakt in Form eines Spezialprivilegs. Nur diese staatliche Bewilligung schuf die Voraussetzung für die Errichtung einer Aktiengesellschaft. Für die Erteilung einer solchen Bewilligung waren kaum objektive Kriterien von Bedeutung. Ob ein gemeinnütziger Zweck vorlag, wurde nicht nach rein objektiven Kriterien bestimmt, sondern vor allem danach, ob die geplante Errichtung dem staatlichen Interesse diente.[120] In Wirklichkeit war der geforderte gemeinnützige Zweck nämlich kein Wirksamkeitserfordernis für die Verleihung der zur Errichtung der AG notwendigen Privilegien, sondern nur deren Motiv.[121] Dieser Umstand wird besonders daran deutlich, daß im Fall der erfolgten Bewilligung eine Überprüfung des tatsächlichen Vorliegens eines gemeinnützigen Zwecks ausgeschlossen war.[122] Das Octroi-System war nicht lediglich eine besonders ausgeprägte Form der staatlichen Überwachung der Aktiengesellschaften, sondern beinhaltete die Verfolgung von staatlichen Interessen bei der Gründung solcher Gesellschaften und damit ihre Anbindung an den Staat.[123] Dem Octroi kam nicht, wie in Teilen der Literatur vertreten[124], lediglich eine polizeiliche Natur zu. Durch die Genehmigung der Aktiengesellschaft im Octroi-System des ALR nahm der Staat nicht nur eine Überwachungsfunktion im Sinne einer polizeilichen Aufsicht war. Es bestand vielmehr eine enge Verschränkung zwischen staatlicher Wirtschaftspolitik und der Zulassung von Aktiengesellschaften.[125] Gesetzliche Maßstäbe für die Erteilung eines Privilegs durch den Landesherrn gab es nicht.[126]

---

das Erfordernis der staatlichen Genehmigung ergeben sich allerdings keine Unterschiede zwischen ALR und gemeinem Recht, was Reich, ebenda, zutreffend feststellt.

[120] *Wiethölter,* S. 64.

[121] *Heße,* S. 91.

[122] Vgl. *Rauch,* in: ZRG GA 69 (1952), S. 239, 274 f.

[123] *Laux,* S. 42 und für die Handelskompagnien *Hartung,* S. 226.

[124] Vgl. u.a. *Großfeld,* S. 119.

[125] Vgl. *Laux,* S. 42 und *Ott,* S. 105. Vgl. auch *Mitteis/Lieberich,* S. 18. die generell darauf hinweisen, daß das ALR noch stark der Wirtschaftsordnung des Merkantilismus verhaftet war. Insgesamt wird dem ALR heute u.a. von Wieacker (unter Beachtung der durchaus anzuerkennenden Errungenschaften (vgl. dazu beispielsweise *Eisenhardt,* Rechtsgeschichte, S. 216) vorgeworfen, daß es aufgrund seines naturrechtlich begründeten unkritischen Vernunftglaubens Mißtrauen gegen staatsbürgerliche Selbstverantwortung hegte, vgl. *Wieacker,* S. 333. Diese im ALR zum Ausdruck kommende Einstellung des Gesetzgebers konnte folglich auch nicht die selbstverantwortliche Bildung von Körperschaften bzw. Aktiengesellschaften gut heißen. Für den Bereich der Aktiengesellschaft trifft sie daher in vollem Maße zu.

Zusammenfassend bleibt festzustellen, daß die Errichtung einer Aktiengesellschaft wie im Fall der preußischen Handelskompagnien die Erteilung entsprechender Privilegien durch einen hoheitlichen Akt erforderte.[127] Die rechtliche Situation der Aktiengesellschaft im ALR wird daher von v. Gierke[128] und Schumacher[129] zu Recht als „äußerst wirrer und unheilbar widerspruchsvoller Rechtszustand" beschrieben.

B. Die Gründung einer Aktiengesellschaft nach dem badischen HGB

I. Untersuchungsgegenstand

Das badische Landrecht von 1810[130] bzw. dessen handelsrechtlicher Teil (in der Literatur auch als badisches HGB bezeichnet), führte als erste Kodifikation in Deutschland Regeln über die Errichtung von Aktiengesellschaften ein. Wie auch im Fall der offenen Handelsgesellschaft wurden dabei die entsprechenden Bestimmungen des code de commerce von 1807 in deutscher Sprache übernommen.[131] Es ist das erste Gesetz in Deutschland, das die Aktiengesellschaft neben den anderen Gesellschaftsformen des Handelsrechts anerkannte. Auf diese Weise wurde das badische Landrecht als „germanisierter" Code de Commerce zum Ausgangspunkt sämtlicher weiterer Aktiengesetzgebungen auf deutschem Boden.[132]

Die Gründe für die erste Aufnahme aktienrechtlicher Vorschriften in eine handelsrechtliche Kodifikation sind daher nicht in Deutschland, sondern in Frankreich zu suchen. Im späten 17. und 18. Jahrhundert entstehen in Frankreich Handelsgesellschaften mit größerer Mitgliederzahl und übertragbaren Anteilen, aber ohne die Erlaubnis durch Octroi.[133] Sie beruhen allein auf privat vereinbarten Statuten.[134] Ihre innere Organisation ähnelte aber derjenigen der Handelskompagnien, also den octroyierten Gesellschaf-

---

126 Vgl. auch *Wiethölter,* S. 64.

127 *Reich,* in: Ius Commune Bd. II (1969), S. 239, 244.

128 *v. Gierke,* Genossenschaftstheorie, Bd. 4, S. 105.

129 *Schumacher,* ADHGB, S. 9.

130 Zur Entstehungsgeschichte vgl. oben Erster Teil, 2. Abschnitt, B. II. 1.

131 Der Code de Commerce galt nicht nur in Baden, sondern auch in Preußen. Nach dem im Jahre 1815 das Rheinland an Preußen fiel, gab es im Hinblick auf das Aktienrecht in Preußen zwei verschiedene Rechtsgebiete: die Rheinprovinz, in der die Gültigkeit des CCom beibehalten wurde, und das übrige Preußen, in dem sich die Gründung einer AG allein nach dem ALR richtete. Vgl. hierzu auch *Landwehr,* in: ZRG GA 99 (1982), S. 3.

132 *Bösselmann,* S. 63.

133 *Lévy-Bruhl,* S. 45 ff.

ten.[135] Diese Entwicklung nahm der code de commerce auf, in dem er die Gründung von Aktiengesellschaften unter kodifizierten Bedingungen erlaubte.[136] In Deutschland ist das badische Handelsrecht in Fortführung dieser Tradition das erste Gesetz, das die Aktiengesellschaft als eigenständige Gesellschaft des Handelsrechts anerkannte.[137] Das Recht der Aktienesellschaft wurde im badischen Handelsrecht in den Artt. 29–37, 40 und 45 geregelt.

II. Gründungsvoraussetzungen

1. Staatliche Konzession

Wichtigste Voraussetzung für die Errichtung einer Aktiengesellschaft nach dem badischen Handelsrecht war grundsätzlich das Vorliegen einer staatlichen Genehmigung. Art. 37 des badischen Handelsrechts bestimmte:

> „Eine anonyme Gesellschaft kann nicht bestehen, als in sofern die Regierung sie gutheißt und den Act genehmigt wodurch sie errichtet wird; diese Genehmigung muß in der Form geschehen, welche in den die öffentliche Verwaltung betreffenden Vorschriften festgesetzt wird.“

Danach konnte eine Aktiengesellschaft nach dem badischen Handelsrecht nur wirksam entstehen, sofern die in Art. 37 verlangte Genehmigung erteilt wurde. Die Gründung war nach Art. 37 nicht mehr abhängig durch die Verleihung von Rechten per privilegium[138], die Gründung einer nur beschränkt haftenden Aktiengesellschaft war nicht mehr wie noch im gemeinen Recht grundsätzlich verboten. Sie bedurfte nicht mehr einer Genehmigung durch ein Spezialgesetz. Vielmehr bildete das Aktienrecht des badischen Handelsrechts die gesetzliche Grundlage für die Erteilung einer Konzession. Die Konzessionserteilung war damit eine Folge der Anwendung bestehender Gesetze. Im Gegensatz zum Octroi-System setzte die Genehmigungserteilung nach Art. 37 voraus, daß die Satzung bei Beantragung der Genehmigung bereits wirksam errichtet worden war. Im Octroi-System erfolgte der Abschluß des Gesellschaftsvertrages stets nach Privilegienerteilung. In Ba-

---

134 *Coing,* Europäisches Privatrecht, Bd. I, S. 529. Rechtlich handelte es sich dabei um Kommanditgesellschaften.

135 *Coing,* Europäisches Privatrecht, Bd. I, S. 529.

136 *Coing,* Europäisches Privatrecht, Bd. I, S. 529.

137 *Bösselmann,* S. 61. Vgl. insoweit auch Art. 19 des badischen HGB: „Das Gesetz nimmt dreyerley Gattungen von Handelsgesellschaften an. Die Gesellschaft unter einem gemeinschaftlichen Namen (en nom collectif). Die Gesellschaft, wobey nicht alle Interessenten an der Besorgung der Handelsgeschäfte Theil nehmen (en commandite). Die anonyme Gesellschaft.“

138 *Baums,* Aktiengesellschaften, S. 24.

den war die Erteilung der Erlaubnis nach Art. 21 bzw. Art. 9 des ersten bzw. zweiten badischen Konstitutionsedikt der Entscheidung des Großherzogs vorbehalten.[139]

a) Der Beginn der endgültigen Ablösung des Octroi-Systems in Deutschland

Die Gründung von Frühformen der Aktiengesellschaft in Deutschland unterfiel im 17. und 18. Jahrhundert, wie oben am Beispiel der Brandenburgischen Handelskompagnien ausführlich dargestellt, dem Octroi-System. Auf Grundlage des gemeinen Rechts bedurfte es zur Errichtung einer Handelskompagnie eines Spezialprivilegs in Form eines konkreten Rechtssatzes, eines Spezialgesetzes für den Einzelfall, dem Octroi. Dieses System wurde im ALR für die Gründung der ersten Aktiengesellschaften in Preußen grundsätzlich aufrechterhalten. Diesem System bereitete das badische Handelsrecht in seinem Geltungsbereich ein Ende, denn die Konzession besaß eher den Charakter einer polizeilichen Maßnahme[140], da sie in Anwendung bestehender Gesetze erfolgte. Gesetzescharakter kam ihr nicht zu. Damit wurden die Grundsätze des gemeinen Rechts, die man auf die ersten Aktiengesellschaften anwandte, in Deutschland zum ersten Mal verändert.[141] Das Konzessionssystem des 19. Jahrhunderts stellt daher aus rechtshistorischer Sicht eine Weiterentwicklung der rechtlichen Grundlagen für Aktiengesellschaften dar. Auf der Grundlage des gemeinen Rechts bzw. des ALR hätte eine Konzession in Form einer polizeilichen Maßnahme nicht ausgereicht. Die Gründung einer wirtschaftlich tätigen Gesellschaft mit einer Haftungsbeschränkung war nach gemeinem Recht grundsätzlich verboten. Ein solches Privileg konnte nur durch Spezialgesetz verliehen werden. Dieser im Vergleich zum gemeinen Recht veränderte Charakter der Konzession kommt insbesondere dadurch zum Ausdruck, daß die Konzessionierung durch den Staat nicht mehr allein der Verleihung derartiger Sonderrechte an die Gesellschaft diente. Die Aktiengesellschaft war als erlaubte Gesellschaftsform des Privatrechts durch Gesetz offiziell anerkannt.[142]

Die Genehmigungserteilung konnte im Bereich des badischen Handelsrechts im Gegensatz zum ius commune als eine Anwendung bestehender Gesetze angesehen werden. Das vorgeschaltete Prüfungsverfahren hatte ne-

[139] *Brauer,* S. 390.

[140] *Grossfeld,* in: Coing/Wilhelm, Wissenschaft und Kodifikation des Privatrechts im 19. Jahrhundert, Bd. IV, S. 238.

[141] *Hopt,* in: Coing/Wilhelm, Wissenschaft und Kodifikation des Privatrechts im 19. Jahrhundert, Bd. V, S. 135.

[142] Vgl. *Bösselmann,* S. 61.

ben der Sicherung staatlichen Einflusses auf die wirtschaftliche Macht des Bürgertums vor allem den Zweck, das Publikum vor unlauteren und unsoliden Gründungen zu schützen.[143] Anders als bei den Handelskompagnien ging die rechtliche Initiative zur Gründung allein von Privatleuten aus. Die Wahrnehmung von öffentlich-rechtlichen Aufgaben war nicht mehr mit der Gesellschaftsgründung verbunden. Nach Grossfeld hat das badische Handelsrecht durch die Abschaffung des Octroi-System der Aktiengesellschaft das Bürgerrecht „in abstracto" verliehen.[144]

Wenn also in der Literatur die Begriffe Konzessions- und Octroi-System synomym verwandt werden[145] bzw. vertreten wird, es bestehe kein Unterschied zwischen den beiden Gründungssystemen[146], trifft diese begriffliche Gleichstellung aus den oben ausgeführten Gründen nicht zu. Außerdem unterscheiden sich auch die dogmatischen Grundlagen der Rechtsform der Aktiengesellschaft im Octroi-System und unter dem Konzessionssystem nicht unerheblich. Wie nachgewiesen wurde, waren die Handelskompagnien nach gemeinem Recht ein wirtschaftlich tätiges collegium, d.h. eine Körperschaft. Ähnliches gilt für die im Geltungsbereich des ALR gegründeten Aktiengesellschaften. Die Aktiengesellschaft des badischen HGB war dagegen grundsätzlich eine Sozietät, d.h. eine Personengesellschaft, die in das System des Handelsrechts eingegliedert wurde. Art. 29 des badischen HGB spricht eindeutig von der anonymischen Sozietät. Nach Art. 19 gehörte die Aktiengesellschaft allgemein zu den Handelsgesellschaften und war damit eine besondere Form der Sozietät. Der Vorstand war noch kein eigenes Organ, er handelte nur als Bevollmächtigter der Aktionäre.[147] Erst durch die Konzession erhielt die Aktiengesellschaft als Sozietät im Rechtsverkehr eine eigene Rechtspersönlichkeit und das Merkmal der Haftungsbegrenzung. Die dogmatische Einordnung der Aktiengesellschaft als Gesellschaftsform und die Grundlagen des Konzessionssystems werden ausführlich am Beispiel des preußischen Aktiengesetzes von 1843 dargestellt. Mit diesem Gesetz ist in Deutschland erstmalig eigenes Aktienrecht geschaffen worden.

b) Allgemeine Voraussetzungen für die Konzessionserteilung

Um eine Genehmigung zu erhalten, mußte eine sogenannte Bittschrift, also ein förmlicher Antrag auf Erteilung der Genehmigung gemäß Art. 37

---

143 *Coing,* Europäisches Privatrecht, Bd. II, S. 99.

144 Vgl. *Grossfeld,* in: Coing/Wilhelm, Wissenschaft und Kodifikation des Privatrechts im 19. Jahrhundert, Bd. IV, S. 237.

145 Vgl. z.B. *Schmidt,* Gesellschaftsrecht, S. 770.

146 *Beitzke,* in: ZHR 108 (1941), S. 32, 37.

147 Vgl. Art. 31 badisches HGB.

bei den zuständigen Behörden eingereicht werden. In diesem förmlichen Antrag mußten neben der nach Art. 40 badisches HGB wirksam erstellten Satzung folgende Angaben enthalten sein:[148] der geplante Geschäftsgegenstand, die Dauer der Gesellschaft, der Wohnort der Antragsteller, die Höhe des Grundkapitals, die Art der Kapitalaufbringung, die Frist, innerhalb der das Kapital von den Übernehmern zu leisten war, der Sitz der Gesellschaft, die Art und Weise der Geschäftsführung und eine Abschrift des Gesellschaftsvertrages. Der Antrag war von allen Gründern zu unterzeichnen. Es genügte auch die Unterschrift eines Gründungsgesellschafters, sofern dieser von den anderen zur Einreichung des Antrages bevollmächtigt war.[149]

Wurde der Antrag nicht in der oben beschriebenen Weise unterschrieben, so konnte er nur zugelassen werden, wenn der oder die Unterzeichner wenigstens ein Viertel des Grundkapitals vertraten und sich verpflichteten, ihre Einlage nach Erteilung der Konzession sofort und vollständig zu leisten. Erfüllten die Unterzeichner das Viertelquorum nicht, führte dies zu einer sofortigen Ablehnung des Antrages. In diesem Fall befaßte sich die Genehmigungsbehörde nicht mehr mit der Prüfung der übrigen Antragserfordernisse, da durch die mangelnde Vertretung der Gründer bei Antragseinreichung die Erfolgsaussichten einer lebensfähigen Gesellschaft nicht ausreichten.[150]

In dem Antrag waren ferner Angaben über die bereits für die zu gründende Gesellschaft geschlossenen Verträge beizufügen. In Fall einer Sachgründung mußte ein Verzeichnis über die eingebrachten Gegenstände erstellt werden, in dem Angaben darüber zu machen waren, wie diese vermögensmäßig bewertet wurden. Dies sollte der Genehmigungsbehörde die Nachprüfung ermöglichen, ob diese Gegenstände nicht zum Nachteil der Aktionäre über ihrem tatsächlichen Wert angesetzt worden waren.[151] Wichtigste Voraussetzung für die Genehmigung und für die Gründung einer Aktiengesellschaft nach dem badischen Handelsrecht überhaupt war aber der Abschluß eines Gesellschaftsvertrages durch die Gründer. Ohne das Vorliegen eines wirksamen Gesellschaftsvertrages konnte die Genehmigung unter keinen Umständen erteilt werden.[152] Welche Anforderungen an diesen Vertrag zu stellen waren, soll im folgenden untersucht werden.

---

[148] Vgl. *Schiebe,* S. 151.

[149] Vgl. *Schiebe,* S. 152.

[150] Vgl. *Schiebe,* S. 152.

[151] Vgl. *Schiebe,* S. 152.

[152] *Sehrt,* S. 36.

2. Der Gesellschaftsvertrag der anonymen Gesellschaft

Generell nahm das badische Handelsrecht Abstand von Regelungen, die den Inhalt des Gesellschaftsvertrages betrafen. Es setzte weder die wesentlichen Erfordernisse des Vertrages fest, noch gab es im wesentlichen Aufschluß darüber, welchen Inhalt der Vertrag überhaupt haben mußte.[153] Die wenigen Vorschriften über die Aktiengesellschaft betrafen den Gesellschaftsvertrag nur hinsichtlich der Firma[154], der Form[155], der Geschäftsführung[156] und der Stückelung des Grundkapitals[157]. Zu untersuchen ist daher, welche Mindestvoraussetzungen der Gesellschaftsvertrag besitzen mußte, um eine Aktiengesellschaft wirksam errichten zu können.

Nach Art. 40 des badischen HGB konnte der Gesellschaftsvertrag nur in öffentlicher Urkunde errichtet werden, d.h. er mußte vor einem Notar abgeschlossen werden. Dabei war er von den Gründern zu unterzeichnen. Eine Abweichung von dieser Form hätte die Nichtigkeit des Vertrages zur Folge gehabt.[158] Für die Frage des Mindestinhalts eines Aktiengesellschaftsvertrages ist zunächst auf die dogmatischen Grundlagen der Aktiengesellschaft im 19. Jahrhundert einzugehen. Wie bereits festgestellt, waren die Handelskompagnien des 17. und 18. Jahrhunderts als Frühform der Aktiengesellschaft und die unter dem ALR gegründeten Aktiengesellschaften Körperschaften. Gegen die Einordnung der Aktiengesellschaft des badischen HGB als Körperschaft spricht aber eindeutig der Wortlaut des Gesetzes. Nach Artt. 19 und 29 des badischen HGB gehörte die Aktiengesellschaft zu den Handelsgesellschaften und war eine besondere Form der Sozietät. Die Anforderungen an den Gesellschaftsvertrag richteten sich,

---

153 *Sehrt,* S. 39.

154 Art. 29: „Die anonymische Sozietät besteht unter keiner gemeinschaftlichen, die Nahmen der Betheiligten ausdrückenden Firma; kein Theilnehmer der Gesellschaft wird hierbey genannt.“.

Art. 30: „Der Nahme, den man ihr beylegt, wird von dem Gegenstande ihrer Handelsunternehmungen hergenommen.“.

155 Art. 40: „Anonymische Gesellschaften können nur durch öffentliche Urkunden errichtet werden.“.

156 Art. 31: „Sie wird von Bevollmächtigten verwaltet, deren Auftrag auf eine bestimmte Zeit beschränkt und widerruflich ist; ob sie an dem Unternehmen der Gesellschaft betheiligt sind, oder nicht, ob sie für ihre Bemühungen belohnt werden, oder ihren Auftrag unentgeltlich vollziehen, ist gleichgültig.“.

157 Art. 34: „Das Capital der anonymischen Gesellschaft wird in Actien und selbst in kleinere Theile von Actien, die gleichen Werth haben, vertheilt.“.

158 *Schiebe,* S. 150. Diese Formvorschrift sollte vor allem dem Schutz der zukünftigen Aktionäre dienen. Die notarielle Beurkundung sollte diesen Gewähr bieten, daß der Vertrag nachträglich nicht geändert werden konnte. Dies wäre bei einer privatschriftlichen Urkunde wesentlich leichter möglich gewesen.

soweit nicht spezielle Regelungen für die Aktiengesellschaften existieren, nach den Regeln für die Handelsgesellschaften.

a) Die Gründungsgesellschafter

Über die Rechtsstellung der Gründungsgesellschafter sagen die damaligen aktienrechtlichen Bestimmungen des badischen Handelsrechts nichts aus. Der Gesellschaftsvertrag der AG als Sozietät und besonderer Form der Handelsgesellschaft mußte insoweit keine anderen Regelungen enthalten als ein solcher der anderen Handelsgesellschaften. Eine gesetzlich besonders festgelegte Mindestzahl von Gründungsgesellschaftern gab es nicht. Sehrt weist aber darauf hin, daß in den zu Preußen gehörenden niederrheinischen Gebieten 1838 ein Konzessionsantrag zurückgewiesen wurde, weil der Gesellschaftsvertrag nur von zwei Personen abgeschlossen worden war.[159] In der Regel übertraf die Anzahl der Gründer aber die später festgesetzte Zahl von fünf Gründern deutlich.[160] Diese Anforderungen wurden konsequenterweise nur im Konzessionsverfahren berücksichtigt. Dem Personenkreis, von dem die Anregung zur Gründung ausging, entstammten in der Regel auch diejenigen, die mit den allgemeinen Vorarbeiten, insbesondere mit der Aufstellung des Gesellschaftsvertrages betraut wurden. Sie übernahmen Aktien und bleiben meist dauerhaft als Aktionär der Gesellschaft verbunden.[161] Im Gegensatz zu den Handelsgesellschaftern brauchten die Gründungsgesellschafter einer Aktiengesellschaft aber keine Kaufleute zu sein. In den Reihen der Gründungsgesellschafter befanden sich besonders zu Beginn des 19. Jahrhunderts auch höhere Verwaltungsbeamte.[162]

b) Der Gesellschaftszweck

Um eine Aktiengesellschaft nach dem badischen Handelsrecht wirksam errichten zu können, bedurfte es der Festlegung eines Gesellschaftszweck i.S.d. Art. 1[163] des badischen HGB. Die Aktiengesellschaft war nach der Systematik des Art. 19 des badischen HGB eine Handelsgesellschaft. Für die Errichtung einer Handelsgesellschaft bedurfte es unabhängig von einer bestimmten Rechtsform der Vereinbarung eines besonderen Gesellschafts-

---

159 *Sehrt,* S. 39.

160 Vgl. *Bösselmann,* S. 104, der exemplarisch die Anzahl der Gründer bei verschiedenen Aktiengesellschaften in der ersten Hälfte des 19. Jahrhunderts nachweist.

161 *Bösselmann,* S. 100.

162 *Bösselmann,* S. 100.

163 Zu den einzelnen Handelsgeschäften vgl. Art. 1 badisches HGB.

zwecks, der darauf gerichtet war, Handelsgeschäfte zu betreiben.[164] Die Vereinbarung eines allgemeinen Gesellschaftszweck, außerhalb des Katalogs des Art. 1 war daher nicht möglich. Ohne die Festlegung des besonderen Gesellschaftszweck konnte eine Aktiengesellschaft nach badischem HGB nicht wirksam errichtet werden.[165] Bei der Festlegung eines anderen Gesellschaftszwecks konnte nur eine bürgerlich-rechtliche Gesellschaft gegründet werden.[166] Eine Konzession i.S.d. Art. 37 konnte in einem solchen Fall nicht erteilt werden. Möglich war aber weiterhin die Errichtung einer Aktiengesellschaft außerhalb der Grundlagen des badischen HGB durch Verleihung entsprechender Privilegien.

c) Das Grundkapital

Erforderlich war, daß ein bestimmtes Grundkapital im Gesellschaftsvertrag festgelegt wurde.[167] Über eine bestimmte Mindesthöhe traf das badische HGB keine Aussage. Um genau zu bestimmen, welche Anforderungen an eine Regelung im Gesellschaftsvertrag über das Grundkapital zu stellen waren, ist zunächst nach dessen rechtlicher Definition zu Beginn des 19. Jahrhunderts zu fragen. Der Begriff des Grundkapitals als einer Rechnungsgröße, die auf der Passivseite der Bilanz gebucht wird und angibt, in welcher Höhe die Aktionäre der Gesellschaft Eigenmittel zuführen müssen,[168] entwickelte sich erst im Laufe des 19. Jahrhunderts.[169] Bereits dem Reglement einer Handelskompagnie war ein festgelegtes Grundkapital fremd. Die für die Gläubiger einer Aktiengesellschaft wichtige Garantiefunktion des Grundkapitals fehlte im damaligen Aktienrecht noch. Der Bestimmung des Grundkapitals im Gesellschaftsvertrag wurde aus diesem Grund keine allzu große Bedeutung beigemessen. Die Bestimmung diente vor allem dazu, den kapitalmäßigen Umfang der Aktiengesellschaft zur Erreichung des Gesellschaftszwecks festzulegen. Dadurch sollte nur allgemein bestimmt werden, welches Kapital überhaupt zur Entfaltung der geschäftlichen Aktivitäten aufzubringen war und welche Verpflichtung die Übernahme eines bestimmten Teil des Grundkapitals auslöste.[170] Da die Aktiengesellschaft in der ersten Hälfte des 19. Jahrhunderts allein als taugliche Gesellschaftsform für

---

[164] Vgl. oben Erster Teil, 2. Abschnitt, B. II. 2. b) aa).

[165] Möglich war aber weiterhin die Errichtung einer AG mit einem anderen Gesellschaftszweck nach den Grundsätzen des Octroi-Systems, d.h. durch Privileg in Form eines Spezialgesetzes.

[166] Vgl. *Schiebe,* S. 150 und *Baums-Stammberger,* S. 28.

[167] Vgl. *Coing,* Europäisches Privatrecht, Bd. II, S. 112.

[168] *K. Schmidt,* Gesellschaftsrecht, S. 782.

[169] *Bösselmann,* S. 118.

[170] Vgl. *Schiebe,* S. 158.

die Gründung von Großunternehmen angesehen wurde, dürfte dem aufzubringenden Grundkapital auch die Funktion zugekommen sein, im Einzelfall zu dokumentieren, daß die Unternehmung einen großen Kapitaleinsatz erforderte. Aufgrund des im badischen Handelsrecht zugrundegelegten rechtlichen Wesens der Aktiengesellschaft als besonderer Form der Sozietät überraschen die obigen Feststellungen nicht. Zur Errichtung einer Sozietät war es nicht erforderlich, im Gesellschaftsvertrag ein genaues Grundkapital festzulegen. Lediglich eine Vereinbarung über die Leistung der Beiträge war notwendiger Bestandteil des Gesellschaftsvertrages. Bei der Aktiengesellschaft mußte diese Beitragsleistung lediglich in Form von Vermögensgegenständen, also Geld oder Sachen und nicht durch Dienstleistung erfolgen.

d) Die Kapitalaufbringung

Neben der Festlegung des Grundkapitals im Gesellschaftsvertrag verlangte Art. 34 des badischen Handelsrechts, daß das Kapital der Aktiengesellschaft in Aktien aufzuteilen war, die einen gleichen Wert am Grundkapital verbrieften. Jede Aktie sollte also einen gleichen Anteil am Gesellschaftskapital darstellen. Nicht vorgeschrieben war, daß eine Aktie einen bestimmten Mindestwert besitzen mußte. Der Gesellschaftsvertrag mußte in entsprechender Anwendung des Art. 34 des badischen HGB also zwangsläufig eine Regelung darüber enthalten, wie hoch der Nennwert einer Aktie war.[171] Gesetzliche Vorschriften zur Kapitalaufbringung gab es dagegen noch nicht. Auch der Unterschied zwischen Bar- und Sachgründung wurde noch nicht gemacht. Zu berücksichtigen ist in diesem Zusammenhang aber, daß die Bargründung die Regel darstellte. Die Erteilung der Konzession wurde allerdings davon abhängig gemacht, daß mindestens ein Viertel des Grundkapitals eingezahlt war. Der Grund für diesen Normierungsmangel bei der Kapitalaufbringung ist aber dem Konzessionssystem immanent. Durch den Einfluß des Staates bei der Errichtung von Aktiengesellschaften konnte dieser im Genehmigungsverfahren direkt Einfluß auf die Kapitalaufbringung nehmen und die Erteilung des Konzession bei Nichteinhaltung bestimmter Grundsätze verweigern. Aufgrund dieser Einflußmöglichkeit war es nicht erforderlich, umfassende Regeln zur Kapitalaufbringung in das badische HGB aufzunehmen. Diese Feststellung gilt für alle aktienrechtlichen Kodifikationen unter dem Konzessionssystem.

---

[171] *Pöhls,* Actiengesellschaften, S. 17.

e) Die Generalversammlung

Das badische HGB regelte in Anlehnung an den CCom den erforderlichen Inhalt des Gesellschaftsvertrages nur spärlich.[172] Regelungen über das Erfordernis einer Hauptversammlung der Aktionäre finden sich nicht. Es stellt sich daher die Frage, ob der Gesellschaftsvertrag überhaupt Regelungen über diesen Punkt treffen mußte. Man könnte sich auf den Standpunkt stellen, daß Regelungen über die Generalversammlung nicht notwendiger Bestandteil des Gesellschaftsvertrages der Aktiengesellschaft als Sozietät sein mußten. Dafür sprechen aus heutiger Sicht folgende Erwägungen. Nach dem badischen Handelsrecht war die Aktiengesellschaft eine den übrigen Handelsgesellschaften gleichgestellte Gesellschaftsform für den Betrieb eines Handelsgewerbes.[173] Für den obligatorischen Inhalt des Gesellschaftsvertrages einer Handelsgesellschaft war eine Regelung über die Gesellschafterversammlung aber grundsätzlich bereits seit der Zeit der Fernhandelsgesellschaften entbehrlich. Eine solche Regelung war lediglich dispositiv. Hätte man bei der Schaffung des CCom bzw. des badischen Handelsrechts diesbezüglich eine obligatorische Regelung im Gesellschaftsvertrag der Aktiengesellschaft für erforderlich gehalten, hätte man entsprechende Normen in das Gesetz aufnehmen müssen. Diese eng am Wortlaut des badischen Handelsrechts ausgerichtete Auffassung entspricht aber nicht der gesellschaftsrechtliche Praxis und dem Stand der Rechtswissenschaft in der ersten Hälfte des 19. Jahrhunderts. In der Rechtswissenschaft war man sich des Erfordernisses von Regelungen im Gesellschaftsvertrag über die Rechte der Generalversammlung durchaus bewußt. Schiebe stellt zutreffend fest, daß die Administratoren einer Aktiengesellschaft ihre Vollmacht nur durch die Gesellschafter erhalten können. Ihre Bestellung könne nur auf Zeit bzw. unter dem Vorbehalt des Widerrufs erfolgen.[174] Um dies zu gewährleisten, müßten die Gesellschafter (Aktionäre) notwendigerweise die Kontrolle über die Vertretungsorgane ausüben und diese überwachen können. Dieses Recht könnten die Aktionäre bei einer Aktiengesellschaft als Publikumsgesellschaft aber nur vereint in Versammlungen ausüben, die unabänderlichen Vorschriften im Gesellschaftsvertrag unterworfen sein.[175] Nach Schiebe gehören also zu dem notwendigen Inhalt des Statuts Regelungen über die Befugnisse der Aktionärsversammlung.[176] Dafür sprechen auch folgende Ge-

[172] Vgl. *Sehrt,* S. 39.

[173] *Baums-Stammberger,* S. 28.

[174] *Schiebe,* S. 174. Vgl. auch Art. 31 badisches HGB.

[175] *Schiebe,* S. 174.

[176] Zur Bedeutung der Aktionärsversammlung als notwendiger Bestandteil des Gesellschaftsvertrages einer Aktiengesellschaft gegen Ende des 18. Jahrhunderts und zu Beginn des 19. Jahrhunderts s. *Emmerich,* S. 72, 83 f.

sichtspunkte. Zum einen ist aus praktischer Sicht anzumerken, daß in der ersten Hälfte des 19. Jahrhunderts alle Aktiengesellschaften ohne Ausnahme in ihren Statuten Regelungen hinsichtlich der Befugnisse der Generalversammlung enthielten.[177] Zum anderen ist die rechtliche Situation bei den Personenhandelsgesellschaften des badischen Landrechts eine andere. Mit der Vertretungsbefugnis ist bei der OHG und der KG im Gegensatz zur Aktiengesellschaft stets das Risiko der persönlichen Haftung verbunden. Das Erfordernis eines gesellschaftsvertraglich zwingend eingerichteten Kontrollorgans in Form einer Gesellschafterversammlung drängt sich bei diesen Gesellschaften nicht so auf wie im Fall der Aktiengesellschaften. „Die Last" der persönlichen Haftung zwang den vertretungsberechtigten Gesellschafter zu einem wesentlich verantwortungsbewußteren Handeln. Nach Art. 32 des badischen HGB hafteten die Administratoren der Aktiengesellschaft dagegen gerade nicht persönlich für Verbindlichkeiten der Gesellschaft.

Nachdem positiv festgestellt worden ist, daß der notwendige Inhalt eines Aktiengesellschaftsvertrages Vorschriften über die Rechte der Aktionärsversammlung enthalten mußte, bleibt noch zu klären, wie diese Regelungen in concreto auszusehen hatten. Zunächst mußte nach Auffassung der damaligen Rechtswissenschaft in jedem Gesellschaftsvertrag einer Aktiengesellschaft festgelegt werden, wann und wie oft die Generalversammlung ordentlich zusammentreffen mußte. Außerdem mußte der Vertrag eine Regelung beinhalten, unter welchen Voraussetzungen eine außerordentliche Generalversammlung stattzufinden hatte.[178] Eine ordentliche Generalversammlung fand in der Regel einmal im Jahr nach dem Abschluß des Rechnungsjahres statt. Es finden sich aber auch Regelungen, wonach eine solche alle sechs Monate einzuberufen war.[179] Die Statuten einer Aktiengesellschaft mußten angeben, auf welche Art und Weise die Einberufung der Aktionäre zu einer Generalversammlung zu erfolgen hatte. Bei Namensaktien werden die Aktionäre per Brief eingeladen, bei Inhaberaktien hatte die Ladung durch Bekanntmachung in öffentlichen Blättern zu erfolgen. Die Fristen sind in den einzelnen Statuten unterschiedlich geregelt. Sie differieren von vierzehn Tagen bis zu sechs Wochen.[180]

---

177 Vgl. *Sehrt,* S. 70 ff.

178 *Schiebe,* S. 175.

179 *Schiebe,* S. 175.

180 *Sehrt,* S. 71.

f) Der Vorstand

Nach Artt. 31 und 32 des badischen HGB mußte die Aktiengesellschaft einen Vorstand haben. Auch der AG des badischen HGB lag der Gedanke von nur zwei Gesellschaftsorganen zugrunde. Ein Aufsichtsrat war lediglich fakultativ. Der Vorstand war aber kein eigenes Organ, er handelte nur als Bevollmächtigter der Aktionäre.[181] Für den Gesellschaftsvertrag ergab sich daher hinsichtlich der Abgrenzung der Aufgaben des Vorstandes zwingender Regelungsbedarf, da gesetzliche Bestimmungen diesbezüglich fehlten. Das Recht, den Vorstand zu ernennen und abzuberufen, durfte nur der Generalversammlung zustehen. Die Zustimmung zur Vornahme von außergewöhnlichen Geschäften konnte ebenfalls allein die Generalversammlung erteilen.[182] Der Gesellschaftsvertrag mußte daher zwingend festlegen, wie die Generalversammlung diese Rechte ausüben konnte. Aufgrund des Normierungsmangels mußte eindeutig geregelt sein, wie die Bevollmächtigung des Vorstandes zu erteilen und zu entziehen war und welche Art von Rechtsgeschäften dieser vornehmen durfte.[183]

g) Die Firma der Aktiengesellschaft

Die Regelungen über die Firma finden sich in Art. 29 und Art. 30 des badischen HGB. Auch bei der Aktiengesellschaft als besonderer Handelsgesellschaft gehörte die Firma nach dem badischen Handelsrecht zum notwendigen Bestandteil des Gesellschaftsvertrages.[184] Nach dem badischen Handelsrecht stand im Gegensatz zur offenen Handelsgesellschaft bei der Aktiengesellschaft das „Unpersönliche" dieser Gesellschaftsform im Vordergrund.[185] Bei der Aktiengesellschaft waren keine Gesellschafter vorhanden, die gegenüber Dritten persönlich hafteten. Ihre Kreditwürdigkeit hing allein von ihrem Kapital und dem Gesellschaftsvermögen ab. Die Verwaltung wurde nicht von den persönlich haftenden Gesellschaftern, sondern im Rahmen organschaftlicher Vertretung durch Geschäftsführer übernommen, die nach Art. 32 nicht zur Haftung für Verbindlichkeiten der Gesellschaft herangezogen werden konnten. Aus diesem Grund durfte die Aktiengesellschaft nach dem badischen HGB keine Firma führen, die den Namen einer natürlichen Person trug. Die Firma war allein aus dem Gegenstand des Unternehmens zu bilden.[186] Im Gesellschaftsvertrag konnte daher nur eine

---

181 Vgl. Art. 31 badisches HGB.

182 *Schiebe,* S. 174.

183 *Schiebe,* S. 174.

184 Vgl. oben Erster Teil, 2. Abschnitt, B. II. 2. b) aa) (3).

185 Daher existiert in Anlehnung an die französische Bedeutung (societé anonyme) die Bezeichnung „anonymische" oder „unbenannte Gesellschaft", vgl. Art. 19.

Firma bestimmt werden, die allein die Geschäftstätigkeit des Unternehmens wiedergab.[187] Die Vereinbarung einer persönlichen Firma hätte die Unwirksamkeit des Gesellschaftsvertrages zur Folge gehabt. Allgemein bleibt aus firmenrechtlicher Sicht festzuhalten, daß das badische Handelsrecht als erste Kodifikation in Deutschland verbindliche Regelungen über die Firma einer Aktiengesellschaft als besonderer Handelsgesellschaft trifft.

3. Zwischenergebnis

Als erste handelsrechtliche Kodifikation stellte das badische Handelsrecht in Deutschland verbindliche Regeln für die Gründung von Aktiengesellschaften auf. Die wichtigste Entwicklung vollzog es im Bereich des Gründungsrechts durch die Abschaffung des Octroi- und Einführung des Konzessionssystems. Zwar war zur Gründung einer Aktiengesellschaft als Gesellschaft mit umfassender Haftungsbeschränkung weiterhin eine Autorisierung durch staatliche Stellen nötig, diese hatte aber nicht mehr den Charakter eines Spezialgesetzes sondern den einer polizeilichen Maßnahme.[188] Durch das Prüfungsverfahren sollte in erster Linie das Anlegerpublikum vor unsoliden Gründungen geschützt werden, die Genehmigung diente nicht mehr ausschließlich dem Interesse des Staates zur Erreichung bestimmter wirtschaftspolitischer Ziele. Die Einleitung des Gründungsverfahrens folgte allein der Privatautonomie. Die dem Octroi-System zugrundeliegenden Gründungsvoraussetzungen sind durch das Konzessionssystem entscheidend weiterentwikkelt worden. Zur Begründung dieser Feststellung sind im wesentlichen zwei Punkte anzuführen. Im Octroi-System erfolgte die Gründung einer AG auf Basis der Grundsätze zur Körperschaft.[189] Die Gründung einer Körperschaft stellte aber einen Ausnahmetatbestand dar, eine wirksame Gründung war nur durch ein Spezialgesetz möglich.[190] Dieses Erfordernis verlangte das Konzessionssystem nicht mehr. Es erkannte die Aktiengesellschaft als eigen-

---

[186] *Sehrt,* S. 40. Von der grundsätzlichen Konzeption verstand das badische Handelsrecht die Firma ausschließlich als Personenfirma. Der Firma kam hiernach maßgeblich die Bedeutung zu, daß die in der Firma aufgeführten Personen für die Verbindlichkeiten der Gesellschaft persönlich hafteten. Folglich konnte die Firma einer AG nicht als Personenfirma gebildet werden, vgl. *Krause,* S. 42.

[187] *Pöhls,* Actiengesellschaften, S. 15.

[188] *Großfeld,* in: Coing/Wilhelm, Wissenschaft und Kodifikation des Privatrechts im 19. Jahrhundert, Bd. IV, S. 237.

[189] Zur besonderen Ausprägung dieses Systems im ALR von 1794 vgl. oben Zweiter Abschnitt, A. I. und II.

[190] Vgl. *Hopt,* in: Coing/Wilhelm, Wissenschaft und Kodifikation des Privatrechts im 19. Jahrhundert, Bd. V, S. 135 und *Großfeld,* in: Coing/Wilhelm, Wissenschaft und Kodifikation des Privatrechts im 19. Jahrhundert, Bd. IV, S. 237.

ständige Gesellschaftsform in Gestalt einer besonderen Sozietät an, deren Gründung grundsätzlich private Initiative voraussetzte.

Unter dem Konzessionssystem änderte sich auch die wirtschaftspolitische Zielsetzung, die der Staat mit der Gründung von Aktiengesellschaften verband. Das Octroi-System sollte in erster Linie dazu dienen, Aktiengesellschaften als staatlich geförderte Institutionen zu errichten. Von diesem Grundsatz nimmt das Konzessionssystem Abschied. Sinn der Genehmigung ist nicht mehr allein die Ausübung staatlichen Einflusses, sondern auch der Schutz des Anlegerpublikums. Die Feststellung von Grossfeld, durch das badische Handelsrecht sei der Aktiengesellschaft als Gesellschaftsform das „Bürgerrecht" verliehen worden[191], macht die rechtsgeschichtliche Bedeutung der Einführung des Konzessionssystems besonders deutlich. Die Gedanken der Aufklärung haben dadurch auch Einzug in das Gesellschaftsrecht gehalten. Die von u. a. von Beitzke vertretene Ansicht[192], es bestehe letztlich kein Unterschied zwischen Octroi- und Konzessionssystem, wird dieser Leistung daher nicht gerecht. Nach den Feststellungen zur Unterscheidung zwischen Octroi- und Konzessionssystem kann nur in vollem Umfang der Ansicht von Coing gefolgt werden, nach dem sich das Konzessionssystem fundamental von dem alten der Privilegierung unterscheidet.[193] Das Octroi-System war ein Instrument merkantilistischer Wirtschaftspolitik. Es sollte durch Verleihung von staatlichen Privilegien Monopole im Bereich des Überseehandels und der Industrie fördern. Das durch das badische Handelsrecht eingeführte Konzessionssystem setzt dagegen gerade die private Initiative zur Gründung einer Aktiengesellschaft voraus und unterwirft die geplanten Gesellschaften mit Rücksicht auf einen geordneten Kapitalmarkt einer staatlichen Prüfung. Öffentlich-rechtliche Befugnisse besaßen die Aktiengesellschaften unter dem Konzessionssystem nicht mehr.[194] Die Änderung zum Konzessionssystem wird somit zu Recht als Ausgangspunkt für die Entwicklung eines modernen Aktienrechts definiert.[195]

Gegenüber dem den gesamteuropäischen Handelskompagnien zugrundeliegenden Octroi-System, das auf den römisch-rechtlichen Grundsätzen zur Korporation fußte, veränderten sich mit dem Konzessionssystem zunächst

---

191 Vgl. oben Fn. 140.

192 *Beitzke,* in: ZHR 108 (1941), S. 32, 37.

193 *Coing,* Europäisches Privatrecht, Bd. I, S. 530.

194 Münchener Handbuch des Gesellschaftsrecht, Bd. 4 (Aktiengesellschaft), § 1 Rn. 4.

195 Vgl. *Coing,* Europäisches Privatrecht, Bd. I, S. 530. Die aufklärerische Leistung des Code de Commerce im Bereich des Gesellschaftsrechts verkennt Bürge, der den liberalen Geist des Code de Commerce im Vergleich zum Code Civil generell in Frage stellt, vgl. *Bürge,* in: Modernisierung des Handelsrechts im 19. Jahrhundert, ZHR – Beiheft Nr. 66.

auch die dogmatischen Grundlagen der Aktiengesellschaft. Die Aktiengesellschaft war nach dem badischen HGB grundsätzlich eine handelsrechtliche Sozietät, die nur durch die landesherrliche Genehmigung eine eigene Rechtspersönlichkeit und den Vorteil der beschränkten Haftung erlangen konnte. Der rechtliche Boden der Aktiengesellschaft beruhte im Konzessionssystem nicht mehr auf einer Gesellschaftsform, die an sich verboten war. Gegenüber dem seit dem Mittelalter fortentwickelten Gründungsrecht der Handelsgesellschaften[196] legt das badische Handelsrecht aber für die Aktiengesellschaft zwingend fest, daß die Gesellschaft durch einen Vorstand als eine Art Verwaltungsorgan verwaltet werden muß.[197] Insofern sind auch Anlehnungen an das Korporationsrecht erkennbar.[198] Neben dem rechtsgeschichtlich bedeutenden Gründungssystemwechsel stellen das Erfordernis, eine bestimmte Firma zu führen und darüber eine Vereinbarung im Gesellschaftsvertrag zu treffen, sowie die notarielle Form bei dem Abschluß des Vertrages aus rechtsgeschichtlicher Sicht neue Entwicklungen dar.

C. Die Gründung von Aktiengesellschaften nach dem Preußischen Eisenbahngesetz von 1838

I. Untersuchungsgegenstand

Mit dem Gesetz über die Eisenbahn-Unternehmungen vom 3.11.1838[199], das neben dem ALR und in der Rheinprovinz neben dem CCom galt, erfuhr das Aktienrecht in Preußen eine erste, wenn auch bruchstückhafte, ausdrückliche Regelung, die sich auf einen sachlich eng begrenzten Anwendungsbereich bezog: den der Eisenbahngesellschaften.[200] Obwohl der preußische Staat in den dreißiger Jahren der Aktiengesellschaft kritisch gegenüberstand, beugte man sich dennoch volkswirtschaftlichen Notwendigkeiten und führte zum Betrieb von Eisenbahnen Regelungen zur Errichtung solcher Gesellschaften ein.[201] Auf diesem Weg wollte man der Gründung von Publikums-KG außerhalb jeglicher Staatskontrolle entgegenwirken und führte verbindliche gesetzliche Grundlagen ein.[202] Auch

---

196 Vgl. oben Erster Teil, Dritter Abschnitt.

197 Vgl. *Coing,* Europäisches Privatrecht, Bd. II, S. 100.

198 Vgl. *Roesler,* in: ZHR 108, S. 292.

199 GS für die königlich preußischen Staaten 1838, S. 205 ff.

200 *Laux,* S. 44; unzutreffend daher *Eckardt,* in: Geßler/Hefermehl/Eckardt/Kropff, Aktiengesetz, Bd. I, Vorbm. Rn. 8, nach dem das deutsche Aktienrecht mit dem Preußischen Gesetz über Aktiengesellschaften von 1843 begann.

201 Zur rechtlichen und volkswirtschaftlichen Notwendigkeit der Einführung des preußischen Eisenbahngesetzes s. *Hattenhauer,* Grundlagen, S. 160 ff.

hier dürfte wiederum der Anlegerschutz eine nicht unwichtige Rolle gespielt haben.

II. Gründungsvoraussetzungen nach dem PrEisenbahnG

Wie erstmals in Deutschland durch das badische HGB erfolgte die Gründung von Aktiengesellschaften im Sinne des Eisenbahngesetzes nach dem Konzessionssystem.[203] Nach Aufstellung eines entsprechenden Statuts bedurfte es zur wirksamen Errichtung einer Eisenbahn-AG einer staatlichen Genehmigung.[204] Der durch den CCom eingeleiteten Entwicklung folgend, erforderte die Erteilung der Konzession nicht mehr den Erlaß eines besonderen Gesetzes. Vielmehr bildeten die allgemeinen Bedingungen und das Eisenbahngesetz die gesetzliche Grundlage, so daß die Erteilung der Konzession als Anwendung bestehender Gesetze angesehen werden konnte.[205] Aus diesem Grund scheidet auch für den Bereich des Eisenbahngesetzes eine Gleichstellung der Konzession mit den Privilegien der Handelskompagnien frühere Jahrhunderte aus, obwohl auch die Eisenbahngesellschaften wie diese eine monopolartige Position besaßen. Nach heutigem Verständnis ist die Konzession zur Errichtung einer „Eisenbahn-AG" daher als polizeiliche Maßnahme bzw. nach heutigem Verständnis als Verwaltungsakt zu qualifizieren.[206] Der Begriff des Verwaltungsaktes entstand zwar erst in der zweiten Hälfte des 19. Jahrhunderts, im Gegensatz zur Verteilung von Privilegien durch Octroi unterschied sich die Konzession aber gerade dadurch, daß die Erteilung auf der konkreten Anwendung gesetzlicher Bestimmungen beruhte und nicht allein der landesherrlichen Willkür unterworfen war.[207]

---

202 *List,* S. 23.

203 Vor Einführung des Eisenbahngesetzes fand sich das Konzessionssystem außerhalb des Geltungsbereiches französischen Rechts nur in dem sächsischen Entwurf eines Aktiengesetzes vom 14.11.1836, der jedoch nicht Gesetz wurde, vgl. Landtags-Acten des Königreichs Sachsen 1836/37, 1 Abt., Bd. 1, S. 455–457. Der Entwurf umfaßte neun Paragraphen. Die zentrale Stelle in dem Entwurf nahm das Erfordernis staatlicher Bestätigung ein, in den Motiven (ebenda, S. 459 f.) heißt es dazu: „So nützlich es nun auch auf der einen Seite für den Staat ist, daß auf diesem Wege großartige Unternehmungen ermöglicht und gefördert werden, so nahe liegt doch auf der anderen Seite der Regierung die Pflicht, entgegen zu wirken, daß das Publikum durch Unbesonnenheit oder unrechtliche Gewinnsucht einzelner Unternehmer nicht in Schaden gebracht werde.".

204 Zu dem genauen Gang und den Voraussetzungen der Konzessionserteilung vgl. *Bracht,* S. 29 ff.

205 *Bracht,* S. 38.

206 *Endemann,* Das Recht der Eisenbahnen, S. 281.

207 Vgl. *Mohnhaupt,* in: Ius Commune, Sonderheft 21(1984), S. 45.

Diese Voraussetzung legte § 3 Abs. 1 PrEisenbahnG fest: „Das Statut ist zu Unserer landesherrlichen Bestätigung einzureichen; es muß jedoch zuvor der Bauplan im Wesentlichen festgestellt worden sein." Anforderungen an den Gesellschaftsvertrag bzw. an die innere Verfassung der Aktiengesellschaft stellte das PrEisenbahnG von 1838 nicht.

§ 3 Abs. 2 PrEisenbahnG legte fest, welche gesellschaftsrechtlichen Grundsätze vor bzw. nach Erteilung der Genehmigung eingriffen: „So lange die Bestätigung nicht erfolgt ist, bestimmen sich die Verhältnisse der Gesellschaft und ihrer Vertreter nach den allgemeinen gesetzlichen Vorschriften über Gesellschafts- und Mandatsverträge. Mittels der Bestätigung des Status, welches durch die Gesetzessammlung zu publizieren ist, werden der Gesellschaft die Rechte einer Korporation oder einer anonymen Gesellschaft ertheilt."[208]

Je nach geltendem Recht, ALR oder code de commerce, war die Aktiengesellschaft nach Genehmigungserteilung entweder eine Korporation nach ALR oder eine anonyme Gesellschaft i. S. d. Art. 19 CCom.[209] Gegenüber den Gründungsvoraussetzungen einer AG nach dem ALR stellte das PrEisenbahnG für die preußische Gesellschaftsrechtsgesetzgebung also insoweit ein Novum dar, als daß es für die Gründung von Eisenbahngesellschaften das Konzessionssystem einführte. Hinsichtlich der übrigen Gründungsvoraussetzungen, insbesondere Inhalt des Gesellschaftsvertrages, Bezeichnung der Firma, Formvorschriften gelten die allgemeinen Vorschriften des ALR bzw. des CCom in den niederrheinischen Gebieten Preußens. Zur inneren Organisation enthält das Gesetz nämlich keine Bestimmungen. Insofern boten die Verfassungen der Eisenbahngesellschaften mangels konkreter gesetzlicher Vorgaben eine Vielzahl von Varianten. „Musterstatuten", an denen sich Gesellschaften orientieren konnten, gab es nicht.[210] Insofern ergibt sich kein Unterschied zur jeweiligen rechtlichen Situation im ALR bzw. CCom. In § 2 Nr. 5 wird lediglich vorausgesetzt, daß die Gesellschaft durch einen Vorstand geleitet wird.[211] Zur wirksamen Errichtung einer Aktiengesellschaft nach dem PrEisenbahnG war ferner die Publikation des Gesellschaftsvertrages in den Gesetzesblättern notwendig.[212] Es ist aber anzunehmen, daß der Staat nur solche Statuten bestätigte, die einen gewissen

---

208 Diese Formulierung beruht auf einer Redigierung durch v. Savigny, vgl. *Schneider,* Der preußische Staatsrat 1817–1918, S. 155. Welche dogmatischen Grundlagen dem Konzessionssystem Savigny'scher Prägung zugrunde lagen, wird unten unter S. 152 ff. bei der Behandlung des preußischen Aktiengesetzes von 1843 erörtert.

209 Vgl. *Schubert,* in: ZRG GA 116 (1999), S. 153, 173.

210 *Bracht,* S. 66.

211 *Landwehr,* in: ZRG GA 99 (1982), S. 1, 8; *Emmerich,* S. 81.

212 Vgl. § 3 Abs. 2 des PrEisenbahnG.

Einfluß oder eine Aufsichtsmöglichkeit des Staates garantierten.[213] Wie weit die staatliche Einflußnahme auf die Eisenbahngesellschaften reichte, machte auch § 6 S. 2 deutlich. Danach wurde selbst die „Aufnahme von Gelddarlehen" von der Zustimmung des Handelsministeriums abhängig gemacht. Außerdem behielt sich der Staat den vollständigen Ankauf der Eisenbahngesellschaft gegen Entschädigung vor (§ 42 Abs. 1). Ein weiteres eindeutiges Indiz für die Überwachung und Kontrolle der Eisenbahngesellschaften war § 46. Nach erteilter Konzession wurde „die Ausübung des Aufsichtsrechts des Staates" einem Kommissar zugewiesen. Dieser war befugt, den Vorstand zusammenzurufen und an dessen Sitzungen teilzunehmen (§ 46 Abs. 2).

D. Die Gründung von Aktiengesellschaften nach dem preußischen Aktiengesetz (PrAktG) von 1843

I. Untersuchungsgegenstand

Das Aktiengesetz von 1843 war das erste in Deutschland entwickelte, eigenständige Gesetz über die Aktiengesellschaft.[214] Teilweise wird es als Meilenstein in der Geschichte der Industrialisierung Deutschlands bezeichnet.[215] Angesichts des wachsenden Kapitalbedarfs der Unternehmen wuchsen in den dreißiger Jahren des 19. Jahrhunderts die Forderungen nach einer Erneuerung des bis dahin in Preußen kaum existenten Aktienrechts.[216] Die verworrene Rechtslage für die Aktiengesellschaften im ALR wirkte sich nachteilhaft für die wirtschaftliche Entwicklung und die Gründung von Unternehmen in Deutschland aus. Am 13.7.1837 erging daher *eine Allerhöchste Cabinetts-Ordre*, daß alsbald der Entwurf einer Verordnung über die Aktiengesellschaften vorzulegen sei.[217] Bereits im Rahmen der allgemeinen Gesetzesrevision des ALR im Jahr 1817 hatte man Vorarbeiten für

---

213 *List,* S. 24.

214 Zur Entstehungsgeschichte vgl. *Martin,* in: VSWG 56 (1969), S. 497–542. Ferner *Kocka,* S. 69; *Henning,* S. 164.

215 *Baums,* Aktiengesellschaften, S. 9.

216 Exemplarisch ist hier die Beschwerde einer Zuckersiedereigesellschaft auf Aktien in Stettin, der das Ministerium zunächst nur das Recht, Grundstücke auf den gemeinsamen Namen zu erwerben, bewilligen wollte. Kaufmännische Rechte, insbesondere die Befugnis zur Ausstellung von Wechseln, und eine Haftungsbeschränkung wurden dieser aber verweigert.

217 Vgl. Immediatbericht *Mühler* und *v. Alvensleben* v. 27.7.1837, in: Acta generalia des Justiz-Minsteriums betreffend die allgemeinen Bestimmungen über Aktienvereine, Vol. I 1838–1843, GStA Dahlem Rep. 84 a Bl. 3–5, Bl. 95–98.

eine Aktiengesetzgebung geleistet, war aber über eine Material- und Gutachtensammlung nicht hinausgelangt. Daraufhin forderte man bei der Berliner Kaufmannschaft ein Gutachten[218] ein, das sich mit der Frage auseinandersetzen sollte, ob aufgrund der nicht vorhandenen gesetzlichen Regelungen über Aktiengesellschaften in Preußen spezialgesetzlicher Regelungsbedarf bestand. Der auf diesem Gutachten basierende erste Entwurf eines revidierten Handelsrechts, fertiggestellt 1829, enthält jedoch nur allgemeine Vorschriften und keine eingehenden Bestimmungen über Aktiengesellschaften.[219]

Aufgrund der Kabinettsorder wurde die mit der Revision des Handelsrechts befaßte Kommission beauftragt, weitere sachverständige Mitglieder aus den mit dem Aktienrecht befaßten Ministerien hinzuziehen und einen vollständigen Gesetzesentwurf auszuarbeiten. Am 31. Januar 1840 legte die Kommission ihren Entwurf nebst Motiven vor.[220] Dieser Entwurf wurde nochmals überarbeitet und unter Hinzufügung einer Ausgabe des holländischen Handelsgesetzbuches[221] von 1842 und eines Exemplars der im gleichen Jahr erschienenen Monographie von Pöhls[222] über Aktiengesellschaften dem Staatsrat zur Begutachtung überreicht. Dieser erstellte dann einen weiteren Entwurf. Dieser Vorschlag wurde schließlich vom König als Gesetz über die Aktiengesellschaften am 8. November 1843 in Kraft gesetzt.[223] Bis zur Einführung des ADHGB in den einzelnen Bundesstaaten blieb das preußische Aktiengesetz die einzige umfassende und praktisch erprobte Regelung dieser Materie in Deutschland (mit Ausnahme des Code de Commerce bzw. Badischen HGB sowie von punktuellen Regelungen z.B. bezüglich der Verzinsung von Aktien[224], dem Verhältnis der Aktiengesellschaften zum Staat[225] oder Firmen- und Registrierungsvorschriften[226]).

[218] Abgedruckt bei Gans, S. 177 ff. Nach *Schumacher,* ADHGB, S. 38, handelt es sich um die älteste Arbeit in Deutschland, die sich eingehender mit dem Recht der AG beschäftigte.

[219] Acta de 1829 und 1839 enthalten den ersten Entwurf zum revidierten Handelsrecht, GStA Dahlem, Rep. 84 II. 4. VIII B Nr. 3 (Band 1). Vgl. dazu Acta enthaltend die Motive zum ersten Entwurf des revidierten Handelsrecht, Rep. 84 II. 4. VIII B Nr. 4: Vol. 1 (1829); Vol. 2 (1839).

[220] GStA Merseburg, Staats-Raht, Acta betreffend den Entwurf eines Gesetzes über Actien-Gesellschaften 1842/43 Rep. 80 I Finanzsachen Nr. 33 Vol. 1 Bl. 5–36. und Bl. 142r–146.

[221] Das holländische Handelsgesetzbuch von 1838 wurde auch bei den Beratungen der Nürnberger Kommission zur Einführung des ADHGB herangezogen. Begründet wurde dies mit der ausgedehnten Erfahrung Hollands auf dem Gebiet des Handels und seiner rechtlichen Grundlagen und dem regen Wirtschaftsverkehr zwischen Holland und Deutschland, vgl. *Goldschmidt,* Handbuch des Handelsrechts, Bd. II, S. 95.

[222] *Pöhls,* Actiengesellschaften.

[223] GS für die Königlich Preußischen Staaten 1843 Nr. 31, S. 341–347.

Gefehlt hat es auch nicht an Kodifikationsentwürfen zum Aktienrecht, so z. B. in Frankfurt, Sachsen und Württemberg.[227]

II. Gründe für den Wechsel vom Octroi- zum Konzessionssystem in Preußen

1. Das Votum Savignys

Durch das Aktiengesetz von 1843 ist im Hinblick auf die Gründung von Aktiengesellschaften der Wechsel vom Octroi- zum Konzessionssystem für alle Aktiengesellschaften in ganz Preußen endgültig vollzogen worden. Gemäß § 1 PrAktG bedurfte es zur Errichtung einer wirksamen AG zwar weiterhin einer Genehmigung des Landesherrn. Diese hatte aber wie Art. 37 des badischen Handelsrechts oder § 3 PrEisenbahnG nicht den Zweck der Verleihung besonderer Privilegien, sondern in erster Linie den Schutz des Anlegerpublikums vor unseriösen Gründen. Nach dem Gesetzeswortlaut hing die Genehmigung auch nicht mehr wie im ALR davon ab, ob die Gründung einer solchen Gesellschaft dem öffentlichen Interesse diente[228], bzw. ob eine Genehmigung im Interesse des Souveräns war. Das Beibehalten dieser Voraussetzungen war bei den Beratungen über das preußische Aktiengesetz im Staatsrat zunächst befürwortet worden, da man einer umfassenden Haftungsbeschränkung sehr kritisch gegenüberstand. Erst der Einwand v. Savignys, daß das preußische Recht bei der stillen Gesellschaft längst eine beschränkte Haftung kenne, führte zu einer anderen Ent-

---

224 Vgl. z. B. Verordnung v. 31.7.1839 „die Verzinsung der Actien bei Actienvereinen für gewerbliche Unternehmen betreffend“, Gesetz- und Verordnungsblatt für das Königreich Sachsen vom Jahre 1839.

225 So das österreichische Hofkanzleidekret vom 5.11.1843 „In Betreff des Verhältnisses der Privatvereine zur Staatsverwaltung“, abgedruckt in der Zeitschrift für österreichische Rechtsgelehrsamkeit und politische Gesetzeskunde Jahrgang 1843, 3. Band, S. 569 ff.

226 Beispielsweise VO v. 28.12.1835 der freien Hanse-Stadt Hamburg (Sammlung der Verordnungen der freyen Hanse-Stadt Hamburg XIV (1837) Nr. LXXXIX S. 307 ff.).

227 Vgl. „Materialien zu einem Handelsgesetzbuch für die Stadt Frankfurt a. M.“ ebenda 1811, dazu auch *Rintelen,* Untersuchungen über die Entwicklung des Handelsregisters, S. 60 ff.; Gesetz-Entwurf, „die Actien-Vereine betreffend“ des Königreichs Sachsen v. 14.11.1836 (Landtags-Acten 1836/37 I. Abt., 1. Bd., S. 457–462, dazu *Baums-Stammberger,* Der Versuch einer Aktiengesetzgebung in Sachsen 1836/37; Entwurf eines HGB für das Königreich Württemberg von 1840, dazu *Bergfeld,* in: Ius Commune VII (1978), S. 226 ff.; Entwurf einer Handels-und Wechselordnung für das Herzogtum Nassau von 1842; Entwurf eines allgemeinen HGB für Deutschland von 1849.

228 Vgl. II 6 § 22 ALR.

scheidung.[229] Seit dem Erlaß des Gesetzes galten für die Gründung einer Aktiengesellschaft einheitliche Grundsätze, bei deren Vorliegen in der Regel die Erteilung einer entsprechenden Genehmigung (Konzession) erfolgen konnte.[230]

2. Änderung der dogmatischen Grundlagen für die Gründung von Aktiengesellschaften

a) Dogmatische Grundlagen der Aktiengesellschaft als Gesellschaftsform

Die privilegierten Aktiengesellschaften nach dem ALR waren Körperschaften. Die Bildung von privatrechtlichen Körperschaften war nach dem ALR grundsätzlich verboten.[231] Ihre Genehmigung konnte nur durch ein Privileg in Form eines Spezialgesetzes erfolgen.

Ähnlich dem badischen HGB war die Aktiengesellschaft des PrAktG von 1843 dagegen grundsätzlich eine Sozietät.[232] Schon in dem bereits erwähnten § 3 Abs. 2 PrEisenbahnG von 1838 war dieser Gedanke zum Ausdruck gekommen. Rechtsfähig war die Aktiengesellschaft erst nach Erteilung der Konzession. Zu untersuchen ist nun, auf welchen gedanklichen Grundlagen diese im Vergleich zur im 18. Jahrhundert bestehenden Rechtslage und zum heutigen Recht unterschiedliche dogmatische Einordnung der Aktiengesellschaft beruhte.[233] Es ist ferner danach zu fragen, auf welchen rechtsdogmatischen Grundlagen das Konzessionssystem und damit ein wesentlicher Teil des Gründungsrechts des preußischen Aktiengesetzes von 1843 aufbaute.

Herrschend war zu Beginn des 19. Jahrhunderts zunächst die Sozietätslehre. Nach der Sozietätslehre war die Aktiengesellschaft lediglich eine Abart der stillen Gesellschaft, hinsichtlich des Gesellschaftsvertrages als Gründungsvoraussetzung folgte die Aktiengesellschaft im wesentlichen den Grundsätzen der offenen Handelsgesellschaft[234], der Direktor werde dabei persönlich verpflichtet.[235] Die Aktionäre seien als stille Gesellschafter zu

---

229 Vgl. *Baums,* Aktiengesellschaften, S. 153 ff. und *Martin,* in: VSWG 56 (1969), S. 501.

230 *Bösselmann,* S. 70.

231 Vgl. oben zweiter Abschnitt, A.

232 Vgl. *Baums,* Aktiengesellschaften, S. 41.

233 Nach heutiger Auffassung ist die AG eine Körperschaft und keine Sozietät, vgl. *Kübler,* S. 22 und unten S. 189.

234 *Thöl,* § 21; *Klein,* System des preußischen Zivilrechts (Halle 1801), § 35; *Bielitz,* Bd. I, S. 220.

235 *Martens,* S. 34 ff.

betrachten.[236] Diese Meinung widerpricht allerdings wesentlichen Grundsätzen des preußischen Aktiengesetzes von 1843. Nach § 20 bestand gegenüber den Gläubigern der Gesellschaft gerade keine persönliche Haftung des Vorstandes. Im Bereich des preußischen Aktiengetzes von 1843 bzw. schon für das preußische Eisenbahngesetz von 1838 fanden die Gedanken der Sozietätslehre keine Anwendung mehr.

Savigny selbst befaßte sich ebenfalls mit dem Rechtscharakter der Aktiengesellschaft. Er sah in den Aktiengesellschaften Sozietäten, die aber, und damit stellte er sich gegen die Sozietätslehre, das Recht von Korporationen erhalten, „ohne den allgemeinen Namen societas aufzugeben".[237] Dieser Ansicht folgt auch Pöhls, dessen Monographie „Das Recht der Actiengesellschaften mit besondere Rücksicht auf Eisenbahngesellschaften" aus dem Jahre 1842 ebenfalls zu den Gesetzgebungsarbeiten zum ersten preußischen Aktiengesetz herangezogen wurde. Auch nach Pöhls ist die Aktiengesellschaft grundsätzlich eine Sozietät.[238] In die gleiche Richtung geht Treitschke im Jahre 1841. Er erblickte in der Aktiengesellschaft ebenfalls eine Sozietät, der durch die Bestätigung das Recht, als juristische Person[239] auftreten zu dürfen, und das Recht der beschränkten Haftung als besondere Privilegien verliehen worden waren, ohne daß sich an der Einordnung der Aktiengesellschaft als Sozietät etwas geändert hätte. Einen neuen Ansatz brachte die Genossenschaftstheorie, die die Aktiengesellschaft generell als eine Korporation ansah. Diese Theorie konnte sich jedoch erst nach Einführung des ADHGB durchsetzen und hatte daher keinen Einfluß auf das preußische Aktiengesetz von 1843.[240] Die Aktiengesellschaft war nach v. Savigny anders als nach der Sozietätslehre eine Sozietät, die das Recht einer juristischen Person erhielt.[241] Ihr kam so nach Erteilung der Konzession eine eigene Rechtspersönlichkeit zu. Dies kommt in § 8 PrAktG deutlich zum Ausdruck.[242] Damit ist allerdings noch nicht die Frage geklärt, warum die Verleihung dieser Eigenschaft nur aufgrund einer staatlichen Konzession erfolgen konnte.

---

[236] *Bender,* S. 323.

[237] *v. Savigny,* System des römischen Rechts, Bd. II, S. 255; *ders.,* Obligationenrecht, Bd. I, S. 113 f.

[238] *Pöhls,* Actiengesellschaften, S. 173.

[239] Im 19. Jahrhundert hat sich der Begriff der juristischen Person entwickelt, vgl. *Hartung,* S. 253.

[240] Vgl. unten Dritter Abschnitt, A. II. 1.

[241] Vgl. *Renaud,* S. 183.

[242] Zum genauen Wortlaut von § 8 PrAktG s. unten.

b) Dogmatische Grundlagen des Konzessionssystems

In den dreißiger Jahren des 19. Jahrhunderts entwickelte die Rechtswissenschaft die sogenannte Fiktionstheorie, als deren herausragendster Vertreter wiederum Friedrich Carl v. Savigny gilt, der an der Einführung des preußischen Aktiengesetzes von 1843 maßgeblich beteiligt war. Diese Lehre schaffte den Durchbruch der Definition der Rechtsfähigkeit und der damit einhergehenden Abstraktion des Begriffs der juristischen Person.[243] Sie verstand unter einer juristischen Person „ein des Vermögens fähiges, künstlich angenommenes Subjekt"[244]. Dabei unterschied v. Savigny grundsätzlich drei Arten von juristischen Personen: die Corporationen, die Stiftungen und den Fiskus. Die Fiktionstheorie ging dabei von dem Grundsatz aus, daß die Rechtsfähigkeit zunächst allein auf der geborenen und unentziehbaren Persönlichkeit des „Einzelmenschen" beruhe. Rechtsfähig ist allein der einzelne Mensch.[245] Korporationen durch den Zusammenschluss mehrerer Mitglieder konnten dagegen ihrer Natur nach nicht rechtsfähig sein. Die Erlangung der Rechtsfähigkeit konnte allein im Rahmen einer Fiktion geschehen. Diese Fiktion konnte nur durch einen öffentlich zu gewährenden Rechtssatz des Staates erzeugt werden, d.h. durch eine Konzession.[246] Bei v. Savigny waren somit Fiktion und staatliche Konzession ineinander verschränkt.[247]

Fraglich ist nun, ob die Grundsätze der Fiktionstheorie überhaupt Rückschlüsse auf die Grundlagen des Konzessionssystems im Rahmen der Gründung von Aktiengesellschaften nach dem preußischen Aktiengesetz von 1843 erlauben. Geht man von der Darstellung der Fiktionstheorie in v. Savignys „System des heutigen römischen Rechts" aus, müßte man die Anwendung der Fiktionstheorie auf Aktiengesellschaften an sich verneinen. Savigny entwickelte seine Theorie für die Errichtung von Korporationen, welche die Aktiengesellschaft zur Mitte des 19. Jahrhunderts nach Auffassung der Rechtswissenschaft und v. Savignys selbst gerade nicht war. Diese Auffassung ist von Kiefner und Baums vertreten worden. Beide vertreten die Ansicht, daß v. Savigny bei der Konzessionierung der Gründung von Aktiengesellschaften nicht von der Fiktionstheorie als gedanklicher Grundlage ausgegangen sei.[248]

---

[243] *Lipp,* „Persona moralis", „Juristische Person" und „Personenrecht" – Eine Studie zu Dogmengeschichte der „juristischen Person", in: Quaderni fiorentini, Nr. 11/12, Band I, S. 259.

[244] *v. Savigny,* System des römischen Rechts, Bd. II, S. 239.

[245] *v. Savigny,* System des römischen Rechts, Bd. II, S. 239.

[246] *v. Savigny,* System des römischen Rechts, Bd. II, S. 239.

[247] *Wieacker,* in: Festschrift für Ernst Rudolph Huber zum 70. Geburtstag, S. 361.

[248] *Kiefner,* in: Festschrift für Harry Westermann, S. 274; *Baums,* S. 43.

Dagegen sind Schumacher und später auch Flume der Ansicht, v. Savigny sei bei der Schaffung des Konzessionssystems im preußischen Aktiengesetz von 1843 von der Fiktionstheorie ausgegangen bzw. habe die Aktiengesellschaft in seine Lehre von der juristischen Person eingefügt.[249] Nach Schumacher ist es Savigny gelungen, die Fiktionstheorie bei der Schaffung des preußischen Aktiengesetzes durchzusetzen.[250]

Baums stützt seine Auffassung u. a. auf die Aussage v. Savignys in seiner Funktion als preußischer Minister der Gesetzesrevision im Staatsrat, die Aktiengesellschaft habe aufgrund der bestehenden Regelungen des ALR eine geringere Verwandschaft mit den Korporationen als mit den Sozietäten, bei denen stille Gesellschafter beteilgt sind. Aufgrund dieser Aussage wird der Schluß gezogen, daß keine Rede davon sein könne, v. Savigny habe der Fiktionstheorie bei der Schaffung des preußischen Aktiengesetzes von 1843 Geltung verschaffen wollen.[251] Dieser Aufassung soll im wesentlichen nicht gefolgt werden. Richtig ist, daß Savigny die Fiktiontheorie im wesentlichen für die Gründung von juristischen Personen in Form von Korporationen entwickelt hat und sich die Aktiengesellschaft als Gesellschaftsform nicht in das im „System des heutigen römischen Rechts" entwickelte rechtsdogmatische Konstrukt einfügt. Daraus kann aber m. E. nicht von vornherein der Schluß gezogen, die Gedanken der Fiktionstheorie hätten keinerlei Berücksichtigung im preußischen Aktiengesetz von 1843 und des darin festgelegten Konzessionssystems gefunden. Betracht man das Votum Savignys im Staatsrat am 14.6.1843[252], sprechen im Gegenteil mehr Gründe für die Annahmen Schumachers und Flumes.

Wieacker hat zutreffend festgestellt, daß bei v. Savigny Fiktion und Konzession ineinander verschränkt sind, somit untrennbar miteinander verbunden sind.[253] Das Konzessionssystem v. Savignys und das Gründungsrecht des PrAktG können daher nicht losgelöst von den Gedanken der Fiktionstheorie betrachtet werden. Außerdem muß die von Baums zur Stütze seiner Auffassung herangezogene Argumentation v. Savignys in seinem Votum näher beleuchtet werden. Seine Äußerungen, die Aktiengesellschaft hätte größere Ähnlichkeiten mit einer stillen Gesellschaft als mit einer Korporation, tätigte er nicht zur Frage der rechtsdogmatischen Herleitung des Konzessionssystems, sondern zur Rechtfertigung einer liberalen Einstellung gegen-

---

249 *Schumacher,* ADHGB, S. 42; *Flume,* in: Festschrift für Franz Wieacker zum 70. Geburtstag, S. 358 f.

250 *Schumacher,* ADHGB, S. 49.

251 Vgl. *Baums,* Aktiengesellschaften, S. 42.

252 Das Protokoll der Sitzung ist abgedruckt bei *Baums,* Aktiengesellschaften, S. 168 ff., zum Votum v. Savignys s. dort die S. 170 ff.

253 Vgl. *Wieacker,* in: Festschrift für Ernst Rudolf Huber, S. 361.

über der Möglichkeit, Aktiengesellschaften überhaupt gründen zu dürfen. Savigny wollte verhindern, daß im preußischen Aktiengesetz letztlich die Grundsätze des ALR wieder zur Geltung kommen, nachdem eine Aktiengesellschaft nur zu gemeinnützigen Zwecken und im staatlichen Interesse gegründet werden durfte. Die von Baums zur Unterstützung seiner Auffassung herangezogene Argumentation Savignys sollte wohl eher diesem Zweck dienen, er machte deutlich, daß in Form der stillen Gesellschaft des ALR bereits eine legale Möglichkeit der Haftungsbeschränkung durch Gründung von Publikums-OHG unter Beteiligung einer großen Anzahl von stillen Gesellschaftern bestand.

Im weiteren Verlauf seines Votums weist v. Savigny ausdrücklich darauf hin, daß aber die eigentliche Aktiengesellschaft ohne die Gewinnung der Rechte einer juristischen Person „in ihrer Bewegung nach außen durchaus gehemmt sei“.[254] Diese Rechte könne sie aber nur durch staatliche Konzession erlangen. Führt man die Fiktionstheorie nun auf ihre Kernaussage zurück, können nach dieser Theorie juristische Personen nur entstehen, wenn ihnen dieses Recht durch einen öffentlichen Rechtssatz gewährt worden ist.[255] Ob es sich dabei um eine Korporation oder um eine Sozietät handelt, die „nur“ die Eigenschaft einer juristischen Person erhalten soll[256], kann in diesem Zusammenhang keine Rolle spielen.

Die gegenteilige Auffassung läßt außer acht, daß es v. Savigny bei der Entwicklung der Fiktionstheorie wohl weniger um die Frage ging, welchen Gesellschaftsformen möglicherweise das Recht einer juristischen Person verliehen werden konnte, sondern wie generell an rechtliche Gebilde im Rahmen einer materiellen Fiktion durch eine Konzession des Staates die Zuweisung subjektiver Rechte erfolgen konnte.[257] Die von Wieacker festgestellte Verschränkung von Fiktion und Konzession gilt somit auch für das preußische Aktiengesetz von 1843. Dieses Verhältnis von Fiktion und Konzession innerhalb der Fiktionstheorie kommt in § 8 des preußischen Aktiengesetzes von 1843 klar zum Ausdruck[258]: „Aktiengesellschaften erlangen durch die landesherrliche Genehmigung die Eigenschaft juristischer Personen (...)“. Durch die Konzession wurden sie im Rechtsverkehr als rechtsfähig behandelt.

---

254 Vgl. Protokoll des Staatsrates v. 14.6.1843, abgedruckt bei *Baums,* Aktiengesellschaften, S. 171.

255 Vgl. *Wieacker,* in: Festschrift für Ernst Rudolf Huber, S. 361; auch *K. Schmidt,* Gesellschaftsrecht, S. 199.

256 Vgl. § 8 des preußischen Aktiengesetzes von 1843.

257 Vgl. *Wieacker,* in: Festschrift für Ernst Rudolf Huber, S. 362.

258 Vgl. auch *Schumacher,* ADHGB, S. 35.

Auch wenn die Fiktionstheorie Savignys mangels des von ihm verneinten Korporationscharakters der Aktiengesellschaft vielleicht nicht in ihrer Reinform Eingang in das preußische Aktiengesetz von 1843 gefunden hat, so wird dennoch deutlich, daß das dort niedergelegte Konzessionssystem zu einem nicht unerheblichen Teil auf den Gedanken dieser Theorie beruhte. Damit kann in Anlehnung an Schumacher die Aussage getroffen werden, daß Savigny der Fiktionstheorie im preußischen Aktiengesetz in modifizierte Form Geltung verschafft hat. Das Konzessionssystem dieses Gesetzes beruht daher im Ergebnis auf den Gedanken der Fiktionstheorie. Als Ergebnis kann in diesem Kontext die Aussage getroffen werden, daß Savigny im Bereich der Gründung von Aktiengesellschaften die Sozietätslehre mit den Gedanken der Fiktionstheorie verbunden hat. Die Aktiengesellschaft ist zwar unter dem preußischen Aktiengesetz von 1843 keine Korporation, besitzt aber dennoch die Eigenschaft einer juristischen Person und ihr deutlichstes Merkmal, die eigene Rechtsfähigkeit.

3. Änderung der gesellschaftlichen Einstellung gegenüber der Rechtsform der Aktiengesellschaft

Die Gründe für den Wechsel vom Octroisystem des ALR zum Konzessionssystem des neuen Aktiengesetzes in Preußen sind aber nicht nur in veränderten rechtlichen Grundlagen, sondern auch in der veränderten Einstellung von Staat und Gesellschaft gegenüber der Gesellschaftsform der Aktiengesellschaft zu suchen, der führende politische Kreise in den ersten Jahrzehnten des 19. Jahrhunderts sehr kritisch gegenüberstanden. Diese geänderte Einstellung kommt deutlich in den Motiven zum Preußischen Aktiengesetz zum Ausdruck.[259] Nach diesen Motiven wollte der Gesetzgeber durch Schaffung neuer allgemeingültiger Grundsätze zur Errichtung von Aktiengesellschaften auch den Bedürfnissen der Wirtschaft nach verbesserten rechtlichen Rahmenbedingungen für die Errichtung von Großunternehmen gerecht werden.

---

[259] Vgl. Motive zu der Verordnung über Aktiengesellschaften: „Die Gesetzgebung des Allgemeinen Landrechts enthält über die Verhältnisse der Aktiengesellschaften keine direkten Vorschriften. Diese Lücke hat sich in neuerer Zeit besonders fühlbar gemacht, nachdem der Unternehmungsgeist immer reger geworden ist und namentlich mache umfassende Handels- und Gewerbebetriebsunternehmungen, die einen bedeutenden Fonds erfordern und nur durch das Zusammenwirken vieler Interessenten zu Stande kommen können, eingeleitet worden sind (...)", abgedruckt bei *Baums,* Aktiengesellschaften, Materialien, S. 10.

III. Gründungsvoraussetzungen

1. Gründungsinitiative und Zeichnung der Aktien – Die Sukzessivgründung als Normalfall des Gründungsvorgangs

Die Konzession war elementare Voraussetzung für die Gründung einer Aktiengesellschaft nach dem preußischen Aktiengesetz, rechtlich gingen ihrer Erteilung bereits einige Schritte voraus. Zunächst mußten sich mehrere Personen zum Zweck der Durchführung der Errichtung einer Aktiengesellschaft zu einer Art von Vorgründungsgesellschaft zusammenschließen. Diese Personen mußten sich darüber einig sein, welche Höhe das Grundkapital der zukünftigen Aktiengesellschaft und welchen Wert die einzelne Aktie haben sollte, also in wieviel Aktien das Grundkapital zu zerlegen war.[260] Als zweiter Schritt wurde in der Regel ein Prospekt erstellt, in dem Dritte zur Zeichnung von Aktien aufgefordert wurden. Gesetzliche Bestimmungen über die Durchführung der Aktienzeichnung, insbesondere über den Zeitplan ihrer Eröffnung, gab es nicht. Die Zeichnungen konnten schon vor Errichtung des Gesellschaftsvertrages vorgenommen werden.[261] Die Zeichnung hatte in schriftlicher Form zu erfolgen.[262] Nur bei Eisenbahngesellschaften setzte die Aufforderung zur Aktienzeichnung eine ausdrückliche Genehmigung des Finanzministers voraus.[263] Grundsätzlich erfolgte die Zeichnung unter der Bedingung der wirksamen Errichtung der AG.[264] Betrachtet man diesen Hergang, so ergibt sich, daß es sich nicht um den heute im AktG geregelten Gründungsvorgang handelte, bei dem mit der Feststellung des Gesellschaftsvertrages die Gründer sofort sämtliche Aktien übernehmen. Der im preußischen Aktiengesetz von 1843 gesetzlich nicht geregelte, aber in der Praxis übliche Gründungsvorgang folgte grundsätzlich diesem Modell der Sukzessivgründung. Simultangründungen, die dem Leitbild des heutigen AktG entsprechen, waren verhältnismäßig selten.[265]

Als weiterer Schritt mußte der Gesellschaftsvertrag abgeschlossen werden, da dieser nach § 1 PrAktG bereits bei Beantragung der Konzession zwingend vorzulegen war. Die Gründungsinitiatoren bzw. Gründungsgesellschafter mußten eine Gesellschafterversammlung zwecks Aufstellung der Satzung einberufen.[266] Mit wirksamer Errichtung der Satzung endete diese

---

260 *Fischer,* Preußens kaufmännisches Recht, S. 503.

261 *Bösselmann,* S. 111.

262 *Fischer,* Preußens kaufmännisches Recht, S. 506.

263 VO v. 24. Mai 1844, GS 1844, S. 117.

264 *Fischer,* Preußens kaufmännisches Recht, S. 506.

265 *Bösselmann,* S. 97.

266 *Fischer,* Preußens kaufmännisches Recht, S. 506.

Innengesellschaft. Über die Anzahl der an der Errichtung mindestens zu beteiligenden Personen gab es keine gesetzlichen Vorschriften. Die Zahl von fünf wurde aber immer übertroffen.[267] Ab dem Zeitpunkt der wirksamen Satzungserrichtung existierte eine Art Vor-AG (dieser Begriff wurde in der Rechtswissenschaft zur Mitte des 19. Jahrhunderts allerdings noch nicht verwendet), die aber mangels Konzession nicht die Rechte einer juristischen Person besaß. Das preußische Obertribunal stellte dazu am 27. Januar 1852 fest: „Aktiengesellschaften haben zwar vor der landesherrlichen Bestätigung nicht die Rechte juristischer Personen; sie begründen aber als gültige Privatgesellschaften, in Vereinigung ihrer Mitglieder die durch den Gesellschaftsvertrag und die gesetzlichen Vorschriften für Privatgesellschaften geregelten Rechte und Pflichten ihrer Mitglieder."

Nach Feststellung der Satzung war das Konzessionsverfahren durch einen Antrag bei den zuständigen Ministerien auf Erteilung der Konzession gemäß § 1 PrAktG einzuleiten. Die Regierung ging auf ein solches Konzessionsgesuch aber nur ein, wenn die Gründer den Nachweis erbringen konnten, daß 25% des Aktienkapitals, bei Banken 50% von solventen Personen gezeichnet waren.[268]

2. Der Gesellschaftsvertrag und sein notwendiger Inhalt

a) Der Inhalt des § 2 PrAktG

Vor dem Erlaß des preußischen Aktiengesetzes von 1843 war der Inhalt des Gesellschaftsvertrages weitgehend allein von den Vereinbarungen der Gründungsgesellschafter abhängig. Normierte Grundsätze, die besondere Anforderungen an den Inhalt des Gesellschaftsvertrages einer Aktiengesellschaft stellten, gab es nicht. Auf den Gesellschaftsvertrag und das Innenverhältnis der Gesellschaft konnte der Staat aber im Rahmen des Konzessionsverfahrens einwirken und die Einhaltung bestimmter Grundsätze durch die Erteilung einer mit bestimmten Auflagen versehenen Konzession erzwingen.[269] Eine gewisse Einheitlichkeit hinsichtlich des Inhalts der Gesellschaftsverträge wurde u. a. dadurch erzielt, daß sowohl die Gründungsgesellschafter bei Vertragsschluß, als auch die Behörden bei Prüfung des Genehmigungsantrages Vergleiche mit den Verträgen schon bestehender Gesellschaften anstellten.[270] Außerdem hatte sich eine Grundstruktur der inneren Organisation bereits seit Gründung der ersten Handelskompagnien

[267] *Bösselmann,* S. 103.
[268] *Bösselmann,* S. 111.
[269] *Bösselmann,* S. 113.
[270] *Bösselmann,* S. 113.

in Brandenburg bzw. Preußen herausgebildet, die auch bei den octroierten Aktiengesellschaften des ALR beibehalten wurde.

Das Aktiengesetz von 1843 regelt in § 2 als erste aktienrechtliche Kodifikation diejenigen Punkte, die der Gesellschaftsvertrag mindestens zu regeln hatte.[271] Folgende Punkte mußte der Vertrag nach dem Wortlaut des § 2 enthalten: die Firma und den Sitz der Gesellschaft, den Gegenstand des Unternehmens, die Höhe des Grundkapitals sowie die Höhe der einzelnen Aktien[272], die Grundsätze, nach denen die Bilanz aufzustellen war, die Art der Vertretung und die Formen für die Legitimation der Vertreter, die Form, in welcher die Einberufung der Mitglieder erfolgen sollte (also das Erfordernis einer Generalversammlung), die Art und Weise der Stimmrechtsausübung, Festlegung der Stimmrechtsverhältnisse bei der Beschlußfassung durch die Gesellschafter und die Festlegung der Bekanntmachungsblätter. Nach § 2 PrAktG war es erforderlich, den Gesellschaftsvertrag in notarieller Form zu errichten. Die Anforderungen an den Inhalt des Gesellschaftsvertrages wurden außerdem durch die Zirkularverfügung vom 29. März 1856 erweitert.[273] Nach Nr. 18 dieser Verfügung mußte im Gesellschaftsvertrag geregelt werden, daß vor Erteilung der Genehmigung mindestens 10%, im ersten Jahr nach Genehmigungserteilung mindestens 20% des Grundkapitals einbezahlt werden mußten.

b) Das Grundkapital

Als erste aktienrechtliche Kodifikation bestimmt das preußische Aktiengesetz von 1843, daß ein festgelegtes Grundkapital im Gesellschaftsvertrag vereinbart werden mußte. Über eine bestimmte Höhe ist nichts bestimmt.[274] Über die erforderliche Höhe wird nur indirekt eine Aussage getroffen, nämlich in der Ermessensrichtlinie der Ministerialverwaltung zur Errichtung von Aktiengesellschaften.[275] Eine Aktiengesellschaft konnte nur dann als

---

[271] Vgl. *Hopt,* in: Coing/Wilhelm, Wissenschaft und Kodifikation des Privatrechts im 19. Jahrhundert, Bd. V, S. 143.

[272] Dabei war insbesondere festzulegen, ob die Aktien auf den Inhaber oder auf bestimmte Inhaber lauten sollten, § 2 Nr. 3 des PrAktG.

[273] Diese Ermessensrichtlinie beinhaltete zum ersten Mal eine umfassende Liste der im Genehmigungsverfahren durch den Staat zu beachtenden Grundsätze. Die Zikularverfügung ist abgedruckt in: *Weinhagen,* Anhang, S. 81.

[274] Während der Erörterungen zum Erlaß des Gesetzes kam auch der Vorschlag auf, die Konzessionierung der Aktiengesellschaften von einem bestimmten, gesetzlich festgelegten Grundkapital abhängig zu machen. Bei einer solchen Genehmigungspraxis würde in der Regel das Kriterium der Gemeinnützigkeit zutreffen. Die Konzessessionierungsprüfung sollte so stark vereinfacht werden. Allerdings wurde dieser Vorschlag wieder verworfen, vgl. Protokoll der Sitzung des Königlichen Staatsministerium v. 29.7.1841, abgedruckt bei *Baums,* Aktiengesellschaften, S. 86 ff.

gemeinnützig angesehen werden, wenn die Höhe des erforderlichen Kapitals das Zusammenwirken einer größeren Anzahl von Teilnehmern bedinge.[276] Das preußische Aktiengesetz lag als erster aktienrechtlicher Kodifikation in etwa der heutige Begriff des Grundkapital als einer Rechnungsgröße, die auf der Passivseite der Bilanz gebucht wird und angibt, in welcher Höhe die Aktionäre der Gesellschaft Eigenmittel zuführen müssen, zugrunde.[277] Dies wird aus § 17 PrAktG deutlich: „Die Gesellschaft darf das statutenmäßige Grundkapital durch Rückzahlung an die Aktionäre nicht verlieren. Die Stipulation von Zinsen zu bestimmter Höhe ist nur für denjenigen, im Statute anzugebenden, Zeitraum zulässig, welchen die Vorbereitung des Unternehmens bis zum Anfange des vollen Betriebes erfordert. Von letzterem Zeitpunkt an darf unter die Aktionäre, sey es in Form von Zinsen oder Dividenden eine Mehreres als nach dem Jahresabschlüssen sich an Ueberschuß ergibt, nicht vertheilt werden." Das preußische Aktiengesetz erkannte somit die Garantiefunktion des Grundkapitals an. Zum ersten Mal finden sich im Ansatz Kapitalerhaltungsgrundsätze in einer aktienrechtlichen Kodifikation.[278] Diese Funktion des Grundkapitals lag dem badischen Handelsrecht noch nicht zugrunde.[279] Eine Gewinnausschüttung konnte im Gesellschaftsvertrag nur nach Maßgabe des § 17 geregelt werden.

c) Der Gesellschaftszweck

Gemäß § 2 Nr. 2 PrAktG gehörte die Bestimmung des Gegenstandes des Unternehmens zu den wesentlichen Bestandteilen des Gesellschaftsvertrages der Aktiengesellschaft. Zu welchem Zweck eine AG gegründet werden konnte, bestimmte § 9 des PrAktG: „Die Aktiengesellschaften, welche auf Gewerbe- oder Handelsunternehmungen gerichtet sind, haben kaufmännische Rechte und Pflichten".

Danach konnte der Gesellschaftszweck der Gründung einer Aktiengesellschaft grundsätzlich ein beliebiger sein, er mußte aber zumindest gewerblicher Art sein.[280] Damit geht § 9 des PrAktG über das ALR hinaus, das

---

275 Die Zikularverfügung ist abgedruckt in: *Weinhagen,* Anhang, S. 81.

276 Vgl. *Baums,* S. 35.

277 *K. Schmidt,* Gesellschaftsrecht, S. 782.

278 Vgl. *Hopt,* in: Coing/Wilhelm, Wissenschaft und Kodifikation des Privatrechts im 19. Jahrhundert, Bd. V, S. 143. Vgl. die heutige Regelung des § 57 AktG.

279 Vgl. *Bösselmann,* S. 118 f. Dieser verkennt allerdings, daß § 17 des PrAktG die Rückzahlung des Grundkapitals ausdrücklich ausschließt. Insofern trifft seine Darstellung, daß zahlreiche Aktiengesellschaften an Stelle von Gewinnrückzahlungen Kapitalrückzahlungen vornehmen konnten, auf die nach 1843 gegründeten Aktiengesellschaften nicht mehr zu.

280 *Hattenhauer,* Grundlagen, S. 249.

aufgrund seiner ständischen Prägung die Gründung von Handelsgesellschaften nur zu bestimmten, eng am Handel ausgerichteten Zwecken zuließ.[281] Für die AG nach preußischem Recht war vielmehr ein allgemeiner gewerblicher Zweck ausreichend, sofern er aufgrund der Notwendigkeit der Teilnahme eines großen Anlegerkreises gerade die Gründung einer Aktiengesellschaft erforderte. Dafür mußte es sich um einen gewerblichen Zweck handeln, der den Einsatz von großem Kapital erforderte. Im Gegensatz zum badischen Handelsrecht wäre die Eingliederung der Aktiengesellschaft in das System der Handelsgesellschaften des ALR ohne größere redaktionelle Änderungen nicht möglich gewesen. Aufgrund des wesentlichen weiteren Begriffs der Handelsgeschäfte konnte die Gründung einer Aktiengesellschaft nach dem System des badischen HGB zu wesentlich mehr Zwecken erfolgen als im ALR. Eine neue Definition des Gesellschaftszwecks im PrAktG war daher aufgrund des engen Unternehmensbegriffs des ALR notwendig.[282] Obwohl § 2 PrAktG nur eine öffentlich-rechtliche Norm war, gehörte der Unternehmensgegenstand auch zivilrechtlich zu den zwingenden Bestandteilen des Gesellschaftsvertrages, da der gemeinsame Zweck auch notwendiger Bestandteil eines Sozietätsvertrages war.

d) Der Vorstand

Dem Aktiengesetz von 1843 entspricht das Bild einer Gesellschaft, die nur zwei „Organe" besitzt, und zwar Vorstand und Generalversammlung.[283] Die Notwendigkeit der Bestellung eines Vorstandes regelte § 19: „Die Geschäfte der Gesellschaft werden durch einen, nach Vorschrift des Statuts bestellten Vorstand verwaltet, dessen jedesmalige Mitglieder öffentlich bekannt gemacht werden müssen." Aus dieser Norm ergibt sich, daß das Statut der Gesellschaft Regelungen über die Art und Weise der Bestellung des Vorstandes enthalten mußte und in welchem Umfang dieser zur Vertretung der Gesellschaft berechtigt war.[284] Die genaue Ausgestaltung des notwendigen Vertragsinhalts war aber den Bedürfnissen der Praxis überlassen. Dies ergibt sich auch aus § 2 Nr. 5 PrAktG. Bei der vertraglichen Ausgestaltung mußte aber stets die Genehmigungserteilung im Auge behalten werden. Wiederum mußte die „Instruktion über die Grundsätze in Ansehung der Konzessionierung von Aktiengesellschaften" beachtet werden. In der Regel wurde bestimmt, daß der Vorstand zur oberen Leitung der Geschäfte der Gesellschaft sowie zur Vertretung derselben von der Generalversammlung

---

[281] Vgl. oben Erster Teil, 2. Abschnitt, B. I. 2. b) cc).

[282] Vgl. *Raisch,* Abgrenzung, S. 39 ff.

[283] *Landwehr,* in: ZRG GA 99 (1982), S. 27.

[284] *Landwehr,* in: ZRG GA 99 (1982), S. 27.

aus den Aktionären gewählt wird. Seine Befugnisse waren umfassend, sofern nicht bestimmte Aufgaben ausdrücklich der Generalversammlung zugewiesen wurden.[285] Er war zur Vornahme aller zum Geschäftsbetrieb erforderlichen Rechtsgeschäfte bevollmächtigt, teilweise wurde die Vornahme von wichtigen Geschäften von der Zustimmung der Generalversammlung abhängig gemacht.[286] Der Vorstand war bereits nach Aufstellung der Statuten und vor Konzessionserteilung zu bestellen.[287]

e) Die Generalversammlung

Bei bestimmten Entscheidungen sah das preußischen Aktiengesetz einen Beschluß der Aktionäre (diese wurden als „Mitglieder" bezeichnet) vor (z. B. § 28 Nr. 3). Daher mußte das Statut Regelungen über Entscheidungen in Angelegenheiten der Gesellschaft enthalten, die den Mitgliedern vorbehalten waren. Solche Entscheidungen sollten nach der Intention des Aktiengesetzes einer Versammlung der Mitglieder vorbehalten bleiben. Die Notwendigkeit einer entsprechenden Regelung ergibt sich unmittelbar aus § 2 Nr. 6 und 7. Danach mußte der Gesellschaftsvertrag bestimmen, in welcher Form die Mitgliederversammlung einzuberufen war. Ferner mußte festgelegt werden, in welcher Weise das Stimmrecht auf der Generalversammlung auszuüben war. Wie bereits erwähnt, wurde die Vornahme von bestimmten Rechtsgeschäften durch den Vorstand von der Zustimmung der Generalversammlung abhängig gemacht. Ferner mußte festgelegt werden, auf welche Weise der Vorstand eingesetzt oder abberufen werden konnte. Dieser Umstand ergibt sich aus § 2 Nr. 5, wonach die Art der Vertretung und die Formen der Legitimation Bestandteil des Vertrages sein mußten. Dazu gehörte die Erteilung der Vertretungsmacht und ein möglicher Entzug, der bei der zweigliedrigen Organteilung nach dem PrAktG allein der Generalversammlung vorbehalten bleiben konnte.

f) Die Firma

Zur Regelung über die Firma ergeben sich keine Unterschiede zum badischen HGB. § 5 PrAktG entspricht Art. 30 des badischen HGB: „Die Aktiengesellschaft darf keine Firma annehmen, welche die Namen der Betheiligten ausdrückt, sondern ist nach dem Gegenstande, für welchen sie errichtet ist, zu benennen." Von der grundsätzlichen Konzeption verstand dagegen das ALR die Firma ausschließlich als Personenfirma.[288] Der Firma kam

[285] *Landwehr,* in: ZRG GA 99 (1982), S. 27.

[286] *Baums,* Aktiengesellschaften, S. 38.

[287] *Fischer,* Preußens kaufmännisches Recht, S. 506.

hiernach maßgeblich die Bedeutung zu, im Rechtsverkehr offenzulegen, welche in der Firmenbezeichnung aufgeführten Personen für die Verbindlichkeiten der Gesellschaft persönlich hafteten. Folglich konnte die Firma einer AG aufgrund der fehlenden unbeschränkten Haftung einer bestimmten Person nicht als Personenfirma gebildet werden.[289]

3. Die staatliche Genehmigung

Voraussetzung für die wirksame Errichtung einer Aktiengesellschaft war wie im badischen Handelsrecht und dem Code de Commerce eine Genehmigung durch den Landesherrn. Ein solches Erfordernis wird in § 1 PrAktG aufgestellt.[290] Voraussetzung für die Erteilung der Genehmigung war zunächst ein nach den Grundsätzen des Gesetzes wirksam errichteter Gesellschaftsvertrag. Bei Erlaß des Gesetzes war der Staatsrat dem bereits oben erwähnten Votum Savignys gefolgt, der sich dafür eingesetzt hatte, die Errichtung einer Aktiengesellschaft zwar von einer landesherrlichen Konzession abhängig zu machen, diese aber unabhängig von dem Zweck der Aktiengesellschaft zu erteilen.[291] Zwei Jahre nach dem Erlaß des Aktiengesetzes änderte die Ministerialverwaltung die im Gesetz von 1843 festgelegten liberalen Genehmigungsgrundsätze für Aktiengesellschaften und führte die ursprünglich angedachte Unterscheidung zwischen allgemein nützlichen und anderen Unternehmen im Rahmen einer Zirkularverfügung aus dem Jahr 1845 wieder ein: „Der Antrag auf Genehmigung der Errichtung einer Aktiengesellschaft sei überhaupt nur dann zur Berücksichtigung geeignet, wenn der Zweck des Unternehmens an sich aus allgemeinen Gesichtspunkten nützlich und der Beförderung wert erscheine, und zugleich wegen der Höhe des erforderlichen Kapitals, oder nach der Natur des Unternehmens selbst das Zusammenwirken einer größeren Anzahl von Teilnehmern bedinge, oder doch auf diesem Wege eher und sicherer als durch Unternehmungen einzelner zu erreichen sei.[292]

---

[288] Vgl. II 8 § 617 ALR.

[289] Vgl. *Krause,* S. 42.

[290] § 1: Aktiengesellschaften mit den im gegenwärtigen Gesetze bestimmten Rechten und Pflichten können nur mit landesherrlicher Genehmigung errichtet werden. Der Gesellschaftsvertrag (das Statut) ist zur landesherrlichen Bestätigung vorzulegen.

[291] Vgl. Votum *v. Savignys* anläßlich der 43. Sitzung des königlichen Staatsrates v. 14.7.1843, Protokoll abgedruckt bei Baums, Aktiengesellschaften S. 170 f. Vorher war die Auffassung vertreten worden, entsprechend der bisherigen Praxis eine haftungsprivilegierte Aktiengesellschaft nur zuzulassen, wenn deren Zweck im staatlichen Interesse als gemeinnützig anzusehen war. Vgl. auch *Schumacher,* ADHGB, S. 50.

Eine weitere Hürde bei der Genehmigungserteilung wurde für solche Aktiengesellschaften aufgestellt, deren Aktien allein auf den Inhaber lauten sollten. Die Genehmigung zur Errichtung einer solchen Aktiengesellschaft sollte nur aus besonderen Gründen erfolgen. Neben der allgemeinen Nützlichkeit sollte bei der Genehmigung der Gesichtspunkt leitend sein, ob das Unternehmen über den Kreis örtlicher Wirksamkeit und Nützlichkeit hinausgehe, und im höheren Interesse des Gemeinwohls besondere Begünstigung verdiene, und ob dasselbe ohne Gestattung der Ausgabe derartiger Aktien überhaupt nicht zur Ausführung kommen könnte, so im Fall von großen Verkehrsunternehmungen.[293]

In einer weiteren Zirkularverfügung „wegen der bei der Bestätigung der Statuten von Aktiengesellschaften festzuhaltenden allgemeinen Grundsätze" vom 29. März 1856[294] wurde festgelegt, daß die Errichtung einer Aktiengesellschaft auf unbestimmte Zeit ausgeschlossen werden sollte. Die Dauer einer Aktiengesellschaft sollte nicht über 50 Jahre hinausgehen. Eine Verlängerung sollte allein nach erneuter Konzession möglich sein. Die in den Zirkularverfügungen festgelegten Grundsätze handhabte die preußische Regierung im Rahmen der Konzessionierung sehr gewissenhaft. Infolge der genauen Prüfung konnte mehr als ein Jahr bis zur Erteilung der Konzession ergehen.[295]

Nach Nr. 5 der Zirkularverfügung vom 29. März 1856 mußte ferner durch die Gründer nachgewiesen werden, daß vor Genehmigungserteilung das gesamte Grundkapital durch solvente Personen gezeichnet worden war.

Zusätzlich behielt sich der Staat im Regelfall weitgehende Aufsichtsrechte gegenüber der Gesellschaft vor. So wurden den genehmigten Aktiengesellschaften staatliche Kommissare zur Seite gestellt, die die Einhaltung der Statuten und die Geschäftsführung überwachten, an Sitzungen der Organe teilnahmen, die Bücher einsahen und Auskünfte verlangten.[296] Ein Kommissar besaß ferner das Recht, die Hauptversammlung einzuberufen, mitunter konnte er ein aufschiebendes Veto gegen die Beschlüsse der Gesellschaftsorgane einlegen. Gegenüber der Regierung waren die Aktiengesellschaften jährlich zur Rechnungslegung verpflichtet.[297]

---

[292] Ministerialblatt für die gesamte innere Verwaltung in den Königlich Preußischen Staaten 1845, S. 121, abgedruckt bei Weinhagen, Das Recht der Aktiengesellschaften nach dem Allgemeinen Deutschen Handelsgesetzbuche und dem Preußischen Gesetz vom 15.2.1864, S. 41 ff.

[293] Ministerialblatt für die gesamte innere Verwaltung in den Königlich Preußischen Staaten 1845, S. 121.

[294] Abgedruckt bei *Weinhagen,* S. 80 f.

[295] Vgl. *Großfeld,* in: Coing/Wilhelm, Wissenschaft und Kodifikation des Privatrechts im 19. Jahrhundert, Bd. IV, S. 237.

[296] Vgl. *Großfeld,* in: Coing/Wilhelm, Bd. IV, S. 237.

Zusammenfassend ist festzustellen, daß nach dem Inhalt der oben dargestellten Ermessensrichtlinie von 1845 für die Genehmigung einer Aktiengesellschaft zwei Kriterien entscheidend waren: Zunächst mußte der Zweck der zu gründenden Gesellschaft zumindest allgemein nützlich sein. Sollten die Aktien der Gesellschaft auf den Inhaber lauten, mußte der Zweck der Gesellschaft im besonderen Interesse des Gemeinwohls liegen. Die staatliche Kontrolle war mit der Konzessionserteilung noch nicht beendet. Auch nach Gründung einer Aktiengesellschaft behielt sich der Staat weitgehende Kontrollrechte vor. Aus rechtsgeschichtlicher Sicht sind die Zirkularverfügungen im Vergleich zu der maßgeblich von v. Savigny beeinflußten liberalen Einstellung des Gesetzes gegenüber der Gründung von Aktiengesellschaften teilweise als Rückschritt zu betrachten. Im Gesetzgebungsverfahren nahm man gegenüber möglichen Neugründungen von Aktiengesellschaften offensichtlich eine liberalere Haltung ein als in den folgenden Zirkularverfügungen. Sonst hätte man im Gesetzgebungsverfahren selbst den Inhalt dieser Verfügung bereits in das Gesetz integriert. Die Ursache für diese Verschärfung der Bestimmungen zur Genehmigungserteilung waren die Ängste einiger politischer Kreise, daß sich die wirtschaftliche Macht des Bürgertums durch ein allzu liberales Aktienrecht unkontrolliert auweiten könne.[298]

E. Die Gründung von Aktiengesellschaften nach dem ADHGB von 1861

I. Gründungsvoraussetzungen

1. Gesellschaftsvertrag

Der notwendige Inhalt des Gesellschaftsvertrages ist in Art. 209 ADHGB geregelt. Art. 209 ADHGB ist § 2 des preußischen Aktiengesetzes von 1843 nachgebildet[299], welches das erste in Deutschland geschaffene Aktiengesetz war, das objektive Bestimmungen für die Erteilung der Konzession zur Gründung einer AG enthielt.[300] Wesentliche Änderungen gegenüber § 2 des preußischen AktG von 1843 ergeben sich nicht, so daß hinsichtlich des notwendigen Inhalts des Gesellschaftsvertrages auf die obigen Ausführungen verwiesen werden kann. Wie das PrAktG bestimmte Art. 208 ADHGB,

---

[297] Vgl. *Martens,* S. 28.

[298] Vgl. *Schubert,* in: ZGR 1981, S. 287.

[299] Vgl. *Lutz,* Protokolle, Bd. I, S. 324.

[300] *Koch,* ADHGB, S. 245.

daß über die Errichtung und den Inhalt des Gesellschaftsvertrages eine gerichtliche oder notarielle Urkunde aufgenommen werden mußte.

Eine wesentliche Änderung ergab sich nur im Bereich des Gesellschaftszwecks. Wie im System des Ccom war die Aktiengesellschaft eine Handelsgesellschaft, die als Unternehmensgegenstand nur einen handelsgewerblichen Zweck i.S.d. Artt. 271, 272 ADHGB[301] haben durfte. Damit ließ das ADHGB von 1861 nur die Gründung solcher Aktiengesellschaften zu, die Handelsgeschäfte betrieben, nicht dagegen die sogenannten „zivilen Aktiengesellschaften", z.B. Grundstücks-AG oder Kultur-AG.[302] In verschiedenen Ländern wurden daher besondere Gesetze über die Gleichstellung ziviler Aktiengesellschaften erlassen.[303] Im Vergleich zum preußischen Aktienrecht von 1843 engt das ADHGB von 1861 die Möglichkeit der Gründung von Aktiengesellschaften im Zuge der handelsrechtlichen Gleichstellung aller kaufmännischen Gesellschaften wieder ein.

2. Die staatliche Konzession

Das ADHGB hielt an dem Erfordernis der staatlichen Genehmigung für die wirksame Errichtung der Aktiengesellschaft fest. Art. 208 und Art. 211 ADHGB bestimmten, daß eine Aktiengesellschaft ohne staatliche Genehmigung nicht wirksam gegründet werden konnte.

Der Plan der Beibehaltung des Konzessionssystems war auf der Nürnberger Konferenz allerdings auf erheblichen Widerstand der Hansestädte getroffen.[304] In den Hansestädten war die Freiheit der Gründung von Aktiengesellschaften gewohnheitsheitsrechtlich anerkannt.[305] Bereits vor 1861 entstanden in der Hansestadt zahlreiche Aktiengesellschaften für das Asseku-

[301] Vgl. oben Erster Teil, 2. Abschnitt, C. II. 1.

[302] Vgl. *Reich,* in: Ius Commune Bd. II (1969), S. 262.

[303] Nachweise bei *v. Hahn,* Bd. 1, 2. A. Braunschweig 1871, S. 533, 635. Ein besonderes Gesetz erging in Preußen am 15.2.1864; eine Gleichstellung erfolgte beispielsweise in Hannover und Hamburg.

[304] In der Sitzung der Nürnberger Konferenz vom 13.3.1857 begründete der Abgeordnete Hamburgs seine grundsätzliche Ablehnung des Konzessionssystems folgendermaßen:

„Die Gesetzgebung sei nicht im Stande, die mit dem Wesen der Aktiengesellschaft verbundenen Mißbräuche zu steuern, dagegen gäbe es nur ein wirksames Mittel, nämlich die eigene Erfahrung des Publikums, welches dahin führe, daß die Einzelnen selbst die erforderliche Vorsicht und Mässigung anwenden, um sich vor Schaden zu bewahren (...). Je mehr die Gesetzgebung spezielle Vorschriften erlasse, um den einzelnen gegen die Folgen eigener Unvorsichtigkeit in Schutz zu nehmen und in seinen Partikularinteressen vor geschäftlichen Verlusten zu bewahren, desto langsamer und schwächer entwickele sich der Natur der Sache nach die erforderliche Umsicht beim Publikum (...)", vgl. *Lutz* (Fn. 395), Protokolle, Bd. I, S. 319 f.

ranzwesen, als Banken oder Industrieunternehmen ohne besondere Genehmigung der Obrigkeit.[306] Zur wirksamen Gründung einer Aktiengesellschaft war in Hamburg durch eine Verordnung vom 28.12.1835 lediglich die gerichtliche Hinterlegung des Gesellschaftsvetrages und die Anzeige der den Vorstand bildenden Personen vorgeschrieben.[307]

Man einigte sich daher darauf, daß zwar grundsätzlich an dem Erfordernis der Konzession festgehalten werden sollte, es aber den einzelnen Landesgesetzen überlassen blieb, von dieser Gründungsvoraussetzung abzusehen[308]. Der diesbezüglich eingefügte Art. 249 ADHGB überließ es daher den einzelnen Bundesstaaten ausdrücklich, von dem Erfordernis einer staatlichen Genehmigung als Wirksamkeitsvoraussetzung für die Errichtung von Aktiengesellschaften abzusehen.[309] Mit dem Konzessionssystem war nach dem ADHGB aber nicht nur die wirksame Errichtung einer Aktiengesellschaft verbunden. Nach Art. 214 ADHGB bedurften beispielsweise auch Beschlüsse der Generalversammlung der staatlichen Genehmigung.[310] Daher verzichtete die Nürnberger Konferenz bei der Einführung des ADHGB in den Staaten ohne bestehendes Konzessionssystem konsequenterweise generell auf das Erfordernis einer staatlichen Genehmigung. Soweit die Willensbildung oder andere gesellschaftliche Akte einer Aktiengesellschaft von diesem Erfordernis abhingen, bestimmte § 249 ADHGB in Satz 2, daß generell auf eine Konzession verzichtet werden konnte, sofern die Landesgesetze bei der Errichtung einer Aktiengesellschaft nicht von diesem Erfordernis ausgingen. Grund für diese Ergänzung war, daß man die zwei unter-

---

305 *Endemann,* Handelsrecht, S. 510. In den Hansestädten hatte sich bereist vor Einführung des preußischen Aktiengesetzes von 1843 die Aktiengesellschaft in ihren charakteristischen Merkmalen durchgesetzt, ohne daß bei der Errichtung das Erfordernis der Erteilung eines Privilegs verlangt worden wäre. In Hamburg war durch die bereits erwähnte Verordnung vom 28.12.1835 lediglich bestimmt, daß die Statuten einer Aktiengesellschaft hinterlegt werden müssen. In Hamburg herrscht somit ein System freier Körperschaftbildungen, welches lediglich formell durch wenige Normativbestimmungen ergänzt wurde. Ein materielles Normativsystem mit Regeln über die Aufbringung und Erhaltung des Grundkapitals gab es dagegen nicht. Lediglich die oben genannten Publizitätspflichten und Formvorschriften mußten eingehalten werden, vgl. insgesamt *Reich,* in: Ius commune Bd. II (1969), S. 245.

306 Vgl. *Koch,* ADHGB, S. 267.

307 Vgl. *Weinhagen,* Einleitung S. XXXVI. und *Lutz,* Protokolle, Bd. I, S. 321.

308 Vgl. ADHGB-Protokolle, S. 315, zitiert nach *Koch,* ADHGB, S. 267.

309 Art. 249 ADHGB: Den Landesgesetzen bleibt vorbehalten, zu bestimmen, daß es der staatlichen Genehmigung zur Errichtung von Aktiengesellschaften im Allgemeinen oder von einzelnen Arten derselben nicht bedarf.

310 Ferner bedurfte es einer staatlichen Genehmigung bei der Auflösung einer Aktiengesellschaft durch Vereinigung mit einer anderen Aktiengesellschaft (Art. 247) und bei der teilweisen Rückzahlung des Grundkapitals an die Aktionäre (Art. 248).

schiedlichen Systeme hinsichtlich der Errichtung von Aktiengesellschaften nicht miteinander verbinden wollte.[311]

Von der Einführung bzw. Beibehaltung des Konzessionssystems nahmen Abstand die Hansestädte, Oldenburg und weitgehend auch Sachsen. 1862 wurde die Errichtung von Aktiengesellschaften auch in Baden und Württemberg freigegeben.[312] In den letzten drei Staaten wurden aber differenziertere Regelungen als in den norddeutschen Staaten eingeführt. Im Fall von Eisenbahn-, Bank- und Versicherungsgesellschaften hielt man auch hier an dem Erfordernis der staatlichen Konzession bei der Gründung von Aktiengesellschaften fest.[313] In vollem Umfang galt das Konzessionssystem in Preußen Bayern, Sachsen, Hannover, Mecklenburg, Hessen-Darmstadt und einer Reihe kleinerer Staaten.[314]

Inwieweit sich in den Ländern, die sich gegen das Konzessionssystem entschieden hatten, die Gründung von Aktiengesesellschaften vollzog, soll kurz am Beispiel Württembergs dargestellt werden. Wie bereits erwähnt, wurde in Art. 35 des württembergischen Einführungsgesetzes zum ADHGB die Gründung von Aktiengesellschaft vom Erfordernis der staatlichen Genehmigung freigestellt. Aufgrund ihrer besonderen volkswirtschaftlichen Bedeutung wurden Banken, Versicherungen und Eisenbahnen weiterhin dem Konzessionssystem unterworfen. Maßgeblich für die Gründung von Aktiengesellschaften in Württemberg war somit vor allem Art. 209 ADHGB, der die Mindestanforderungen an den Inhalt der Satzung aufstellte und diese der notariellen Form unterwarf. Zur wirksamen Entstehung der Aktiengesellschaft mußte danach nur die Eintragung in das Handelsregister sowie die Veröffentlichung eines Handelsregisterauszugs gemäß Art. 210 ADHGB erfolgen. Die Gründung von Aktiengesellschaften erforderte somit die Einhaltung rein formeller Regelungen. Die Prüfung des Registergerichts bei der Eintragung in das Handelsregister bezog sich daher nur auf die Frage, ob die nach Art. 210 ADHGB einzuhaltenden Publizitätspflichten bei der Gründung eingehalten wurden. Berücksichtigt werden konnte dagegen nicht, inwieweit die Unterlagen inhaltlich der Wahrheit entsprachen.[315]

---

311 *Koch,* ADHGB, S. 266.

312 Vgl. *Schubert,* in: ZGR 1981, S. 287.

313 Beispielhaft für diese Staaten kann Art. 35 des württembergischen Einführungsgesetzes vom 15.12.1861 herangezogen werden. Dieser sah vor, daß eine Staatsgenehmigung dann erforderlich sein sollte, „wenn dieselben Bank- und Kreditgeschäfte, Sach- oder Lebensversicherungen einschließlich der Leibrentenverträge und den Bau von Eisenbahnen für den öffentlichen Verkehr zum Gegenstande ihres Unternehmens machen wollen", abgedruckt bei *D. Siegle,* S. 125 ff.

314 Vgl. *List,* S. 35.

315 Vgl. auch *List,* S. 36.

3. Die Handelsregistereintragung

Anders als das preußische Aktiengesetz von 1843 stellte das ADHGB aber noch eine weitere Voraussetzung für die wirksame Errichtung einer Aktiengesellschaft auf. Oben ist bereits ausgeführt worden, daß das ADHGB als erste Handelsrechtskodifikation in Deutschland ein allgemeines Handelsregister einführte, in das bestimmte Tatsachen, die für den Handelsverkehr relevant waren, einzutragen waren.

Dem folgend bestimmte auch Art. 210 ADHGB, daß der Gesellschaftsvertrag und die Genehmigungsurkunde in das Handelsregister einzutragen und zu veröffentlichen waren. Nach Art. 211 ADHGB konnte die Aktiengesellschaft vor Eintragung in das Handelsregister als solche nicht existieren, die Eintragung hatte neben dem Erfordernis der staatlichen Genehmigung für die wirksame Gründung einer Aktiengesellschaft konstitutive Wirkung. Für den Fall, daß vor Genehmigung und Eintragung im Namen der zu errichtenden Aktiengesellschaft gehandelt wurde, stellte das ADHGB erstmalig das Erfordernis der Handelndenhaftung auf. Vor Eintragung handelnde Personen hafteten für entstandene Verbindlichkeiten persönlich und solidarisch. Wie bereits festgestellt, war der Handelsregistereintrag in den Ländern, die über Art. 249 ADHGB nicht das Konzessionssystem einführten, neben der Satzung die einzige Voraussetzung für die wirksame Gründung einer Aktiengesellschaft. Sachgründungsvorschriften wurden in das ADHGB nicht aufgenommen. Im Rahmen des Konzessionssystems war die Überprüfung des Wertes der Übernahme von anderen, nicht in Bargeld bestehenden Einlagen Bestandteil des Genehmigungsverfahrens. Da man bei der Schaffung des ADHGB auf Grundlage des Preußischen Entwurfs von der Konzession als Grundvoraussetzung für die Errichtung von Aktiengesellschaften ausging, sah man Normativbestimmungen zur Regelung einer Sachgründung als entbehrlich an. Die der Erteilung der Staatsgenehmigung vorausgehende Gründungsprüfung war nach Auffassung der Nürnberger Konferenz ausreichend, um möglichem Mißbrauch durch falsche Bewertungen solcher Einlagen entgegenzutreten.[316]

II. Besonderheiten bei der KGaA

Durch das ADHGB von 1861 erfolgte die erste einheitliche Kodifizierung der KGaA. Die KGaA betrachtete man als einen Sonderfall der Kommanditgesellschaft,[317] die Eigenschaft einer juristischen Person konnte sie nicht erlangen. Grundsätzlich unterfiel auch die KGaA dem Konzessions-

---

[316] Vgl. *Lutz,* Protokolle, Bd. I, S. 329, 381.

[317] *Sehte,* S. 51.

zwang, wie im Fall des Art. 249 ADHGB sah aber auch Art. 206 ADHGB die Möglichkeit vor, im Rahmen von Landesgesetzen die freie Gründung zuzulassen. Anders als bei der Aktiengesellschaft machte Preußen von dieser Möglichkeit bei der KGaA Gebrauch.[318] Die Gründungsvoraussetzungen waren im wesentlichen die selben wie bei der Aktiengesellschaft. Der Abschluß des Gesellschaftsvertrages bedurfte der notariellen Beurkundung. Nach Art. 178 ADHGB war die Gesellschaft erst mit Eintragung in das Handelsregister wirksam errichtet. Im Gegensatz zur AG gab es aber bereits Ansätze zur Einführung von gründungsrechtlichen Normativbestimmungen. Nach den Artt. 177 ff. ADHGB mußten die vollständige Zeichung der Aktien, die Einzahlung mindestens eines Viertels des gezeichneten Kapitals und die Wahl eines Aufsichtsrates als obligatorisches Organ zum Register nachgewiesen werden, zusätzlich zu dem an sich bestehenden Konzessionszwang.[319] Zugelassen waren nur Namensaktien, die auf mindestens zweihundert Taler lauten mußten (Art. 173 Abs. 2 und 3 ADHGB). Anders als bei der AG gab es bereits Vorschriften zur qualifizierten Gründung. Sacheinlagen bedurften der Bewertung durch von der Gründungsgeneralversammlung beauftragte Prüfer und der Zustimmung einer weiteren neu einzuberufenden Generalversammlung (Art. 180 ADHGB). Die im ADHGB geregelten Normativbestimmungen zur KGaA hatten gewissen Vorbildcharakter bei der Einführung des Normativ- und Ablösung des Konzessionssystems durch die Aktienrechtsnovelle von 1870.[320]

III. Zwischenergebnis

Das ADHGB von 1861 knüpft bei den rechtlichen Gründungsvoraussetzung für die Errichtung von Aktiengesellschaften im wesentlichen an das preußische Aktiengesetz von 1843 an. Die dogmatischen Grundlagen der Aktiengesellschaft und ihres Gründungsrechts, wie sie durch das PrAktG vorgegeben worden waren, änderten sich nicht. Dies wird insbesondere daran deutlich, daß als Grundlage für das Aktienrecht des ADHGB der preußische Entwurf eines Handelsgesetzbuches zugrunde gelegt wurde, der wiederum das Gesetz von 1843 zum Vorbild hatte.[321] Die einzige Neuerung des Gründungsrechts ist neben der Voraussetzung der Handelsregistereintragung daher in Art. 249 ADHGB zu sehen, der den Bundesstaaten die Möglichkeit einräumte, von dem Erfordernis der staatlichen Konzession bei der

---

318 Vgl. *Fick,* in: ZHR 13 (1869), S. 391, 405 f.

319 Vgl. *Sehte,* S. 54.

320 Vgl. *Sehte,* S. 59.

321 Vgl. *Baums,* Aktiengesellschaften, S. 43 und *Reich,* in: Ius Commune Bd. II (1969), S. 258.

Errichtung von Aktiengesellschaften abzusehen. Diese Öffnungsklausel wurde auf Druck der Hansestädte eingeführt, in denen bereits vor Einführung des ADHGB die Gründung von Aktiengesellschafte ohne staatliche Genehmigung möglich war.

Dritter Abschnitt

Die Aktienrechtsnovelle von 1870 und die erneute Reform des Aktienrechts von 1884

A. Die Aktienrechtsnovelle von 1870 – Die Einführung des Normativsystems

I. Untersuchungsgegenstand

Bis zum Jahre 1868 wurde das ADHGB in nahezu allen deutschen Ländern unter Einschluß Österreichs als Landesgesetz eingeführt.[322] Wie bereits ausgeführt, machten einige Länder von der „salvatorischen Klausel" des Art. 249 ADHGB[323] Gebrauch und schafften, anders als z.B. Preußen und Bayern, das Konzessionssystem ab. In einigen Landesgesetzen hatten darüber hinaus Regelungen Eingang gefunden, die im Widerspruch zur ursprünglichen Fassung des ADHGB standen.[324]

In den Jahren 1869 und 1870 ergingen drei Gesetze, die für die einheitliche Entwicklung des Handels- und Wirtschaftsrechts grundlegend waren: das Gesetz, durch welches das ADHGB und die ADWO zu Bundesgesetzen erklärt wurden[325], das Gesetz über die Errichtung eines Bundesoberhandelsgerichts[326] und das Gesetz „betreffend die Kommanditgesellschaften auf

---

322 Eine Übersicht der einzelnen Einführungsgesetze findet sich bei *Endemann,* Handelsrecht, S. 29 ff.

323 Vgl. *Reich,* in: Ius Commune Bd. II (1969), S. 260.

324 Einen Beweis dafür, daß solche dem ADHGB widersprechenden landesrechtlichen Vorschriften existierten, gibt § 2 des Reichsgesetzes des Norddeutschen Bundes vom 5.6.1869, der nur solche landesgesetzlichen Vorschriften in Kraft ließ, die nicht dem Allgemeinen Deutschen Handelsgesetzbuch widersprachen, vgl. *List,* S. 39 (dort Fn. 121). Das Einführungsgesetz des ADHGB im Rechtsgebiet des Norddeutschen Bundes als Reichsgesetz ist abgedruckt bei *Keyssner,* Allgemeines deutsches HGB nach Rechtsprechung und Wissenschaft erläutert, S. 1 ff. Zum Einfluß des Norddeutschen Bundes auf die weitere Rechtsvereinheitlichung im Bereich des Privatrechts vgl. *Schlosser,* S. 152 m.w.N. Generell zur Bildung des Norddeutschen Bundes vgl. *Eisenhardt,* Rechtsgeschichte, S. 390 f.

325 Bundes-Gesetzblatt des Norddeutschen Bundes (BGBl. Ndt. Bd.) 1869, S. 379–602, vgl. hierzu *Schubert,* in: ZHR 144 (1980), 484 ff.

Aktien und die Aktiengesellschaften" vom 11.6.1870, das den Gegenstand der weiteren Untersuchung der Entwicklung der Gründungsvoraussetzungen von Aktiengesellschaften im Rahmen dieser Arbeit bildet.[327]

Eingeleitet wurde das Gesetzgebungsverfahren zu dieser Novelle des Aktienrechts durch die Vorlage eines Entwurfs eines Gesetzes „betreffend die Aktiengesellschaften im Gebiete des Norddeutschen Bundes", den Bismarck am 31.5.1869 dem Bundesrat zuleitete.[328] Ziel des Entwurfs war es, bundeseinheitlich das Konzessionssystem abzuschaffen und so die Dichotomie des Gründungsrechts der Aktiengesellschaft in Deutschland zu beseitigen.[329] Das schon in einigen Staaten existierende Normativsystem sollte das letztlich auf den Code de Commerce zurückgehende Konzessionssystem endgültig ablösen.[330] Spätestens nach Einführung des ADHGB von 1861 befand sich das Konzessionssystem auf dem Rückzug, da einige Staaten von der Möglichkeit des Art. 249 ADHGB Gebrauch gemacht hatten. Um die Aktionäre aber weiterhin vor unsoliden Gründungen zu schützen[331], sah der Entwurf gegenüber dem ADHGB von 1861 unter anderem ein ausgefeilteres Gründungsrecht vor. Zu den Normativbestimmungen des Entwurfs im Bereich des Gründungsrechts gehörten u.a. die Festlegung des Mindestnominalwerts der Aktien (§ 8 des PrEntw), die Verschärfung der Möglichkeit der qualifizierten Gründung (§ 5 des PrEntw), die Einzahlung des Grundkapitals und die Einberufung der ersten Generalversammlung (§§ 4, 5 des PrEntw) sowie die Bestellung des ersten Aufsichtsrates als nunmehr obligatorisches Organ der Aktiengesellschaft (§ 5 des PrEntw). Dabei wurde teilweise auf bereits bestehende Regelungen des ADHGB zur KGaA zurückgegriffen.[332]

---

326 BGBl. Ndt. Bd. 1869, S. 201–210.

327 BGBl. Ndt. Bd. 1870, S. 375–386. Die durch das Gesetz geänderten Normen des ADHGB sind auch abgedruckt in: ZHR 15 (1870), S. 409 ff.

328 *Schubert,* in: ZGR 1981, S. 286. Die Bestimmungen des Entwurfs berücksichtigten aber allein das in Preußen geltende Recht.

329 Vgl. dazu *Keyssner,* S. 42.

330 *Schubert,* in: ZGR 1981, S. 286.

331 Vorbild für diese Normativbestimmungen und den damit verbundenen Anlegerschutz waren auch französische Gesetze von 1856 bzw. 1863 und 1867. Dies gilt insbesondere für das Gründungsrecht, wenn es in den Motiven zu dem preußischen Entwurf heißt: „Während das Englische Gesetz das hauptsächliche Schutzmittel gegen Aktionäre und Gesellschaftsgläubiger in ausgedehnter Öffentlichkeit der über die Vermögenslage Aufschluß gewährenden Schriftstücke findet, sucht das französische Recht die früher vom Staate mittelst Auferlegung beliebiger in das Statut aufzunehmender Konzessionsbedingungen bekundeter Fürsorge durch Festlegung der vor der Gründung der Gesellschaft resp. bei der Verwaltung ihrer Angelegenheiten von den Gründern und Gesellschaftsvorständen zu erfüllenden Bedingungen und Obliegenheiten zu ersetzen." Vgl. die Motive zum preußischen Entwurf, in: Drucksache Nr. 86/1869 des Bundesrates des Norddeutschen Bundes, S. 17.

Am 3.7.1869 forderte der Bundesrat die Bundesregierungen auf, zu dem Gesetzesentwurf Stellung zu nehmen.[333] Bis Dezember 1869 gingen Stellungnahmen von allen Bundesregierungen ein. Ausführliche Gutachten zur geplanten Reform des Aktienrechts fertigten das Oberappelationsgericht in Jena, das Braunschweiger Handelsgericht, das Appelationsgericht in Eisenach, die Hamburger Handelskammer, das Hamburger Handels- und Obergericht und das Hofgericht in Ratzeburg an.[334] Einig waren sich alle Stellungnahmen und Gutachten darüber, daß das Konzessionssystem insgesamt abgeschafft werden sollte. Die von Preußen vorgeschlagenen und gegenüber dem ADHGB, insbesondere Art. 249 ADHGB, strengeren Normativbestimmungen fanden dagegen ein geteiltes Echo. Während sich die thüringischen Staaten, Hessen-Darmstadt, Mecklenburg, Anhalt, die beiden Lippe und mit Vorbehalten auch Braunschweig mit diesen einverstanden erklärten, nahmen insbesondere die Hansestädte eine sehr liberale Haltung ein und wandten sich eindeutig gegen strengere Normativbestimmungen zur Errichtung von Aktiengesellschaften.[335] Nach Meinung der Hansestädte erschwerten derartige Regelungen die Gründung von Aktiengesellschaften unnötig.[336] Das alte, in ihrem Gebiet bereits bestehende Gründungsrecht im Sinne des Art 249 ADHGB von 1861, das weitgehend eine freie Aktiengesellschaftsgründung zuließ, betrachteten diese als nicht verbesserungswürdig.

Infolge der kontroversen Diskussion beschloß das Plenum des Bundesrates am 9.3.1870, den bisherigen Entwurf umzuarbeiten.[337] Durch diese Revision sollten die Normativbestimmungen überarbeitet werden, „bei welchen eine Beseitigung oder Aenderung nach Maßgabe der eingegangenen Bemerkungen für zulässig zu halten sei“ und auf alle Aktiengesellschaften ausgedehnt werden.[338] In der Zwischenzeit hatte sich auch der 8. Deutsche Juristentag mit der Reform des Aktienrechts befaßt und in einer Resolution die Aufhebung des Konzessionszwangs gefordert.[339]

---

332 Vgl. oben Zweiter Abschnitt, E. II.

333 *Schubert,* in: ZGR 1981, S. 296. Es sollte sich namentlich darüber geäußert werden, „ob die Grundsätze, auf welchen der Entwurf beruht, sowie die in dem letzteren enthaltenen speziellen Vorschriften in Rücksicht auf die in den einzelnen Staaten bestehenden Einrichtungen und geltenden Gesetze zu Bedenken Anlaß geben und ob und welche Ergänzungen oder Aenderungen des Entwurfs dieserhalb erforderlich erscheinen.“, vgl. Prot. des Bundesrates v. 1869, § 319.

334 Eine „Zusammenstellung der Bemerkungen der Bundesregierungen“ zum Entwurf ist in der Drucksache Nr. 56 des Bundesrates v. 1870, S. 15–36, enthalten.

335 *Schubert,* in: ZGR 1981, S. 296 ff.

336 Vgl. dazu den Bericht des hanseatischen Ministerresidenten in Berlin Krüger v. 16.12.1869 im Staatsarchiv Hamburg, Senat.

337 Prot. des Bundesrates 1870, § 91.

338 *Schubert,* in: ZGR 1981, S. 299.

339 Verhandlungen des 8. dt. Juristentages, Bd. II, Berlin 1870, S. 48.

Am 13.4.1870 legte die preußische Regierung dem Bundesrat einen neu gefaßten Entwurf vor, der aber an den im ersten Entwurf von 1869 vorgeschlagenen Normativbestimmungen im wesentlichen festhielt.[340] Der Justizausschuß befaßte sich Ende April 1870 mit dem neuen Entwurf und wies die weitergehenden Anträge Hamburgs und anderer Hansestädte zurück.[341] Eine überarbeitete Fassung des zweiten Entwurfs wurde am 1.5.1870 dem Bundesrat vorgelegt. Nach erneuten Diskussionen wurde dieser Entwurf schließlich am 11.6.1870 als Gesetz verabschiedet.[342]

II. Das neue Gründungsrecht der Aktienrechtsnovelle von 1870

1. Die Abschaffung des Konzessionssystems – Dogmatische Grundlagen des Normativsystems

Durch die Novelle von 1870 wurde Art. 208 des ADHGB von 1861 abgeschafft, der das Erfordernis der staatlichen Genehmigung als Voraussetzung für die rechtlich wirksame Gründung einer Aktiengesellschaft aufgestellt hatte. Die Gründung von Aktiengesellschaften richtete sich damit allein nach den Normativbestimmungen des novellierten ADHGB. Die Gründung von Aktiengesellschaften wurde somit allein an die Erfüllung bestimmter Vorschriften (Normen) gebunden. Jedermann konnte nun bei Erfüllung der gesetzlichen Gründungsvorschriften, die dem Schutz des Publikums, der Anleger und der Gläubiger dienen sollten, eine Aktiengesellschaft zum Betrieb von Wirtschaftsunternehmen gründen.[343] Formale Entstehungsvoraussetzung und Beginn einer Aktiengesellschaft war nur

---

[340] Durch den geänderten Entwurf ergab sich in bezug auf die Gründung der Aktiengesellschaft lediglich die Neuerung, daß im Rahmen der Errichtung eine konstituierende Generalversammlung nicht mehr einberufen werden mußte, wenn der Gesellschaftsvertrag bereits unter sämtlichen Aktionären abgeschlossen war. Erleichtert wurden ferner die Amortisation eigener Aktien und die Aufnahme von Darlehen durch die Gesellschaft sowie die Geschäfte von Mitgliedern des Aufsichtsrates und des Vorstandes mit der Gesellschaft, vgl. *Schubert,* in: ZGR 1981, S. 299.

[341] Der Hamburger Vertreter Kirchenpauer schrieb über die Beratungen im Justizausschuß: Der preußische Standpunkt lasse „sich im Allgemeinen dahin characterisieren, daß man zwar die Verkehrtheit des Princips staatlicher Genehmigung für Aktienunternehmen anerkannt hat, sich aber doch zum Aufgeben derselben nicht entschließen kann, ohne eine Reihe beschränkender Normativbestimmungen an die Stelle zu setzen. Den Gegensatz hierzu bilden die Hansestädte, welche nicht nur die staatliche Genehmigung, sondern auch alle Beschränkungen für überflüssig und verwerflich halten. (...)". Bericht v. 21.4.1870 im Staatsarchiv Hamburg, Senat.

[342] In Baden, Südhessen und Württemberg trat das neue ADHGB am 1.1.1871, in Bayern am 13.5.1871 in Kraft.

[343] *Horn,* Aktienrechtliche Unternehmensorganisation in der Hochindustralisierung (1860–1920), in: Horn/Kocka, S. 128.

noch der Eintrag in das Handelsregister nach Art. 211 ADHGB n.F.[344] Den Zweck der die Gründungsvoraussetzungen festlegenden Normativbestimmungen sah man darin, auch nach Abschaffung des Konzessionssystems zum Schutze des Anlegerpublikums einen adäquaten Ersatz für das staatliche Genehmigungsverfahren zu schaffen. An die Stelle der bisher im Rahmen der Gründungsprüfung und Genehmigungserteilung beachteten Grundsätze sollten Normativbestimmungen treten, die dem Anleger einen gleichwertigen Schutz boten[345]. Das System der erforderlichen Normtivbestimmungen wurde in drei Gruppen eingeteilt: 1. Die Gründungsvorschriften, 2. Die innere Organisation, 3. Der Geschäftsbetrieb.[346]

Durch die Aktienrechtsnovelle von 1870 und die Abschaffung des alten Art. 208 ADHGB wurde der staatliche Einfluß auf die Gründung von Aktiengesellschaften stark zurückgedrängt, die staatliche Oberaufsicht über die Aktiengesellschaft wurde insgesamt beseitigt. Dem Schwerpunkt dieser Arbeit folgend, sollen im folgenden die Normativbestimmungen untersucht werden, die sich auf die Gründung der Aktiengesellschaft bezogen.

Als Gründe für die Abschaffung des Konzessionssystems, die sich u.a. in den Motiven zur Aktienrechtsnovelle von 1870 finden,[347] sind vor allem vier Punkte anzuführen. Als erstes wurde die Abschaffung der staatlichen Oberaufsicht mit dem Scheitern dieses Aufsichtssystems begründet. Das Ziel des Konzessionssystems, dem Anlegerpublikum Schutz gegen Nachteile durch unsolide Gründungen zu gewähren, sei nicht erreicht worden. In den Motiven wird dazu folgendes ausgeführt: „Dadurch aber, daß das Publikum auf die vom Staate ihm verheißende Fürsorge sicht verläßt und in diesem Vertrauen der eigenen Mühe und Sorge sich entsagen zu können glaubt, wirkt jene unerfüllbare Verheißung gerade zu schädlich. Sie vermehrt also nicht selten die Opfer des Schwindels und der Unsolidität, statt sie zu verhüten."[348] Als Schutz gegen den Aktienschwindel wurde vor allem ein Mehr an eigener Vorsicht gefordert.[349]

[344] Art. 211 ADHGB: „Vor erfolgter Eintragung in das Handelsregister besteht die Aktiengesellschaft als solche nicht."

[345] Vgl. *Keyssner,* S. 90.

[346] Vgl. *Keyssner,* S. 90.

[347] Zu finden in den Verhandlungen der Reichstage des Norddeutschen Bundes, 1. Legislaturperiode, Session 1870, Bd. 4, Berlin 1870, S. 650 ff. (in Auszügen abgedruckt bei Brüggemeier, Entwicklung des Rechts im organisierten Kapitalismus, Bd. I, S. 99 ff.).

[348] Eine große Anzahl von Anlegern hatte in hohem Maße auf die Schutzwirkung der staatlichen Genehmigung vertraut und ohne eingehende eigene Prüfung in Schwindelgründungen investiert, vgl. dazu *Keyssner,* S. 44 ff.

[349] Vgl. Motive zum preußischen Entwurf, in: Drucksache Nr. 86/1869 des Bundesrates des Norddeutschen Bundes, S. 650.

Zum zweiten hatte sich seit Einführung des ADHGB die Einstellung der einzelnen Regierungen gegenüber der Gesellschaftsform der Aktiengesellschaft geändert. Sah man noch bei Einführung des preußischen Aktiengesetzes von 1843 in Teilen der politischen Kreise die Gesellschaftsform der AG als eine Gefahr an, insbesondere im Hinblick auf eine unkontrollierte Ausweitung der Macht des Bürgertums, setzte sich binnen weniger Jahre die Auffassung durch, daß es sich bei der Aktiengesellschaft volkswirtschaftlich um ein wichtiges Mittel zur Förderung des allgemeinen Wohlstandes handelte. Hinzu kamen ferner neue wirtschaftstheoretische Postulate, die auf der Grundlage wirtschaftsliberalen Gedankenguts die Liberalisierung des Aktienrechts und die Abschaffung der staatlichen Oberaufsicht stark befürworteten.[350] In dieser veränderten wirtschaftspolitischen Grundeinstellung lag ein wesentlicher Grund für die Einführung des Normativsystems im gesamten Reichsgebiet.[351]

Der dritte Grund für die endgültige Abschaffung des Konzessionssystems ist in einer Weiterentwicklung der dogmatischen Grundlagen der Aktiengesellschaft als Gesellschaftsform und ihres Gründungsrechts durch die Rechtswissenschaft zu suchen. Während das Konzessionssystem des preußischen Aktiengesetzes von 1843 in rechtsdogmatischer Hinsicht im wesentlichen auf der von v. Savigny entwickelten Fiktionstheorie beruhte, fußte das im Aktiengesetz von 1870 eingeführte Normativsystem auf der Genossenschaftstheorie, die auf diese Weise ihren endgültigen „Durchbruch" vollzog. Die von Georg Beseler begründete und später von Otto v. Gierke weiter entwickelte Genossenschaftstheorie sah in der Aktiengesellschaft anders als v. Savigny keine Sozietät, die nur durch Fiktion im Rahmen einer staatlichen Konzession die Rechte einer juristischen Person und damit Rechtsfähigkeit erlangen konnte.[352]

Nach dieser Theorie war die Aktiengesellschaft ihrer Natur nach eine Korporation[353]. Allein die Rechtsfähigkeit sei eine zu lösende Rechtsfrage.

---

350 Vgl. *List,* S. 40 und *Schubert,* in: ZGR 1981, S. 287.

351 Ausgenommen vom Normativsystem waren nur solche Aktiengesellschaften, die auf einen besonderen Geschäftszweck ausgerichtet waren. Sie blieben auf Grundlage der jeweiligen landesrechtlichen Vorschriften teilweise weiterhin der Staatsgenehmigung unterworfen. Dazu gehörten Gesellschaften im Bereich des Eisenbahnwesens, der Emission von Banknoten, Auswanderungsvermittlungen und Versicherungsgesellschaften, vgl. *List,* S. 41.

Diskutiert wurde die erneute Einführung des Konzessionssystems im Zuge der Aktienrechtsreform von 1937. Die Nationalsozialisten rechtfertigten die Beibehaltung des Normativssystems damit, daß der spezifisch liberal-rechtsstaatliche Charakter des Systems der Normativbestimmungen „rechtstatsächlich so gut wie vollkommen überwunden sei", vgl. *K. Schmidt,* Gesellschaftsrecht, S. 772.

352 Zur Entwicklung der Genossenschaftstheorie durch Beseler und v. Gierke vgl. *Schlosser,* S. 147.

Diese Rechtsfrage unterliege aber nicht der Staatswillkür und der Konzessionierung. Aktiengesellschaften könnten die Rechte juristischer Personen nicht durch eine staatliche Konzession, sondern aufgrund eines einfachen Rechtssatzes durch die Erfüllung bestimmter Normativbestimmungen erlangen.[354] Anders als Savigny hat Gierke die Aktiengesellschaft als Gesellschaftsform von vornherein in seine Theorie von der Enstehung juristischer Personen einbezogen. Damit war in rechtsdogmatischer Hinsicht der Boden für das Normativssystem bereitet.[355] Dies wird auch in den Motiven zum Entwurf von April 1870 deutlich, wenn es dort als Begründung zur Einführung des Normativsystems heißt:

„... die Hauptaufgabe des zu erlassenden Gesetzes wird darin bestehen müssen, im Einklang mit der rechtlichen Natur und der volkswirtschaftlichen Bedeutung *(der AG)* zum Schutz des Publikums gegen Übervorteilungen und Täuschungen einen geeigneten Ersatz zu schaffen für diejenige Fürsorge, welche bisher in der Form von Konzessivbedingungen bei der staatlichen Prüfung und Feststellung des einzelnen Statuts geübt wurde. An die Stelle der bisherigen Sicherheitsmaßregeln müssen gewisse, ein für alle Mal geltende Normativbestimmungen treten, welche sich teils auf die Bildung, teils auf die fortlaufende Verwaltung der Aktiengesellschaften zu beziehen haben“.[356]

Der entscheidende Passus in den Motiven ist in diesem Zusammenhang die Formulierung *„im Einklang mit der Natur“* der Aktiengesellschaft. Aufgrund der Darstellung der Genossenschaftstheorie und ihrer Auswirkung auf die Errichtung der Aktiengesellschaft kann die rechtliche Natur im Rahmen des Normativsystems nur die einer Korporation und nicht die einer Sozietät wie unter dem Konzessionssystem sein.[357]

Der entscheidende Grund für die Veränderung des Gründungsrechts der Aktiengesellschaft ist aber im Liberalismus zu suchen, der sich zunächst in der Wirtschaftstheorie und dann in der praktischen Wirtschaftspolitik durchgesetzt hat.[358] Reich stellt in diesem Zusammenhang fest, daß die Ideen des Wirtschaftsliberalismus in der Aktienrechtsnovelle von 1870 einen klaren Ausdruck gefunden haben.[359] Dies wird auch an den Worten des

---

[353] *v. Gierke,* Deutsches Privatrecht, Bd. I, S. 484 und *Renaud,* S. 170.

[354] *v. Gierke,* Deutsches Privatrecht, Bd. I, S. 487.

[355] Dies wird ausdrücklich festgestellt durch *v. Gierke* in seinem Werk: Die Genossenschaftstheorie und die deutsche Rechtsprechung, S. 33.

[356] Reichstagsdrucksache 1870 Nr. 158, Anlagen Bd. 3, S. 646 ff.

[357] Vgl. wiederum *v. Gierke,* Deutsches Privatrecht, Bd. I, S. 484.

[358] Vgl. *Großfeld,* in: Coing/Wilhelm, Bd. V, S. 242; *Reich,* in: Ius Commune Bd. II (1969), S. 266; Hattenhauer, Grundlagen, S. 249.

[359] *Reich,* ebenda; ebenso *Dilcher/Lauda,* in: Horn/Kocka, Recht und Entwicklung der Großunternehmen im 19. und frühen 20. Jahrhundert, S. 540. Zum Liberalismus als treibender Kraft des Kodifikationsgedankens im 19. Jahrhundert vgl. *Eisenhardt,* Rechtsgeschichte, S. 363.

Reichstagsabgeordneten Graf Renard vor dem Plenum des Parlaments am 5. März 1870 deutlich:[360] „Der staatliche Konzessionszwang ist ja lediglich ein Hemmnis der Entwicklung der freien Entfaltung der Kapital-Association, ohne irgendeine Gewähr, ohne irgendeinen Schutz zu bieten für die Rentabilität und Solidarität der konzessionierten Unternehmungen."

Im Hinblick auf die veränderten rechtdogmatischen Grundlagen der Aktiengesellschaft durch die Genossenschaftstheorie ist anzumerken, daß auch ihre Grundsätze letztlich auf liberalem Gedankengut beruhten, berücksichtigt man doch an dieser Stelle, daß Georg Beseler und sein Schüler Otto v. Gierke, der die Genossenschaftstheorie in Gestalt der „Theorie der realen Verbandspersönlichkeit" ausgebaut hat, politisch-liberales Engagement gezeigt haben.[361]

2. Die einzelnen Bestimmungen der neuen Gründungsvorschriften

a) Der Gesellschaftsvertrag, Art. 209 ADHGB n.F.

Art. 209 ADHGB, der den Inhalt des Gesellschaftsvertrages festlegte, wurde erweitert. Besonders erwähnenswert ist dabei Ziff. 6. Danach mußte der Gesellschaftsvertrag die Einsetzung des ersten Aufsichtsrates vorsehen, der aus mindestens drei Aktionären bestehen und noch vor Eintragung in das Handelsregister bestellt werden mußte. Dieser durfte nicht für länger als ein Jahr bestellt werden. Anders als noch in Art. 225 des ADHGB von 1861 war der Aufsichtrat durch die Aktienrechtsnovelle von 1870 zu einem obligatorischen Organ geworden. Der Grund für die Etablierung des Aufsichtsrates als notwendiges Gesellschaftsorgan lag im Wechsel zum Normativsystem. Die Kontrolle des Staates beschränkte sich insbesondere nach dem ADHGB von 1861 nicht nur auf den Gründungsvorgang, auch spätere gesellschaftsrechtliche Vorgänge sowie die Ausübung der Geschäftstätigkeit unterlagen staatlicher Kontrolle. Gemäß Art. 214 des ADHGB von 1861 bedurften beispielweise Beschlüsse der Generalversammlung zu ihrer Wirksamkeit ebenfalls der staatlichen Genehmigung. An Stelle der weggefallenen Staatsaufsicht hielt man nun ein Gremium für zwingend notwendig, das die Interessen der Aktionäre gegenüber dem Vorstand und der Gesellschaft wahrnahm.[362] Dabei wurde im Gesetzgebungsverfahren aber versäumt, entsprechende institutionelle Voraussetzungen dafür zu schaffen, daß der Aufsichtsrat die Interessen der Gesamtheit der Aktionäre vertrat und nicht nur den Interesssen von Gründern oder Großaktionären diente.[363]

---

360 Vgl. *Hattenhauer,* Grundlagen, S. 249.

361 Vgl. *K. Schmidt,* Gesellschaftsrecht, S. 197.

362 Dabei lehnte man sich an die bereits im ADHGB von 1861 geltende Rechtslage bei der KGaA an.

aa) Mindestanzahl von Gründern

Die Zahl von mindestens drei Aktionären zur Bestellung des ersten Aufsichtsrates hatte auch Einfluß auf die Mindestanzahl der erforderlichen Gründungsgesellschafter. Das preußische Aktiengesetz von 1843 und das ADHGB von 1861 schrieben nicht vor, wiewiele Personen mindestens zum Abschluß des Gesellschaftsvertrages und damit zur Errichtung der AG notwendig waren. Eine bestimmte Mindestzahl wurde allenfalls im Rahmen des Konzessionsverfahrens gefordert. Einig war man sich in der Literatur nach Einführung des neuen Aktienrechts von 1870, daß die Gesellschaftsform der Aktiengesellschaft auf Grundlage der Genossenschaftstheorie rechtlich aus der Korporation herzuleiten war. Eine Einmann-AG hielt man deshalb für unzulässig.[364] Aufgrund der Tatsache, daß der erste Aufsichtsrat gemäß Art. 209 Ziff. 6 des ADHGB in der Fassung von 1870 mindestens aus drei Aktionären zu bilden war, ging die Rechtswissenschaft nun davon aus, daß zur wirksamen Errichtung einer Aktiengesellschaft mindestens drei Personen erforderlich waren. Zur Eintragung in das Handelsregister war u.a. der Nachweis erforderlich, daß ein Aufsichtsrat von mindestens drei Personen gewählt worden war.[365]

bb) Gleichstellung von Handels- und Zivilaktiengesellschaften

Eine gegenüber der ersten Fassung des ADHGB von 1861 wesentliche Vereinheitlichung des Aktienrechts traf Art. 208 ADHGB n.F. Er traf eine Gleichstellung von Handels- und Zivilaktiengesellschaften. Nach dem Aktienrecht des ADHGB von 1861 konnte eine Aktiengesellschaft nur errichtet werden, wenn ihr Gesellschaftszweck auf den Betrieb eines Handelsgewerbes gerichtet war. Zivile Aktiengesellschaften fielen so grundsätzlich aus dem Anwendungsbereich des ADHGB heraus.[366] Diesen Unterschied beseitigte man, indem Art. 208 ADHGB n.F. nun folgendermaßen gefaßt wurde:

> „Eine Aktiengesellschaft gilt als Handelsgesellschaft, auch wenn der Gegenstand des Unternehmens nicht in Handelsgeschäften besteht."

---

363 Vgl. *Schubert,* in: ZGR 1981, S. 306.

364 *Renaud,* S. 220. Das englische und das französische Aktienrecht sahen dagegen eine Anzahl von mindestens sieben Gründern vor, vgl. Art. 23 des französischen Code de Commerce vom 24. Juli 1867 und Art. 7 des joint stock companies act von 1856. Zu den Gründungsvoraussetzungen im französischen und englischen Aktienrecht zur Zeit der Aktienrechtsnovelle von 1870 vgl. *Fick,* in: ZHR 13 (1869), S. 394 ff.

365 Vgl. *Renaud,* S. 221 und *Keyssner,* S. 169 f.

366 *Reich,* in: Ius Commune Bd. II, S. 267.

Auf diese Weise vollzog erst die Novelle von 1870 durch die Änderung des Art. 208 ADHGB die endgültige Harmonisierung und Vereinheitlichung des Aktienrechts.[367]

b) Der Nominalwert der Aktien

Art. 207a ADHGB n.F. bestimmte:

„Die Aktien oder Actienantheile müssen, wenn sie auf den Namen lauten, auf einen Betrag von mindestens funfzig Vereinsthalern, wenn sie auf den Inhaber lauten, auf einen Betrag von mindestens einhundert Vereinsthalern gestellt werden. Bei Versicherungsgesellschaften müssen auch solche Actien oder Actienantheile, welche auf Namen lauten, auf einen Betrag von mindestens einhundert Vereinsthalern gestellt werden.

Actien oder Actienantheile, welche auf einen geringeren Betrag gestellt werden, sind nichtig. Die Ausgeber solcher Actien oder Actienantheile sind den Besitzern für allen durch die Ausgabe verursachten Schaden solidarisch verhaftet. Der Nominalbetrag der Actien oder Actienantheile darf während des Bestehens der Gesellschaft weder vermindert noch erhöht weden (...).“

Art. 207a ADHGB folgt damit § 8 bzw. § 9 des preußischen Entwurfs von 1869. Das Prinzip, die Mindesthöhe des Nominalbetrages von Aktien gesetzlich festzulegen, kam aus dem französischen Recht und hatte bereits in das ADHGB von 1861 für die KGaA Eingang gefunden. Vermeiden wollte man durch die Festlegung der Mindesthöhe, daß durch die Zulassung von Aktien zu geringen Beträgen eine Beteiligung von ärmeren Bevölkerungsschichten an der nicht risikolosen Anlageform der Aktie zu leicht ermöglicht wurde.[368] Letztendlich wollte man Kleinanleger auf diese Weise vor dem Verlust ihrer Ersparnisse durch eine zu risikofreudige Kapitalanlage bewahren, indem man die Aktie durch das aufzubringende Mindestkapital für bestimmte Bevölkerungsgruppen uninteressant machte.

c) Die Einzahlung des Grundkapitals

Nach Art. 209 a ADHGB, der § 5 des preußischen Enwurfs von 1869 folgte, mußte nach Zeichnung des Grundkapitals und vor Eintragung der Gesellschaft in das Handelsregister eine Generalversammlung einberufen werden. Diese mußte feststellen, daß das Grundkapital vollständig gezeichnet war und mindestens 10% des Nominalwertes auf jede Aktien einbezahlt

---

[367] In Preußen wurde diese Gleichstellung schon 1864 vollzogen. Durch ein besonderes Gesetz vom 15.2.1864 (Gesetzessammlung für die königlich preußischen Staaten 1864, S. 57 ff.) wurde die Anwendung des ADHGB auf alle Aktiengesellschaften ausgedehnt, vgl. *Keyssner,* S. 56 ff.

[368] Vgl. *Schubert,* in: ZGR 1981, S. 303.

waren. Über die Versammlung war eine notarielle Urkunde aufzunehmen, die bei Anmeldung der Gesellschaft zum Handelsregister vorzulegen war.

Art. 209 a ADHGB bestimmte:

„Nach der Zeichnung des Grundkapitals hat eine Generalversammlung der Aktionäre auf Grund der ihr vorzulegenden Bescheinigungen durch Beschluß festzustellen, daß das Grundkapital vollständig gezeichnet, und daß mindestens zehn Prozent, bei Versicherungsgesellschaften mindestens zwanzig Prozent, auf jede Aktien eingezahlt sind, sofern nicht der Gesellschaftsvertrag zwischen den sämtlichen Aktionären abgeschlossen und darin die Erfüllung jener Erfordernisse anerkannt ist. Ueber den Beschluß ist eine gerichtliche oder notarielle Urkunde aufzunehmen.“

Nach dem Regelungstatbestand der Norm war die Sukzessivgründung der gesetzliche Normalfall des Gründungsvorgangs.[369] Dies entsprach der in dieser Zeit vorherrschenden Gründungspraxis.[370] Im Gegensatz zur Gesetzeslage im heutigen AktG, das allein von der Simultangründung ausgeht[371], war es auch nach der Aktienrechtsnovelle von 1870 nicht erforderlich, daß alle Aktien sofort nach Abschluß des Gesellschaftsvertrages durch die Gründer übernommen wurden. Nach dieser Gesetzeslage war es ferner möglich, bereits vor dem rechtsverbindlichen Abschluß des Gesellschaftsvertrages zur Zeichnung von Aktien aufzurufen.[372] Diese führte häufig zu einem Mißbrauch durch die Gründer und einer mangelhaften Information der Zeichner.[373]

Vorbeugen sollte Art. 209 a ADHGB aber vor allem der Bildung von Gesellschaften „ohne alle materiellen Mittel“, nur „aus Spekulation auf das Steigen von Aktien“.[374] Dabei wurde eine Einzahlung von 10% für ausreichend gehalten, obwohl es im Lauf des weiteren Gesetzgebungsverfahrens Stimmen gegeben hatte, die für eine Quote von bis zu 25% plädierten. Eine weitere Bestimmung hinsichtlich des einzuzahlenden Mindestbetrages traf Art. 222 ADHGB n.F. für Inhaberaktien. Diese Norm sollte sich später als ein wesentlicher Schwachpunkt der Aktienrechtsnovelle von 1870 herausstellen.[375] Danach war der Zeichner einer Inhaberaktie zur Einzahlung des gezeichneten Kapitals unbedingt verpflichtet. Von dieser Verpflichtung

---

[369] Dies entsprach bereits der Praxis unter dem preußischen Aktiengesetz von 1843 und dem ADHGB von 1861.

[370] Vgl. *Bösselmann,* S. 98.

[371] Vgl. § 23 Abs. 2 AktG.

[372] *Hommelhoff,* in: Schubert/Hommelhoff, Hundert Jahre modernes Aktienrecht, S. 76.

[373] Vgl. *Hommelhoff,* in: Schubert/Hommelhoff, Hundert Jahre modernes Aktienrecht, S. 76.

[374] Drucksache Nr. 86 des Bundesrates v. 1869, S. 21.

[375] Vgl. unten Dritter Abschnitt, B. I.

konnte er auch nicht durch einen Beschluß der Generalversammlung entbunden werden. Eine Ausnahme ergab sich aber aus Art. 222 Ziff. 3.[376] Nach dieser Vorschrift konnte der Gesellschaftsvertrag vorsehen, daß nach Erfüllung von 40% der durch die Zeichnung übernommenen Einlageverpflichtung eine Befreiung des Zeichners von der Haftung für weitere Einzahlungen erfolgen konnte (sog. Aktienliberierung).[377] Zugleich war diese nicht voll eingezahlte Aktie als Inhaberpapier frei handelbar.[378] Für Namensaktien sah Art. 223 ADHGB eine solche Befreiungsmöglichkeit nicht vor.[379]

d) Die Normativbestimmungen zur Sachgründung

Der preußische Entwurf von 1869 bestimmte in § 5, daß im Fall von Einlagen, die nicht in barem Geld geleistet wurden, aus Gründen des Anlegerschutzes besondere Voraussetzungen erfüllt werden mußten. Diese Voraussetzungen wurden in Art. 209 b ADHGB übernommen.[380]

---

376 Art. 222 ADHGB: „Wenn die Actien oder Actienantheile auf den Inhaber gestellt werden, so kommen folgende Grundsätze zur Anwendung:

(...)

3) Im Gesellschaftsvertrag kann bestimmt werden, daß und unter welchen Maaßgaben nach erfolgter Einzahlung von 40 Prozent die Befreiung des Zeichners von der Haftung für weitere Einlagen zulässig sei, und daß im Fall der eingetretenen Befreiung über die geleisteten Einzahlung Promessen oder Interimsscheine, welche auf den Inhaber lauten, ausgestellt werden dürfen.“.

377 *Keyssner,* ADHGB, Bd. II., S. 210 f.

378 *Hommelhoff,* in: Schubert/Hommelhoff, Hundert Jahre modernes Aktienrecht, S. 78.

379 Vgl. amtliche Begründung zur Aktienrechtsreform von 1884, in: *Schubert/Hommelhoff,* Hundert Jahre modernes Aktienrecht, S. 424.

380 Art. 209 b ADHGB: „Wenn ein Actionär eine auf das Grundkapital anzurechnende Einlage macht, welche nicht in baarem Geld besteht, oder wenn Anlagen oder sonstige Vermögensstücke von der zu errichtenden Gesellschaft übernommen werden sollen, so ist im Gesellschaftsvertrage der Werth der Einlage oder des Vermögensstücks festzusetzen und die Zahl der Actien oder der Preis zu bestimmen, welche für dieselben gewährt werden. Jeder zu Gunsten eines Actionärs bedungene besondere Vortheil ist im Gesellschaftsvertrag gleichfalls festzusetzen.

Nach der Zeichnung des Grundkapitals muß in den Fällen, welche in dem vorstehenden Absatz bezeichnet sind, sofern nicht der Gesellschaftsvertrag zwischen den sämtlichen Actionären abgeschlossen, ist die Genehmigung des Vertrages in einer Generalversammluung der Actionäre durch Beschluß erfolgen.

Die den Betrag genehmigende Mehrheit muß mindestens ein Viertheil der sämmtlichen Actionäre begreifen und der Betrag ihrer Antheile mindestens ein Viertheil des gesammten Grundkapitals darstellen. Der Gesellschafter, welche die betreffende Einlage macht oder sich besondere Vorteile ausbedingt, hat bei der Beschlußfassung kein Stimmrecht.

Ueber den Beschluß ist eine gerichtliche oder notarielle Urkunde aufzunehmen.“.

Im Fall einer Sachgründung mußte daher vor der Eintragung in das Handelsregister eine Generalversammlung der Aktionäre diese von der normalen Bargründung abweichende Vorgehensweise genehmigen. Vorher mußte der Gesellschaftvertrag den Wert der Sacheinlage festlegen und die Zahl der Aktien, welche dafür gewährt werden sollten, bestimmen. Diese Satzungsbestimmungen mußten mindestens von einem Viertel der Aktionäre, die mindestens ein Viertel des gesamten Grundkapitals repräsentierten, genehmigt werden.[381] Die Gesellschafter, die ihrer Einlageverpflichtung durch Sacheinlagen nachkamen, besaßen in der Generalversammlung kein Stimmrecht. Einer Genehmigung der Generalversammlung bedurfte es aber nicht, wenn die Gründer selbst alle Aktien gezeichnet hatten. Besondere Prüfungserfordernisse zur Überprüfung der Werthaltigkeit der Sacheinlage wurden nicht normiert.

Die Art. 209 b ADHGB entsprechende Regelung wurde von den Verfassern des preußischen Entwurfs als Schutz vor einer Benachteiligung der Aktionäre für dringend notwendig gehalten.[382] Die Idee, Aktionäre bei der Sachgründung vor der Bevorteilung der Gründer durch falsche Wertermittlung der Sacheinlagen besonders zu schützen, war allerdings nicht neu. Die von Preußen als Anlegerschutz im Entwurf von 1869 vorgeschlagenen Normativbestimmungen beinhalteten gründungsrechtliche Grundsätze, die schon im Rahmen des staatlichen Genehmigungsverfahrens angewendet worden waren. Aus diesem Grund war es auch bei Einführung des preußischen Aktiengesetzes von 1843 nicht zwingend notwendig, Sachgründungsvorschriften zu kodifizieren. Ausreichend war die Berücksichtigung im Genehmigungsverfahren. Anzumerken ist an dieser Stelle auch, daß bereits der preußische Entwurf eines Handelsgesetzbuches für die preußischen Staaten von 1857, der die wesentliche Grundlage der Beratungen der Nürnberger Kommission zur Einführung des ADHGB bildete[383], in Art. 183 des Entwurfs eine Art 209 b ADHGB identische Regelung vorsah. Hier sollte bei einer Sacheinlage oder bei der Gewährung von Gründervorteilen vor Erteilung der Konzession zwingend eine Generalversammlung stattfinden, die über die Zulässigkeit dieser Gründungsvorgänge abstimmen mußte. Gegen Art. 183 des Entwurfs[384] wurde in den Nürnberger Beratungen zutreffend

---

381 Vgl. *Schubert,* in: ZGR 1981, S. 304.

382 *Schubert,* in: ZGR 1981, S. 304.

383 Der Entwurf ist abgedruckt in: *Lutz,* Protokolle, Beilagenband, S. 1 ff. Art. 183 findet sich auf S. 34 des Beilagenbandes.

384 Art. 183: „Wenn ein Gesellschafter eine Einlage macht, welche nicht in baarem Geld besteht, oder wenn er sich zu seinen Gunsten besondere Vorteile ausbedingt, so muß nach erfolgter Zeichnung des ganzen Aktienkapitals eine Generalversammlung der Zeichner berufen, in derselben die Abschätzung und Prüfung der Zulässigkeit angeordnet und in einer späteren Generalversammlung nach Inhalt des

eingewandt, daß diese Vorschrift leicht zu umgehen sei, wenn sämtliche Aktien von den Gründern, die die Einbringung eines Unternehmens oder anderer Sacheinlagen beabsichtigten, gezeichnet würden. Die Mehrheit stimmte daher gegen die Beibehaltung dieser Vorschrift in der Endfassung des ADHGB.[385] Dieser Vorwurf wurde im Gesetzgebungsverfahren zur Novelle von 1870 gegen Art. 209 b ADHGB ebenfalls vorgebracht.[386] Erstaunlich ist in diesem Kontext, daß eine Regelung, die unter dem gegenüber dem Normativsystem von 1870 strengeren Konzessionssystem wegen ihrer zu geringen Schutzwirkung verworfen wurden, in identischer Weise gerade als Schutzvorschrift gegen die Benachteilung der Aktionäre eingeführt wurde.

III. Würdigung des Gründungsrechts der Aktienrechtsnovelle von 1870

1. Gründungsboom und Gründerkrise

Ein Ziel der Aktienrechtsnovelle von 1870 war es, durch die mit der Abschaffung des Konzessionssystems verbundene Liberalisierung des Aktienrechts die Gründung von Aktiengesellschaften zu erleichtern und diese Gesellschaftsform aus dem Korsett der staatlichen Oberaufsicht zu entlassen. Die Gründung neuer Aktiengesellschaften sollte volkswirtschaftlich dazu dienen, den allgemeinen Wohlstand durch neue Unternehmen zu steigern. Dieses Ziel des neuen Aktienrechts wurde, auch durch die allgemeine Aufbruchstimmung nach dem Ende des deutsch-französischen Krieges von 1871, erreicht. Allein in Preußen wurden zwischen 1871 und 1873 840 neue Aktiengesellschaften gegründet. Dies entsprach dem Vierfachen der bis dahin gegründeten preußischen Aktiengesellschaften.[387] Im Reichsgebiet wurden allein 1872 fast doppelt soviele Aktiengesellschaften gegründet wie im gesamten Zeitraum von 1801 bis 1870.[388] Von den etwa 5½ Mrd. Mark, die in der Aufschwungphase 1850–1873 in neu gegründete Aktiengesellschaften investiert worden sind, entfielen allein 2,9 Mrd. Mark auf den Zeitraum 1871–1873.[389] Darunter fällt auch die Gründung der drei heute noch existierenden Großbanken: Deutsche Bank (1870), Commerz- und Disconto Bank (1871) und Dresdner Bank (1872).

Art. 159 die Genehmigung durch Beschluß erfolgt sein, bevor der der Gesellschaftsvertrag zur landesherrlichen Genehmigung vorgelegt werden kann. (...).".

385 *Lutz,* Protokolle, Bd. I, S. 329.

386 Vgl. *Schubert,* in: ZGR 1981, S. 304.

387 Vgl. *Meisel,* S. 144.

388 *Brüggemeier,* Bd. I (Von der Gründerzeit bis zur Weimarer Republik), S. 51.

389 Vgl. *Rosenberg,* S. 41.

Neben diesen aus heutiger Sicht sehr erfolgreichen Neugründungen stieg aber vor allem im Jahr 1873 auch die Zahl der Konkurse von neugegründeten Aktiengesellschaften sehr stark an. Bezogen auf die Gesamtzahl der neugegründeten Gesellschaften fielen im Jahr 1873 allein 33,3% in Konkurs.[390] Diese Zahl macht deutlich, daß in erheblichem Umfang nicht lebensfähige Aktiengesellschaften gegründet worden waren. Die Ursachen dieser Entwicklung lagen dabei weniger in einer ungünstigen Wirtschaftslage als vielmehr darin, daß zu dieser Zeit der Aktienschwindel blühte.[391] Im folgenden soll nun untersucht werden, inwieweit das Gründungsrecht der Aktienrechtsnovelle von 1870 unsoliden Gründungen Vorschub geleistet hat.

2. Rechtliche Mängel der Regelungen des neuen Gründungsrechts von 1870

a) Sachgründungsvorschriften

Ein wesentliche Schwäche der neuen Gründungsvorschriften stellte die Norm des Art. 209 b ADHGB n.F. dar. Die keiner Überprüfung unterworfene, allein von den Gründern vorgenommene Bewertung von Sacheinlagen ermöglichte es diesen, Eigenkapital vorzutäuschen, dem keine entsprechenden Sachwerte gegenüberstehen.

Rechtlich wurde diese Umgehungsmöglichkeit durch die lückenhaften Regelungen in Art. 209 b ADHGB n.F. ermöglicht. Zwar mußten die Werte der Sacheinlagen nach Art. 209 b im Gesellschaftsvertrag festgelegt werden, die Bewertung der eingelegten Güter und Dienstleistungen wurde aber keiner weiteren materiellen Prüfung unterzogen.[392] Dem stand auch die nicht die Regelung in Art. 209 b entgegen, nach der der Gesellschaftsvertrag, der Sacheinlagen von Gründungsaktionären vorsah, von einer Gründungsgeneralversammlung vor der Eintragung in das Handelsregister genehmigt werden mußte. Im Fall einer Sukzessivgründung mußte zwar die Generalversammlung den Gesellschaftsvertrag und seine Festsetzung genehmigen. Diese Bestimmung konnte aber leicht dadurch umgangen werden, daß zunächst alle Aktien durch die Gründer im Rahmen einer Simultangründung übernommen wurden und später an Dritte veräußert wurden.[393] Eine Genehmigung der Gesellschafterversammlung war nach Art. 209 b ADHGB entbehrlich, wenn zunächst alle Aktien durch die Gründer übernommen wurden. Dann stand es allein im Ermessen der Gründer, den Wert

---

390 Vgl. *Meisel,* S. 66.

391 *List,* S. 45.

392 *List,* S. 45.

393 Vgl. das Gutachten des ROHG (Fn. 397), S. 181 ff.

ihrer Sacheinlagen zu bestimmen.[394] Erforderlich war es dagegen nicht, im Gesellschaftsvertrag und im Handelsregister die Grundlagen der Bewertung offenzulegen. Im Gesellschaftsvertrag mußte lediglich angegeben werden, welchen Wert die Einlage besaß und welche Anzahl von Aktien dafür gewährt wurde. Dagegen war es nicht notwendig offenzulegen, von wem die Sacheinlage stammte. Für Dritte war daher nicht ersichtlich, wer an dem Sacheinlagengeschäft beteiligt war. Kaufverträge mußten ebenfalls nicht im Handelsregister veröffentlicht werden.[395] Eine Überprüfung der von den Gründern vorgenommenen Bewertungen durch unabhängige Dritte oder durch das Registergericht schrieb das Gesetz von 1870 nicht vor. Die durch die Aktienrechtsnovelle von 1870 zur Sachgründung eingeführten Normativbestimmungen verdammten den Registerrichter als alleinige Prüfungsinstanz bei der Gesellschaftsgründung zur Untätigkeit, da das Gesetz eine materielle Prüfung bei der Bewertung von Sacheinlagen nicht vorsah. Das Registergericht prüfte die erforderlichen Gründungsbelege nur auf ihre formelle Vollständigkeit, nicht aber z. B. anhand von Gutachten auf ihre materielle Richtigkeit. Auf diese Weise wurde dem anlagewilligen Publikum häufig ein in Wahrheit nur fiktives Grundkapital vorgetäuscht. Mittelbar „verkauften“ die Gründer den Anlegern Sacheinlagen zu enorm überhöhten Preisen.[396] Letztlich handelte es sich dabei um folgenschwere Fälle der Unterpari-Emission.[397]

Ein weiterer Mangel der Aktienrechtsnovelle von 1870 lag auch darin, daß eine Straf- und Haftungsbewährung fragwürdiger Verhaltensweisen oder einer Gründerhaftung im Zusammenhang mit qualifizierten Gründungen fehlten.[398]

---

394 Vgl. die amtliche Begründung zur Aktienrechtsnovelle von 1884, abgedruckt in: *Schubert/Hommelhoff*, Hundert Jahre modernes Aktienrecht, S. 435 f.

395 Vgl. das Gutachten des ROHG (Fn. 397), S. 183.

396 Vgl. *Hommelhoff*, in: Schubert/Hommelhoff, Hundert Jahre modernes Aktienrecht, S. 64. Man sprach damals von „Illationsgesellschaften“, bei denen den Anlegern mit Hilfe der Sachgründung Vermögenswerte vorgespiegelt wurden, die nicht existierten.

397 Vgl. das Gutachten des Reichsoberhandelsgerichts von 1877 zur Reform des durch die Aktienrechtsnovelle von 1870 geschaffenen Aktienrechts. (Gutachten über die geeignetsten Mittel zur Abhülfe der nach den Erfahrungen des Reichs-Oberhandelsgerichts bei der Gründung, der Verwaltung und dem geschäftlichen Betriebe von Aktienunternehmungen hervorgetretenen Uebelstände). Am 31.7.1876 hatte das Reichskanzleramt das Reichsoberhandelsgericht um ein Gutachten darüber gebeten, ob und inwieweit das seit 1870 bestehende Recht sich als derart unzureichend erwiesen habe, daß eine Reform des Aktienrechts gebote erscheine. Das Gutachten ist vollständig abgedruckt in: *Schubert/Hommelhoff*, Hundert Jahre modernes Aktienrecht, S. 184. Das dort abgedruckte Gutachten ist wiedergegeben nach dem metallographierten Exemplar des GStA Potsdam, Reichsjustizamt, Nr. 2859, Bl. 125–199. Es trägt die Unterschrift des Präsidenten des Reichsoberhandelsgerichts v. Pape.

Im Ergebnis bleibt festzuhalten, daß die Sachgründungsvorschriften in zwei wesentlichen Punkten mangelhaft waren. Zum einen fehlte es an der Verpflichtung, die Sacheinlage im Gesellschaftsvertrag in allen relevanten Einzelheiten aufzudecken, zum anderen fehlte ein sicheres Verfahren gesellschaftsinterner Prüfung zur Überprüfung ihres Wertes.

b) Die Aktienliberierung nach Art. 222 ADHGB

Nach Art. 222 Ziff. 3 ADHGB n.F. konnte ein Gründungsgesellschafter durch eine entsprechende Regelung im Gesellschaftsvertrag nach Einzahlung von 40% des Nominalbetrages bei Möglichkeit der Ausgabe von Aktien als handelbare Inhaberpapiere von der Leistung des restlichen Einlagebetrages befreit werden.[399] Dies hatte zur Folge, daß trotz eines festgelegten und im Handelsregister veröffentlichen Grundkapitals für bis zu 60% des aufzubringenden Kapitals nicht gehaftet werden mußte.[400] Sah der Gesellschaftsvertrag eine derartige Befreiungsmöglichkeit vor, so wurde das Risiko des Aktionärs dementsprechend begrenzt. Im Fall des Konkurses des Unternehmens verlor der Aktionär zwar seine bisherige Einlageleistung, aber auch nicht mehr; wegen des noch bestehenden Restbetrages konnte er nicht mehr in Anspruch genommen werden.[401] Diese vom Gesetz vorgesehene gesellschaftsrechtliche Gestaltungsmöglichkeit führte zu einer eindeutigen Benachteiligung der Gesellschaftsgläubiger. Durch die Möglichkeit der sog. Aktienliberierung wurden ihnen ein überhöhtes und in Wahrheit nicht realisierbares Haftkapital vorgetäuscht.[402] Die Aktienliberierung wurde daher als einer der wesentlichen Mißstände der Aktienrechtsnovelle von 1870 angesehen.[403]

c) Rechtliche Umgehungsmöglichkeiten bei Sukzessivgründungen

Probleme bei der Sukzessivgründung ergaben sich insbesondere für die nicht zu den Gründern gehörenden Zeichner. Diese hatten oft ohne volle Kenntnis dessen gezeichnet, worauf sie sich eingelassen hatten. Regelungen zu bestimmten Mindestangaben des Zeichnungsscheines enthielt das novel-

---

398 Vgl. *List,* S. 46.

399 Vgl. auch die amtliche Begründung zum Aktiengesetz von 1884, in: *Schubert/Hommelhoff,* Hundert Jahre modernes Aktienrecht, S. 425.

400 Vgl. Gutachten des ROHG (Fn. 397), S. 165.

401 *Hommelhoff,* in: Schubert/Hommelhoff, Hundert Jahre modernes Aktienrecht, S. 79.

402 Amtliche Begründung zum Aktiengesetz von 1884, in: *Schubert/Hommelhoff,* S. 425.

403 Vgl. Gutachten des ROHG (Fn. 397), S. 166.

lierte ADHGB von 1870 nicht. Zwar hätten sich die Zeichner theoretisch über die wesentlichen Bestimmungen des Gesellschaftsvertrages informieren können, es bestand aber nicht die Pflicht, den Gesellschaftvertrag vor Zeichnung bereits rechtsverbindlich abzuschließen. Oft änderten die Gründer den Gesellschaftsvertrag auch nach der Zeichnung noch durch einen entsprechenden Beschluß.[404] Des weiteren mußten die Gründer keine Informationen zum Gründungsaufwand und zur Gewährung von Sondervorteilen offenlegen.[405] Eine Kontrolle des Gründungshergangs durch unabhängige Prüfer war nicht vorgesehen. Gerade im Fall von Sacheinlagen und der Gewährung von Sondervorteilen war durch dieses rechtlich zulässige Procedere Mißbrauch Tor und Tür geöffnet. Die Gründer konnten Sachwerte nach eigenen „Bewertungsmaßstäben" in die Gesellschaft einbringen und die nachfolgenden Zeichner benachteiligen.

3. Zwischenergebnis

Die wesentliche Leistung der Aktienrechtsnovelle von 1870 besteht in der endgültigen Vereinheitlichung des vorher trotz der Einführung des ADHGB immer noch in Teilen uneinheitlichen Aktienrechts. Durch die endgültige Abschaffung des Konzessions- und Einführung des Normativsystems wurde die vorher bestehende Dichotomie der Gründungssysteme in Deutschland beseitigt, die Gründung von Aktiengesellschaften wurde aus der staatlichen Oberaufsicht entlassen. Das Aktienrecht wurde von seinem öffentlich-rechtlichen Charakter befreit. Aus rechtshistorischer Sicht hat die Aktienrechtsnovelle von 1870 so den Weg für das noch heute im AktG bestehende Gründungsrechtssystem geschaffen.[406]

Eine weitere Vereinheitlichung fand im Bereich des Gesellschaftszwecks der Aktiengesellschaft statt. Nach der Systematik des ADHGB von 1861 galt das Gesetz nur für Aktiengesellschaften, deren Unternehmensgegenstand in Handelsgeschäften bestand. Zivile Aktiengesellschaften fielen aus dem Anwendungsbereich des ADHGB heraus. Durch die Neufassung des Art. 208 ADHGB wurde der Anwendungsbereich des ADHGB auch auf diese Aktiengesellschaften erweitert.

Der wesentliche Nachteil des neuen Gründungsrechts von 1870 lag aber in seinen noch unzureichenden Normativbestimmungen. Die oben darge-

---

404 *Hommelhoff,* in: Schubert/Hommelhoff, Hundert Jahre modernes Aktienrecht, S. 76.

405 *Hommelhoff,* in: Schubert/Hommelhoff, Hundert Jahre modernes Aktienrecht, S. 64.

406 *Laux,* S. 51 und *Landwehr,* in: ZRG GA 99 (1982), S. 20. Wie sich aus der weiteren Darstellung zu B. unten ergibt, hat die 2. Novelle von 1884 das Normativsystem nur schärfer konturiert.

stellten Mängel der neuen Gründungsvorschriften, d. h. Umgehungsmöglichkeiten und eine fehlende Kontrolle des Gründungshergangs, führten nämlich dazu, daß das anlagewillige Publikum in vielen Fällen zur Hingabe von Kapital an neu gegründete Aktiengesellschaften verleitet wurde, deren Aktien kaum das Papier wert waren, auf dem die Mitgliedschaftsrechte verbrieft waren.[407] Wie sich aus den Motiven zur Novelle von 1870 ergibt, hielt man aber bereits bei Einführung des neuen Normativsystems eine zukünfte Erhöhung der Zahl unseriöser Gründungen für möglich.[408] Einzelne Abgeordnete warnten vor einer Überschätzung des Normativsystems, das leicht umgangen werden könnte.[409] Diese Probleme sah man aber allenfalls als solche vorübergehender Natur an, die zum Zweck „der Erreichung eines dauernden besseren Zustandes" ertragen werden mußten.[410]

Die Problematik des massiven Gründungsschwindels stellte explizit im Jahre 1873 der Abgeordnete Eduard Lasker[411] in einer Sitzung des Reichstages fest.[412] Seine durchaus wegweisende Rede führte dazu, daß sich Reichstag und Rechtswissenschaft in der Zukunft eingehend mit einer erneuten Reform des Aktienrechts beschäftigten.

B. Die Aktienrechtsnovelle vom 18.7.1884 und ihre neuen Gründungsvorschriften

I. Untersuchungsgegenstand

1. Gang der Gesetzgebung bis 1877

Die oben angesprochene Kritik des Abgeordneten Lasker läutete den Beginn einer umfassenden Diskussion über die Reform des seit 1870 geltenden Aktienrechts ein. Im Anschluß an die Rede Laskers wurden am 7.4.1873 sämtliche Bundesregierungen ersucht, über Mißstände, welche seit Inkrafttreten der Reform von 1870 bei der Gründung, aber auch der Ver-

---

407 Vgl. *Hommelhoff,* in: Schubert/Hommelhoff, Hundert Jahre modernes Aktienrecht, S. 74.

408 Reichstagsdrucksache 1870 Nr. 158, Anlagen Bd. 3, S. 650.

409 Reichtstagsverhandlungen 1870, S. 1059.

410 Reichstagsdrucksache 1870 Nr. 158, Anlagen Bd. 3, S. 650.

411 Eduard Lasker (1829–1884), Publizist und Parlamentarier, war nach bestandener juristischer Staatsprüfung 1865 in das preußische Abgeordnetenhaus gewählt worden. Er galt als einer der ersten deutschen Berufpolitiker. Seine Enthüllungen im Zusammenhang mit den Gründerskandalen 1873 führten zum Rücktritt des preußischen Handelsministers v. Itzenplitz.

412 Reichstagsrede vom 4.4.1873, Stenographische Berichte über die Verhandlungen des Reichstages, Band I, 1873, S. 215.

waltung und dem Geschäftsbetrieb aufgetreten waren, zu berichten und ggf. Vorschläge zur Änderung des Aktienrechts zu machen. Zu diesen Punkten wurden auch Handelskammern und kaufmännische Korporationen befragt.[413] Der Handelsminister legte im November 1873 in einen ausführlichen Bericht dem preußischen Staatsministerium Vorschläge zur Abänderung des Aktienrechts vor.[414] Die Hauptmißstände lagen nach Ansicht des Handelsministers in den unzureichenden Gründungsvorschriften. Die unzureichenden Normativbestimmungen hätten dazu geführt, daß die Gründer die Gründung einer Aktiengesellschaft nur als Mittel zur Realisierung eigenen Gewinns betrachtet und das Unternehmen, sobald dieser Zweck erreicht gewesen sei, preisgegeben hätten.[415] Der Minister unterbreitete folgende Änderungsvorschläge[416]: Verpflichtung des Erstzeichners, die übernommenen Aktien ohne Liberierungsmöglichkeit voll einzuzahlen, Erhöhung des Grundkapitals erst nach Volleinzahlung der früher ausgegebenen Aktien, Verbot der Vereinbarung besonderer Vorteile zugunsten der Gründer bei der Ausgabe neuer Aktien und Ausschließung von Mißbräuchen bei den qualifizierten Gründungen.

Im Gegensatz zum Handelsministerium bezweifelte der preußische Justizminister die Dringlichkeit einer Aktienrechtsreform. Entgegen den Erwartungen vieler Abgeordneter des preußischen Abgeordnetenhauses lehnte das Plenum des Bundesrates 1874 eine baldige Reform des Aktienrechts ab und verwies die Reformbefürworter auf eine spätere Gesamtreform des ADHGB.[417] Dennoch wurden am 17.11.1876 auf Druck des preußischen Abgeordnetenhauses die Reformvorschläge des preußischen Handels- und Justizministeriums an den Bundesrat in Form einer Denkschrift zur Aktienrechtsreform übergeben. Mit dieser Denkschrift traten die preußischen Abgeordneten für den Erlaß eines Zwischengesetzes ein, das die Probleme des Aktienwesens lösen sollte.[418] Noch im Jahr 1877 wurden die Vorarbeiten einer von der Gesamtrevision des ADHGB losgelösten Aktienrechtsreform in die Wege geleitet.

---

413 *Schubert,* in: Schubert/Hommelhoff, Hundert Jahre modernes Aktienrecht, S. 8.

414 GStA Berlin-Dahlem, Rep 84a, Nr. 10445, S. 351 ff.

415 Vgl. *Schubert,* in: Schubert/Hommelhoff, Hundert Jahre modernes Aktienrecht, S. 9.

416 GStA Berlin-Dahlem, Rep 84a, Nr. 10446, S. 385.

417 *List,* S. 69.

418 *List,* S. 69. Dabei spielte erneut Lasker eine entscheidende Rolle, als er zusammen mit dem Abgeordneten v. Köller im Abgeordnetenhaus auf eine Reform des Aktienrechts drängte, vgl. die Stenographischen Berichte des Hauses der Abgeordneten 1876, Bd. 2, S. 915.

2. Der Referentenentwurf vom Juni 1880 und der Entwurf des Reichsjustizamtes vom Dezember 1880

Das Reichsjustizamt blieb trotz der Anweisung des Bundesrates, die Reform des Aktienrechts voranzutreiben, bis zum Jahre 1880 untätig. Eine Aktienrechtsreform sah man dort nicht als vorrangige Aufgabe an. Erst auf verstärkten Druck des Reichskanzlers und des Handelsministeriums legten die Mitarbeiter des Reichsjustizamtes Deegen und Kayser am 23.6.1880 einen entsprechenden Gesetzesentwurf[419] vor. Dieser Entwurf war stark an den Vorschlägen des Gutachtens des Reichsoberhandelsgerichts aus dem Jahre 1877 ausgerichtet.[420]

Nach Art. 207 des Entwurfs mußte der Gesellschaftsvertrag von mindestens sieben Personen abgeschlossen werden. Verschärfungen gegenüber der Novelle von 1870 waren vor allem für den Bereich der qualifizierten Gründung vorgesehen. Sollte von einem Aktionär eine Sacheinlage als Einlageleistung erbracht werden, waren nach ArtE. 209 b Angaben hierüber nicht nur im Gesellschaftsvertrag aufzunehmen, sondern auch im Handelregister zu veröffentlichen und in den Zeichnungsschein aufzunehmen. Nach Abs. 2 sollten die Gründer für die Richtigkeit und Vollständigkeit der in der Bekanntmachung enthaltenen Angaben gesamtschuldnerisch haften. Nach der Zeichnung des Grundkapitals hatte eine Generalversammlung die Mitglieder des Aufsichtsrates zu wählen, welche die durch die Gründer im Gesellschaftsvertrag getroffenen Festsetzungen zu prüfen hatte.

Nach ArtE. 209 e hatte anschließend eine weitere Generalversammlung die entsprechenden Bestimmungen des Gesellschaftsvertrages zu genehmigen. Flankiert wurden diese Vorschriften zur qualifizierten Gründung durch eine Gründerhaftung. ArtE. 212 b sah vor, daß die Gründer im Fall einer Schädigung der Gesellschaft durch eine fehlerhafte Sacheinlage persönlich und solidarisch hafteten, wenn dies bei Anwendung der Sorgfalt eines ordentlichen Kaufmanns hätte erkannt werden können.

Um nachträgliche Umgehungen zu vermeiden, wurde in ArtE. 212 c erstmalig die heute noch in § 52 AktG geregelte Nachgründung berücksichtigt:

> „Werden von dem Vorstande der Gesellschaft innerhalb eines Jahres Verträge der in Art. 209 a bezeicheten Art über Anlagen oder sonstige Vermögensstücke oder über Bewilligung besonderer Vortheile an einen Aktionär geschlossen, so bedürfen dieselben, Verträge über Vermögensstücke jedoch nur, sofern der Übernahmepreis den zehnten Theil des Grundkapitals erreicht, zu ihrer Gültigkeit der Genehmigung der Generalversammlung. Die dieselben genehmigende Mehrheit muß

[419] GStA Potsdam, Reichsjustizamt, Nr. 2859, Bl. 232 ff.

[420] *Schubert,* in: Schubert/Hommelhoff, Hundert Jahre modernes Aktienrecht, S. 22.

mindestens ein Viertheil der sämmtlichen Aktionäre begreifen und der Betrag ihrer Antheile mindestens ein Viertheil des gesammten Grundkapitals darstellen. Der Aufsichtsrat ist vor der Beschlußfassung zu hören…".

Der Entwurf sah ferner die Beseitigung der bereits kritisierten Aktienliberierung vor. ArtE. 222 sah vor, daß der Erstzeichner und jeder ihm folgende Aktionär bis zu drei Jahren seit der Übertragung des Anrechts auf einen Dritten für die Volleinzahlung der Aktie hafteten. Die Anmeldung der Gesellschaft durch die Gründer sollte durch den Vorstand und die Gründer erfolgen, ArtE. 210 a Abs. 2.

Der Referentenentwurf vom Juni 1880 wurde bis zum Dezember 1880 im Reichjustizamt nochmals überarbeitet und am 3.12.1880 dem Reichskanzleramt übergeben. Eine wichtige Änderung hinsichtlich der Zusammensetzung des Aufsichtsrates bei der Gründungsprüfung sah ArtE. 209 f vor. Nach dieser Vorschrift mußten sich solche Mitglieder des Aufsichtsrates, die zugleich Gründer der Gesellschaft waren, bei der Gründungsprüfung vertreten lassen.[421] Die Anmeldung zum Handelregister sollte nach diesem zweiten Referentenentwurf auch von sämtlichen Mitgliedern des Aufsichtsrates unterzeichnet sein.[422] Hatten im Fall einer Sukzessivgründung nicht alle Gründer sämtliche Aktien übernommen, hatte das Handelsgericht nach der Anmeldung der Gesellschaft zur Eintragung in allen Fällen eine unter seiner Leitung stehende Generalversammlung sämtlicher Aktionäre einzuberufen, ArtE. 210 a.[423]

3. Der abschließende Aktienrechtsentwurf von 1882 und dessen Beratung in Bundesrat und Reichstag

Der Entwurf von Dezember 1880 wurde auf Beschluß der Reichsämter für Justiz und Inneres der Begutachtung durch eine Sachverständigenkommission übergeben, die von diesen Ämtern einberufen werden sollte. Die Einberufung dieser Kommission verzögerte sich wiederum und trat endlich am 24. März 1882 zusammen. Ihr gehörten bedeutende Juristen wie Levin Goldschmidt, Hugo Keyssner und Richard Koch, sowie Vertreter der Wirtschaft wie Adelbert Delbrück, Mitbegründer der Deutschen Bank, und der Nationalökonom Adolph Wagner an.[424] Basierend auf den Ergebnissen der

421 Vgl. *List,* S. 70.

422 Vgl. heute § 36 Abs. 1 AktG.

423 *Schubert,* in: Schubert/Hommelhoff, Hundert Jahre modernes Aktienrecht, S. 26.

424 Eine Gesamtaufstellung der Komissionsmitglieder sowie deren biographische Daten sind abgedruckt bei *Schubert/Hommelhoff,* Hundert Jahre modernes Aktienrecht, S. 29 f.

Kommission wurde bis Juli 1883 der Entwurf zum Aktienrecht erneut überarbeitet und am 7. September 1883 erneut dem Bundesrat vorgelegt. In der Literatur wird dieser Entwurf zum Aktienrecht auch als „Entwurf A" bezeichnet.[425]

Die Bundesratsausschüsse für Handel und Verkehr berieten in einer Reihe von Sitzungen den eingebrachten Entwurf und beschlossen insgesamt 75 Änderungen der Gesetzesvorlage. Daraufhin wurde ein neuer Entwurf („Entwurf B") erarbeitet und am 7.3.1884 dem Reichstag vorgelegt.[426] Dieser Entwurf widmete sich ausführlich dem Gründungsrecht.[427] Die Vorschriften über die qualifizierte Gründung wurden noch einmal verschärft. Basierend auf dem Entwurf der Sachverständigenkommission bestimmte Art. 209 b des Entwurfs, daß die Person des einlegenden Aktionärs oder bei einer Sachübernahme die des Kontrahenten im Gesellschaftsvertrag sowie der zu übernehmende Gegenstand aufzunehmen waren. Die Publizitätspflichten bei einer qualifizierten Gründung sollten also verstärkt werden. Ergänzt werden sollte Art. 209 b durch einen verschärften Art. 209 f, der nun Aufsichtsrat und Vorstand dazu verpflichtete, den Gründungshergang eingehend zu prüfen. Dazu sollten gemäß ArtE. 209 f Abs. 2 die Herstellungs- und Erwerbspreise der Sacheinlagen der letzten beiden Jahre herangezogen werden. Ferner wurde eine Überprüfung des Gründungsaufwandes verlangt.[428]

Dieser zweite „Entwurf B" wurde am 24.3.1884 in erster Lesung im Reichstag beraten. Dabei trafen sich erneut sehr unterschiedliche Ansichten über den genauen Inhalt einer künftigen Aktienrechtsreform. Aufgrund dieser Differenzen wurde beschlossen, den Entwurf noch einmal einer Sachverständigenkommission zur weiteren Überarbeitung zu übergeben. Die Verhandlungen dieser Reichstagskommission gestalteten sich schwierig. Nach 22 Sitzungen erzielte man erst auf Druck des Reichskanzlers eine Einigung. Im Ergebnis wurde der Entwurf B noch einmal verändert.[429] Dies betraf im Bereich des Gründungsrechts insbesondere die Verschärfung der gesellschaftsinternen Gründungsprüfung.[430] Die daraufhin dem Reichs-

---

[425] Vgl. *Reich,* in: Ius Commune Bd. II (1969), S. 274. Charakteristisch für diesen Entwurf und auch für die weiteren Entwürfe zur Aktienrechtsreform von 1884 war der Versuch, unabhängig von der Rechtsentwicklung in England und Frankreich einen eigenen Weg zu gehen und die durch die Novelle von 1870 eingeleitete Entwicklung fortzuführen, vgl. *Simon,* in: ZHR 29 (1884), S. 445, 447.

[426] Vgl. *List,* S. 72.

[427] Der Entwurf B ist als Aktenstück Nr. 21 in den Sten. Berichten, Bd. III (1884), S. 216 ff., enthalten.

[428] *List,* S. 72.

[429] *List,* S. 74.

[430] Vgl. unten B. II. 1.

tag zugeleitete Vorlage wurde am 28.6.1884 mit großer Mehrheit angenommen. Das neue Aktiengesetz wurde am 18.7.1884 vom Kaiser ausgefertigt.

II. Das neue Gründungsrecht der Aktienrechtsnovelle von 1884

Die Aktienrechtsnovelle von 1884 unterwarf das gesamte Gründungsverfahren erheblichen Änderungen. Das die Gründung bestimmende System der Normativbestimmungen wurde erheblich verschärft, um die Mängel des Normativsystems der Novelle von 1870 zu beheben.[431] Im folgenden wird dargestellt werden, wie sich diese Änderungen auf die Gründung von Aktiengesellschaften ausgewirkt haben. Ferner soll untersucht werden, inwieweit diese Reform des Gründungsrechts noch Einfluß auf die heute geltende Rechtslage im AktG hat.

Grundsätzlich ist festzustellen, daß in Art. 209 ADHGB n.F. erstmalig die erforderliche Mindestanzahl der Gründer geregelt wurde. Zur wirksamen Errichtung einer Aktiengesellschaft mußten sich mindestens fünf Personen finden. Diese Anzahl wurde bis zur Änderung des AktG durch das 1994 in Kraft getretene „Gesetz für kleine Aktiengesellschaften und zur Deregulierung des Aktienrechts“[432] beibehalten, welches erstmalig die Gründung der AG durch nur eine Person zuließ. Das Gesetz von 1884 erhöhte in Art. 207 ADHGB n.F. den Mindestnominalbetrag für Inhaberaktien auf 1000 und für Namensaktien auf 200 Mark. Damit wollte man sicherstellen, daß für Kleinanleger die Kapitalanlage in Aktien unattraktiv bleibt[433] und diese nicht auf einen Schlag einen Großteil ihrer Ersparnisse verlören.

1. Die Simultanbargründung als typischer Gründungshergang

Es ist festgestellt worden, daß auch nach dem Gründungsrecht der Aktienrechtsnovelle von 1870 die Sukzessivgründung der gesetzlich geregelte Normalfall des Gründungshergangs war.[434] Von diesem Grundmuster wich die Aktienrechtsreform von 1884 ab. Sie stellte nun die Simultanbargrün-

---

[431] *Gareis/Fuchsberger,* S. 386.

[432] Gesetz v. 2.8.1994 (BGBl. I. S. 1961).

[433] *Hattenhauer,* Grundlagen, S. 250.

[434] Vgl. Art. 209 a ADHGB v. 1870: „Nach der Zeichnung des Grundkapitals hat eine Generalversammlung der Aktionäre auf Grund der ihr vorzulegenden Bescheinigungen durch Beschluss festzustellen, dass das Grundkapital vollständig gezeichnet, und dass mindestens zehn Prozent, bei Versicherungsgesellschaften mindestens zwanzig Prozent, auf jede Aktie eingezahlt sind, sofern nicht der Gesellschaftsvertrag zwischen sämmtlichen Aktionairen abgeschlossen und darin die Erfüllung jener Erfordernisses anerkannt ist. (...)“

dung als gesetzlichen Normalfall des Gründungshergangs in den Vordergrund, also die Gründung, bei der allein die Gründer sämtliche Aktien gegen Einlage übernehmen, vgl. Artt. 209, 209 d und 209 e ADHGB n.F.[435]. Zu klären ist, in welchen Schritten sich die Simultanbargründung nach dem neuen Gründungsrecht vollzog.

Zunächst mußten die Gründer nach Art. 209 n.F. den Gesellschaftsvertrag abschließen, in dem auch zu bestimmen war, welche Einlage von jedem Gründer übernommen wurde. Nach Art. 209 d mußten bei der Simultanbargründung alle Aktien von den Gründern übernommen und dies im Gesellschaftsvertrag festgehalten werden. Um die Eintragung in das Handelsregister und damit das wirksame Entstehen der neu gegründeten Aktiengesellschaft zu erreichen, mußte gemäß Art. 210 Abs. 3 mindestens ein Viertel der Bareinlagen zur Verfügung des Vorstandes tatsächlich geleistet worden sein. Dieser Umstand mußte gegenüber dem Registergericht erklärt werden und war Voraussetzung für die Eintragung der AG in das Handelsregister. Flankiert wurde dieses Gründungsverfahren der Simultanbargründung durch eine im Gegensatz zur Gesetzeslage nach der Novelle von 1870 wesentliche ausgefeiltere Gründungsprüfung. Vorstand und Aufsichtrat waren gemäß Art. 209 h Abs. 2 ADHGB n.F. verpflichtet zu prüfen, welche Personen das Grundkapital jeweils übernommen hatten und ob die erforderliche Einlageleistung erfolgt war.[436] Die Prüfungspflicht erstreckte sich ferner auf die Angaben der Gründer zum Gründungsaufwand und der Gewährung von Sondervorteilen (vgl. Art. 209 h Abs. 2 ADHGB, zur Prüfung von Sacheinlagen s.o.), die nun obligatorisch im Gesellschaftsvertrag festzusetzen waren (vgl. Art. 209 b ADHGB). Über diese Prüfung war ein Gründungsprüfungsbericht zu verfassen.[437] Dieser Bericht mußte zusammen mit

---

[435] Art. 209 d ADHGB: „In dem Falle, daß sämtliche Aktien durch die Gründer übernommen werden, gilt mit der Übernahme die Gesellschaft als errichtet (...). Vgl. auch *Hommelhoff,* in: Schubert/Hommelhoff, Hundert Jahre modernes Aktienrecht, S. 68.

Art. 209 e ADHGB: Werden nicht sämtliche Aktien durch die Gründer übernommen, so muß die Errichtung der Gesellschaft die Zeichnung der übrigen Aktien vorausgehen.

[436] *Hommelhoff,* in: Schubert/Hommelhoff, Hundert Jahre modernes Aktienrecht, S. 69.

[437] Eine ganze Aufgabenliste für die Prüfung findet sich bei *Scherer,* JW 1884, S. 131. Institutionengeschichtlich hat sich, wie Hommelhoff zutreffen feststellt, der Prüfungsbericht als eine hervorragende Erfindung erwiesen. In ihm hat der Reformgesetzgeber von 1884 über die Gründungsprüfung hinaus ein Instrument geschaffen, das für den Prüfungsbericht des Abschlußprüfers gemäß § 321 HGB, den Bericht des Aufsichtsrates an die Hauptversammlung gemäß § 171 Abs. 2 AktG sowie ganz allgemein dem aktienrechtlichen Berichtswesen zum Vorbild dient, so z.B. in § 90 AktG, vgl. *Hommelhoff,* in: Schubert/Hommelhoff, Hundert Jahre modernes Aktienrecht, S. 70.

den übrigen Prüfungsunterlagen bei der Registeranmeldung eingereicht werden, Art. 210 Abs. 2 Nr. 3 ADHGB n.F.

Um im Gegensatz zur Aktienrechtsnovelle von 1870 die Unabhängigkeit und Objektivität der Gründungsprüfung zu gewährleisten, sah Art. 209 h Abs. 1 ADHGB für den Fall, daß einer der Gründer zugleich Mitglied des Aufsichtsrates oder des Vorstandes war, eine zusätzliche Prüfung durch besondere externe Revisoren vor. Das gleiche galt im Fall der Gewährung von Sondervorteilen an die Gründer. Die Revisoren sollten dann von der Handelskammer oder in Ermangelung einer solchen durch Vorstand und Aufsichtsrat bestellt werden. Entgegen Art. 209 h des Entwurfs B, der vorgesehen hatte, daß Gründer, die zugleich Mitglieder des Kontrollgremiums waren, durch Stellvertreter ersetzt werden konnten, hatte sich der Gesetzgeber für unabhängige Prüfer entschieden.[438] Auf diese Weise sollte dem berechtigten Einwand Rechnung getragen werden, daß unabhängige und geeignete Stellvertreter kaum zu finden und in der Regel durch Strohmänner der Gründer ersetzt worden wären.[439] Diese Regelung findet sich noch heute in § 33 Abs. 2 Nr. 1 und 3 AktG.

Nach der Durchführung der Gründungsprüfung war die Gesellschaft zur Eintragung in das Handelsregister anzumelden. Dabei mußten bei der Simultanbargründung gemäß Art. 210 ADHGB folgende Erklärungen abgegeben werden. Neben der bereits seit 1870 bestehenden obligatorischen Bestellung des ersten Aufsichtsrates mußte der Prüfungsbericht beigefügt werden. Die Anmeldung war von allen Gründern, dem Vorstand und dem Aufsichsrat zu unterzeichnen und in beglaubigter Form einzureichen. Sie mußte die Erklärung enthalten, daß 25% der Einlagen durch Barzahlung sich zur freien Verfügung durch den Vorstand befanden. Bei Überpariemissionen mußte auch der Mehrbetrag bar geleistet werden. Identische Regelungen finden sich heute noch in § 36 und § 36 a Abs. 1 AktG.

Ergänzt wurde das System der Gründungsprüfung bei der Simultanbargründung durch straf- und zivilrechtliche Sanktionen, vgl. Artt. 213 a ff., 249 ADHGB.[440] Die zivilrechtlichen Haftungsbestimmungen gelten in ihrer Grundstruktur noch heute in den §§ 46 ff. AktG bzw. in § 9 a GmbHG fort.[441] Damit schuf die Aktienrechtsnovelle eigenständige Haftungstatbestände für den Verstoß gegen Gründungsvorschriften und ersparte den

---

438 Vgl. *List,* S. 77.

439 So die Reichstagskommission, Sten. Berichte Bd. IV (1884), S. 1012.

440 Siehe dazu schon die zahlreichen Vorschläge des ROHG-Gutachten (Fn. 814), abgedruckt in: *Schubert/Hommelhoff,* Hundert Jahre modernes Aktienrecht, S. 170, 180, 187, 195 ff. Zu Reformvorschlägen durch die Rechtswissenschaft vgl. *Oechelhäuser,* S. 41 ff.

441 Vgl. *K. Schmidt,* Gesellschaftsrecht, S. 801.

Rückgriff auf weniger scharfe Tatbestände des bürgerlichen Rechts.[442] Des weiteren wurde der noch heute im Recht der Aktiengesellschaft bzw. der Gesellschaft mit beschränkter Haftung geltende Grundsatz der Haftungskanalisierung aufgestellt. Nach diesem Grundsatz stehen Schadenersatzansprüche wegen eines oder mehrerer Verstöße gegen Gründungspflichten allein der Gesellschaft und nicht den einzelnen Aktionären zu. Dadurch sollte sichergestellt werden, daß ein Schaden der Gesellschaft durch Verstoß gegen Gründungspflichten möglichst allen Aktionären und nicht bloß den anspruchsführenden ausgeglichen werden sollten. Sonst bliebe der Schaden bei der Gesellschaft bestehen, die nicht anspruchsführenden Aktionäre würden dadurch benachteiligt.[443]

2. Verschärfung der Vorschriften über die Sukzessivgründung

Die Tatsache, daß der Gesetzgeber die Simultanbargründung mit der Novelle von 1884 als gesetzlichen Normalfall des Gründungshergangs einführte, bedeutete die Zurückdrängung der Sukzessivgründung. Voher war die Sukzessivgründung die am stärksten verbreitete Gründungsform für Aktiengesellschaften. Ihre Regelung führte unter dem Aktienrecht der Novelle von 1870 zu einigen Unzuträglichkeiten.[444] Zur Abschaffung dieser Mißstände wurde das Erfordernis eines formalisierten Zeichnungsscheines und der Einberufung einer konstituierenden Generalversammlung aufgestellt.

a) Einführung eines formalisierten Zeichnungsscheins

Bei der Sukzessivgründung gibt der Zeichner durch die Zeichnung des Scheins sein Angebot ab, der Gesellschaft als Aktionär beizutreten.[445] Damit sich der neue Aktionär bereits im Zeitpunkt der Zeichnung über die neu zugründende Aktiengesellschaft informieren konnte, mußte der Zeichnungsschein nach dem neuen Aktienrecht von 1884 zwingende Angaben und Informationen enthalten. Zu diesen Informationen, die auf jeden Fall auf dem Zeichnungsschein vermerkt sein mußten, zählten nach Art. 209 e ADHGB die Angaben zum obligatorischen Inhalt des Gesellschaftsvertrages gemäß Art. 209 Abs. 2 ADHGB, die Angaben zu Gründungsvorteilen an

---

[442] *Hommelhoff,* in: Schubert/Hommelhoff, Hundert Jahre modernes Aktienrecht, S. 71.

[443] *Hommelhoff,* in: Schubert/Hommelhoff, Hundert Jahre modernes Aktienrecht, S. 72.

[444] Vgl. oben Zweiter Teil, 3. Abschnitt, A. III. 2. a).

[445] Vgl. die amtliche Begründung zur Aktienreform von 1884, abgedruckt in: *Schubert/Hommelhoff,* Hundert Jahre modernes Aktienrecht, S. 439.

die Gründungsgesellschafter, Sacheinlagen und sonstigem Gründungsaufwand gemäß Art. 209 b ADHGB sowie die Angaben über die Gesamteinlagepflicht für die gezeichneten Aktien und die darauf bereits festgesetzten Einzahlungen.[446] Die erhöhten Publizitätsanforderungen für Sachgründungen wurden auch auf den Gründungshergang selbst übertragen.

Der Verstoß gegen den in Art. 209 e ADHGB normierten Mindestinhalt des Zeichnungsscheines oder unrichtige Angaben führten zur dessen Ungültigkeit und zur zivilrechtlichen Nichtigkeit des Angebots, der Gesellschaft als Aktionär beizutreten. Auf diese Weise wurde ein möglicher Verstoß der Gründer gegen die Informationspflichten vermieden und die Neuaktionäre vor möglichen Täuschungen geschützt. Der Zeichner war aber trotz eines Verstoßes gegen Art. 209 e ADHGB seiner Verpflichtung aus der Zeichnung verhaftet, wenn er an der konstituierenden Generalversammlung teilgenommen hatte und für die Errichtung der Gesellschaft gestimmt hatte bzw. wenn er nach Eintragung der Gesellschaft in das Handelsregister Rechte als Aktionär ausgeübt oder Verpflichtungen erfüllt hatte.

b) Einführung des Erfordernisses einer konstituierenden Generalversammlung

Zum Schutz der zeichnenden Aktionäre führte der Gesetzgeber im Rahmen der sukzessiven Gründung einer Aktiengesellschaft ein weiteres Erfordernis ein, nämlich die konstituierende Generalversammlung. Bevor die Gesellschaft ins Handelsregister eingetragen und damit wirksam entstehen konnte, mußten die Aktionäre gemäß Art. 210 a ADHGB in einer konstituierenden Generalversammlung mit mindestens 25% der Stimmen die Errichtung der Gesellschaft beschließen. Dieses Stimmenviertel mußte mindestens 25% des gesamten Grundkapitals repräsentieren.

In dem Erfordernis dieser Generalversammlung sollte nach der Aktienrechtsnovelle von 1884 der Schwerpunkt der Sukzessivgründung liegen.[447] Erstes Ziel dieser zusätzlichen Gründungsvoraussetzung war die Stärkung der sukzessiv zeichnenden Aktionäre gegenüber den Gründern der Gesellschaft. Die Gesamtheit der Aktionäre sollte die Möglichkeit erhalten, aufgrund zwischenzeitlich verbesserter Informationen wieder vom Gründungsvorhaben abzurücken.[448] Aus diesem Grund mußte die Generalversamm-

---

[446] Vgl. *Hommelhoff,* S. 76 und das Gutachten des ROHG, abgedruckt in: Schubert/Hommelhoff, Hundert Jahre modernes Aktienrecht, S. 186.

[447] *Hommelhoff,* in: Schubert/Hommelhoff, Hundert Jahre modernes Aktienrecht, S. 77.

[448] *Hommelhoff,* in: Schubert/Hommelhoff, Hundert Jahre modernes Aktienrecht, S. 77.

lung über das Ergebnis der Gründungsprüfung informiert werden. Die Prüfungsorgane mußten den Aktionären über die Durchführung der Prüfung berichten und die Resultate anhand von Unterlagen erläutern (Art. 210 a Abs. 2 ADHGB). Insbesondere bei der qualifizierten Gründung war so die Stellung der Zeichner gegenüber den Gründern erheblich gestärkt. Gerade bei der Sukzessivgründung war es bei Sachgründungen im Geltungsbereich des Reformgesetzes von 1870 zu erheblichen Mißbräuchen gekommen.[449] Um den Einfluß der Gründer in der konstituierenden Generalversammlung zurückzudrängen und die Gesellschaftsorgane zur Berichterstattung anzuhalten, wurde die Leitung der Generalversammlung gemäß Art. 210 a Abs. 2 n.F. durch das Registergericht übernommen.[450]

Wenn Karsten Schmidt heute ausführt, daß sich die durch die Aktienrechtsreform von 1965 abgeschaffte Sukzessivgründung in der Praxis nicht durchgesetzt hat[451], so gilt diese Feststellung erst seit der Novelle von 1884. Vor allem das Erfordernis der konstituierenden Generalversammlung hat dazu geführt, daß sich die Sukzessivgründung gegenüber der Simultangründung als kompliziert und zeitaufwendig erwies. Die Praxis verlegte sich daher auf die Simultangründung.[452] Bei der Änderung des Aktienrechts durch das Aktiengesetz von 1965 wurde daher auf diese Gründungsform ganz verzichtet.[453]

3. Verschärfung der Vorschriften zur qualifizierten Gründung

Die wichtigsten Änderungen des Gründungsrechts nahm der Reformgesetzgeber von 1884 im Bereich der Sachgründung vor, also der Gründungsform, bei der nicht sämtliche Einlagen in bar, sondern in anderen Vermögensgegenständen erbracht werden. Aufgrund der lückenhafen Normativbestimmungen der Aktienrechtsnovelle von 1870 war bei dieser Gründungsform der größte Mißbrauch getrieben worden.[454] Zur Eindämmung dieses Mißbrauchs veschärfte der Gesetzgeber die Vorschriften über die Sachgründung. Dabei griff er auch Reformvorschläge von Literatur und Praxis auf.[455] Im wesentlichen bezog er sich jedoch auf das Konzept, das dem

---

[449] Vgl. oben Zweiter Teil, 3. Abschnitt, A. III. 2. a).

[450] Vgl. *Hommelhoff*, in: Schubert/Hommelhoff, Hundert Jahre modernes Aktienrecht, S. 78.

[451] *K. Schmidt*, Gesellschaftsrecht, S. 792.

[452] Vgl. *Hommelhoff*, in: Schubert/Hommelhoff, Hundert Jahre modernes Aktienrecht, S. 78.

[453] s. Begründung des Regierungsentwurfes zu § 37 AktG, in: *Kropff*, Textausgabe zum Aktiengesetz von 1965, S. 57 und *Klein*, S. 24.

[454] Vgl. oben Zweiter Teil, Dritter Abschnitt, A. III. 2.

[455] Vgl. m.w.N. *Oechelhäuser*, S. 41 ff.

bereits erwähnten Gutachten des Reichsoberhandelsgerichts von 1877 zugrunde lag.[456] Das System der neuen Sachgründungsvorschriften setzte dabei an zwei Punkten an. Zum einen wurden die Anforderungen an die Publizität der Sacheinlage im Gesellschaftsvertrag erhöht, zum anderen wurde die gesellschaftsinterne Prüfung verstärkt. Flankiert wurden diese Pflichen wiederun durch eine zivilrechtliche Haftung der Gründer für die Richtigkeit ihrer Angaben.

a) Erhöhte Anforderungen an die Publizität

Die Leistung der Einlagen durch nicht in barem Geld bestehende Vermögenswerte mußte gemäß Art. 209 b ADHGB n.F. in den Gesellschaftsvertrag aufgenommen und in drei Punkten näher festgelegt werden. Der Gesellschaftsvertrag mußte Angaben machen über die Person des einlageberechtigten Aktionärs, den genauen Gegenstand der Einlage und die Aktien, die dem Aktionär im Gegenzug für seine Einlage gewährt werden sollten. Hierin liegt gegenüber der Aktienrechtsnovelle von 1870 eine wesentliche Verbesserung der Sachgründungsvorschriften. Nach der vor 1884 geltenden Rechtslage bestand lediglich die Pflicht, den Wert des eingelegten Vermögensgegenstandes und die Zahl der dafür gewährten Aktien im Gesellschaftsvertrag festzulegen und damit zu publizieren. Damit war in hohem Maße unklar gewesen, von wem die Gesellschaft überhaupt Sacheinlagen übernommen hatte.[457] Durch Art. 209 b ADHGB wurde klargestellt, daß sich diese Publizität auch auf Sachübernahmen, also auf eine Vereinbarung, nach der die Gesellschaft selbst vorhandene oder herzustellende Anlagen oder andere Vermögensgegenstände übernehmen soll, erstreckte. Dadurch sollte naheliegenden Umgehungsversuchen entgegengewirkt werden. Die Anforderungen der Novelle von 1884 gelten noch im heutigen AktG bzw. GmbHG für die Publizität des Gesellschaftsvertrages bei der Sachgründung gemäß § 27 Abs. 1 AktG bzw. § 5 Abs. 4 GmbHG.[458] Art. 209 b Abs. 4 ADHGB n.F. regelte als zusätzliche Sanktion die zivilrechtliche Unwirksamkeit der entsprechenden Verträge gegenüber der Gesellschaft im Fall von unrichtigen oder unvollständigen Angaben im Gesellschaftsvertrag. Auch hierin lag eine Verbesserung des durch die Novelle von 1870 geschaffenen Rechts. Ähnliche Angaben mußten nun auch zur Höhe des Gründungsaufwandes und zur Gewährung von Sondervorteilen gemacht werden.

---

456 Vgl. das Gutachen des ROHG (Fn. 397), S. 182 ff., 190.

457 Vgl. das Gutachen des ROHG (Fn. 397), S. 182 und die amtliche Begründung zur Novelle von 1884, S. 436.

458 Vgl. *Hommelhoff,* in: Schubert/Hommelhoff, Hundert Jahre modernes Aktienrecht, S. 73.

b) Verbesserung des gesellschaftsinternen Prüfungsverfahrens

Neben verbessertern Publizitätspflichten wurden die Pflichten zur gesellschaftinternen Prüfung der ordnungsgemäßen Durchführung einer Sachgründung ausgeweitet. Wie bereits anhand der Simultangründung dargelegt worden ist, war die Verbesserung der gesellschaftsinternen Gründungsprüfung eines der zentralen Anliegen des Gesetzgebers von 1884. Gegenüber dem Entwurf B vom März 1884 wurde die Sachgründungsprüfung noch einmal verschärft. Anders als noch der Entwurf B, der darauf verzichten wollte, daß die Gründer den Prüfungsorganen die für die Prüfung notwendigen Tatsachen und Unterlagen offenlegen mußten, ging die Novelle von 1884 noch über ein solche Pflicht hinaus. Durch Art. 209 g ADHGB wurden die Gründer verpflichtet, eine eigene, von allen zu unterzeichnende Erklärung über die Sacheinlage bzw. -übernahme vorzulegen.[459] In dieser Erklärung hatten die Gründer darzulegen, warum sie den im Gesellschaftsvertrag für die Sacheinlage festgesetzten Wert für angemessen hielten. Darüber hinaus war die Wertentwicklung des Einlagegegenstandes in den vorausgegangenen zwei Jahren zu erläutern.

Die negativen Auswirkungen der 1870 nur unzureichend eingeführten Normativbestimmungen führten ferner zu der Erkenntnis, daß bei Sachgründungen der Kreis der Prüfungsorgane erweitert werden mußte. Um potentiellem Mißbrauch und einer Schädigung der Aktionäre durch überhöhte Sacheinlagen entgegenzuwirken, verlangte der Gesetzgeber durch den neu eingeführten Art. 209 h ADHGB eine zusätzliche Überprüfung des Gründungsvorganges durch besondere Gründungsprüfer. Wichtigstes Hilfsmittel der Prüfung war die Pflicht der Gründer zur Rechtfertigung der eingesetzten Bilanzwerte.[460]

Die Prüfer rekrutierten sich aus den Mitgliedern des Vorstandes und des Aufsichtsrates. Um die Objektivität der Gründungsprüfung nicht zu gefährden, sah Art. 209 h für den Fall, daß Mitglieder des Vorstandes oder des Aufsichtsrates zu den Gründern gehörten, eine zusätzliche Prüfung durch externe Revisoren vor. Wie bei den anderen neu eingeführten Prüfungsverfahren sah der Entwurf B von März 1884 noch die Möglichkeit vor, an der Sachgründung selbst beteiligte Gründer lediglich durch Stellvertreter zu ersetzen. Aufgrund möglicher Interessenkonflikte wurde in diesem Fall das Erfordernis der Hinzuziehung externer Prüfer eingeführt.[461] Die heute für

---

459 Vgl. *List,* S. 78.

460 Vgl. *List,* S. 78.

461 Vgl. *Kayser,* Gesetz betreffend der Kommanditgesellschaft auf Aktien und die Aktiengesellschaft vom 18. Juli 1884, 2. A. Berlin 1891, Anmerkung zu Art. 209 h, S. 71.

die Aktiengesellschaft obligatorische Prüfung einer qualifizierten Gründung durch externe Gründungsprüfer i. S. d. § 33 Abs. 2 Nr. 4 AktG ist erst in das neue HGB von 1897[462] aufgenommen worden.[463] Dagegen hat die umfassende GmbH-Novelle von 1980 die obligatorische Prüfung durch einen Gründungsprüfer nicht übernommen[464] und hat sich so für die nicht kapitalmarktfähige GmbH dem Konzept von 1884 wieder angenähert.[465] Nach Art 209 h Abs. 2 und 3 ADHGB mußten die Gründungsprüfer in einem schriftlichen Gründungsbereicht darlegen, wie und mit welchem Ergebnissen sie die Angaben in der Gründer-Erklärung i. S. d. Art. 209 g ADHGB überprüft hatten. Die Erklärung war mit den der Sacheinlage bzw. Sachübernahme zugrundeliegenden Verträgen beim Handelsregister einzureichen (Art. 210 Abs. 2 Nr. 1 ADHGB). Diese Anforderungen an die Publizität des Handelsregisters bestehen noch heute in § 37 Abs. 4 Nr. 1 und 4 AktG.

4. Die Beseitigung der Aktienliberierung

Nach der ab 1870 in Art. 222 ADHGB a. F. geltenden Rechtslage konnte der Aktionär bei der Aktienübernahme zunächst nur verpflichtet werden, 40% seiner Einlageverpflichtung zu erbringen. Diese 40% mußte er auf jeden Fall erbringen, von der Zahlung der übrigen 60% konnte er aber befreit werden, wenn der Gesellschaftsvertrag eine derartige Möglichkeit vorsah.[466] Diese Möglichkeit dieser sogenannten „Liberierung" führte zu folgenden Konsequenzen. Der Aktionär konnte seine Haftung für das Gesellschaftskapital auf die Höhe von 40% begrenzen, den Gesellschaftsgläubigern wurde so ein überhöhtes, aber in Wahrheit nicht garantiertes Grundkapital als Haftungsmasse vorgetäuscht. Ein weiteres Manko im Zusammenhang mit der Möglichkeit der Haftungsbefreiung lag darin, daß aufgrund einer entsprechenden Regelung im Gesellschaftsvertrag Aktien vor vollständiger Leistung der Einlage als Inhaberpapiere ausgegeben und frei am Kapitalmarkt gehandelt werden konnten.

Das Verfahren der Aktienliberierung war bereits durch das Gutachten des ROHG von 1877 heftig kritisiert worden. Der Gesetzgeber reagierte auf diese Mißstände und griff die Anregungen des ROHG im wesentlichen auf.

---

462 Das neue HGB wurde am 7.4.1897 einstimmig vom Reichstag angenommen. Es trat zusammen mit dem BGB am 1.1.1900 in Kraft.

463 Vgl. *Hommelhoff,* in: Schubert/Hommelhoff, Hundert Jahre modernes Aktienrecht, S. 75.

464 Die Sachgründung sollte bei Gründung einer GmbH nicht zu kompliziert und teuer werden, s. BT-Drs. 8/3908, S. 70.

465 Vgl. *Hommelhoff,* in: Schubert/Hommelhoff, Hundert Jahre modernes Aktienrecht, S. 75 und unten S. 225.

466 Vgl. oben Zweiter Teil, 3. Abschnitt, A. III. 2. b).

Er beseitigte die Möglichkeit der Haftungsbeschränkung des Aktionärs. Nach den Artt. 219 Abs. 2, 184 a Abs. 2 und 3 ADHGB n.F. war der zeichnende Aktionär zur Zahlung der Einlage in voller Höhe verpflichtet. Bei Nichtbefolgung dieser Verpflichtung konnte der Anteil kaduziert werden. Die Möglichkeit der Ausstellung von Inhaberpapieren auf nicht voll eingezahlte Anteile wurde durch Art. 215 c ADHGB n.F. begrenzt. Danach durften generell keine Inhaberpapiere vor vollständiger Einlageleistung unter Anordnung der zivilrechtlichen Nichtigkeit ausgegeben werden. Die Umlauffähigkeit hochspekulativer Anteile wurde so erheblich begrenzt. Diese Regelungen finden sich noch im heutigen AktG unter §§ 54 ff., 63, 10 Abs. 4 AktG.[467] Wegen der Unbeschränkbarkeit der Einlageverpflichtung mußte der Inhaber eines nur teilweise eingezahlten Mitgliedschaftsrechts nun einen Rückgriff einkalkulieren.[468] Auch nach einer Veräußerung seines Rechts mußte er noch zwei weitere Jahre damit rechnen, wegen seiner noch nicht erfüllten Einlageverpflichtung in Anspruch genommen zu werden.[469]

III. Würdigung der Aktienrechtsnovelle von 1884

Bereits kurz nach dem Erlaß der Aktienrechtsnovelle von 1884 wurde das neue Gründungsrecht von Teilen der Rechtswissenschaft heftig kritisiert.[470] Aus heutiger Sicht scheint diese Kritik aufgrund der Erfahrungen, die man seit 1884 mit den neuen Gründungsvorschriften gemacht hat, überwiegend unberechtigt. Wie sich aus der Untersuchung der Gründungsvorschriften von 1884 ergibt, finden sich im heutigen Aktienrecht noch große Übereinstimmungen mit dem Normensystem dieser Aktienrechtsnovelle. Im Bereich des Gründungsrechts haben sich, wie Hommelhoff zutreffend feststellt, zumindest bis zum Gesetz für kleine Aktiengesellschaften im Jahre 1994 nur marginale Ergänzungen als notwendig erwiesen.[471] Das HGB von 1897 brachte aus heutiger Sicht nur eine Verbesserung der Gründungsprü-

---

[467] Für die GmbH wurde diese Struktur in den §§ 19 ff. GmbHG im wesentlichen übernommen.

[468] *Hommelhoff,* in: Schubert/Hommelhoff, Hundert Jahre modernes Aktienrecht, S. 79.

[469] Das ROHG hatte in seinem Gutachten von 1877 (s. Fn. 397) eine dreijährige Frist vorgeschlagen.

[470] Vgl. *Löwenfeld,* Der Entwurf des neuen Aktiengesetzes in seinen Grundzügen betrachtet, S. 23 ff. und *Scherer,* Der Entwurf eines Gesetzes betreffend die Kommanditgesellschaften auf Aktien und die Aktiengesellschaften, in JW 1884, S. 125 ff., 144 ff., 205 ff.

[471] *Reich,* in: Horn/Kocka, Recht und Entwicklung der Großunternehmen im 19. Jahrhundert und frühen 20. Jahrhundert, S. 262; *Hommelhoff,* in: Schubert/Hommelhoff, Hundert Jahre modernes Aktienrecht, S. 103.

fung. Neu eingefügt wurde durch dieses Gesetz lediglich die heute in § 33 Abs. 2 Nr. 4 AktG geregelte obligatorische Prüfung einer qualifizierten Gründung durch externe Gründungsprüfer. Ergänzt wurde diese Prüfung durch das heute in § 32 AktG geregelte Erfordernis eines Gründungsberichts der Gründer.[472] Die Aktienrechtsreform von 1965 brachte eine Veränderung lediglich durch die Abschaffung der Sukzessivgründung, da sich diese in der Praxis nach der Verschärfung des Gründungsrechts von 1884 als unpraktikabel erwiesen hatte.[473] Aus rechtsgeschichtlicher Sicht leitet die Novelle von 1884 den Beginn eines wirklichen Anleger- und Gläubigerschutzes im Aktienrecht ein.

Dieser unbestrittene Erfolg des Gründungsrechts wurde jedoch mit Konsequenzen für die Struktur der Unternehmenslandschaft erkauft. Bis zur Aktienrechtsänderung von 1994 war seit 1884 faktisch gesetzlich festgeschrieben, daß die Aktiengesellschaft die typische Rechtsform von großen Unternehmen war.[474] Erst die Deregulierung des Aktienrechts von 1994 hat diese Entwicklung beendet. Seitdem ist die Gründung von Aktiengesellschaften sprunghaft angestiegen.[475]

Durch die im Rahmen der Aktienrechtsnovelle von 1884 geschaffenen Veränderungen war die Gründung von Aktiengesellschaften im wesentlichen für Publikumsgesellschaften interessant. Kleineren und mittleren Unternehmen stand somit eine Kapitalgesellschaftsform, versehen mit dem Instrument der juristischen Person und einer umfassenden Haftungsbeschränkung, nicht mehr zur Verfügung. In der Folgezeit forderten mittelständische Unternehmer daher eine zusätzliche Gesellschaftsform, die ihnen diese Vorteile ebenfalls zukommen ließ.[476] Der Gesetzgeber sah sich daher 1892 gezwungen, die Gesellschaft mit beschränkter Haftung (GmbH) als Rechtsform für kleinere und mittlere Unternehmen neben der Aktiengesellschaft einzuführen.[477] Zwar lehnte der Gesetzgeber das Gründungsrecht der

---

[472] Vgl. *List,* S. 105 f.

[473] Vgl. *Kropff,* Textausgabe AktG, S. 57.

[474] *Reich,* in: Horn/Kocka, Recht und Entwicklung der Großunternehmen im 19. Jahrhundert und frühen 20. Jahrhundert, S. 263; vgl. auch *Raisch,* Unternehmensrecht, Bd. I, S. 169 f.

[475] Vgl. Pressemitteilung des Deutschen Aktieninstituts v. 6. Juni 2000 (abrufbar unter www.dai.de). Während im Jahr 1990 nur 2685 AG in Deutschland existierten, gab es Ende 1998 5468 und im Frühjahr 2000 bereits 8113 Gesellschaften dieser Rechtsform. In der Zeit von 1973 bis 1993 stagnierte die Zahl der Aktiengesellschaftsgründungen, vgl. Zahlen bei *Kübler,* S. 161.

[476] Vgl. *Wiedemann,* Bd. I, S. 28.

[477] *Reich,* in: Horn/Kocka, Recht und Entwicklung der Großunternehmen im 19. Jahrhundert und frühen 20. Jahrhundert, S. 264. Gesetz vom 20.4.1892, RGBl. S. 477.

GmbH an das bisherige System der AG an, lockerte aber die entsprechenden Normativbestimmungen, um die Gründung von Kapitalgesellschaften und deren Organisation für kleinere Unternehmen zu vereinfachen.

Vierter Abschnitt

Ergebnisse des Zweiten Teils

Der Beginn der Aktiengesellschaft und ihres Gründungsrechts findet sich in den Brandenburgischen Handelskompagnien des ausgehenden 17. bzw. 18. Jahrhunderts. Diese sind nach heute herrschender Meinung als erste Frühformen von Aktiengesellschaften in Deutschland anzusehen.[478] Die Grundlage des Gründungsrechts bildete das Octroi-System. Auf dem rechtlichen Boden des ius commune und in entsprechender Anwendung seiner rechtlichen Grundsätze konnten diese Gesellschaften als collegia gegründet werden, ihrer Rechtsform nach waren sie somit wirtschaftliche tätige Körperschaften. Die Aktiengesellschaft als eigene Gesellschaftsform kannte das gemeine Recht nicht. Die Bildung von Körperschaften war nach dem ius commune grundsätzlich verboten. Eine Ausnahme bestand lediglich dann, wenn die Errichtung des collegiums einem gemeinnützigen Zweck diente, also auch im staatlichen Interesse war und eine entsprechende Ermächtigung des Staates vorlag. Die Errichtung einer Handelskompagnie war daher nur möglich, wenn vorher die Ermächtigung des Souveräns in Form eines Privilegs als Spezialgesetz erteilt worden war. Diese Privilegienerteilung erfolgte nach dem Gesetzes- und Privilegienbegriff im 17. und 18. Jahrhunderts durch einen Machtbrief, den Octroi. Weitere Voraussetzung für die wirksame Errichtung einer Handelskompagnie war der Abschluß eines Gesellschaftsvertrages, der das Innenverhältnis der Gesellschafter regelte. Anforderungen an den notwendigen Inhalt des Gesellschaftsvertrages stellte das gemeine Recht so gut wie nicht auf. Es forderte lediglich, daß ein collegium durch einen Vorstand zu leiten und ein Gesellschaftsvermögen zu bilden war. Teilweise traf bereits der Octroi Anforderungen an den Inhalt des Gesellschaftsvertrages.

Das preußische Allgemeine Landrecht (ALR) von 1794 behielt die Grundsätze des gemeinen Rechts zur Errichtung von Aktiengesellschaften im wesentlichen bei. Da die Aktiengesellschaft als eigene Gesellschaftsform keinen Eingang in das ALR fand, bedurfte es wie im gemeinen Recht als Rechtsgrundlage für die Errichtung einer Aktiengesellschaft mit umfassender Haftungsbeschränkung der Anwendung der Regeln zur Korporation.

---

[478] Vgl. oben Nachweise in Zweiter Teil, Fn. 2.

Eine Aktiengesellschaft konnte als wirtschaftlich tätige Korporation auch nach dem ALR nur errichtet werden, wenn die Errichtung einem gemeinnützigen Zweck diente. Die Ermächtigung zur Errichtung einer Aktiengesellschaft erfolgte durch die Erteilung eines entsprechenden Privilegs. Im Octroi-System ging die Privilegienerteilung stets dem Abschluß des Gesellschaftsvertrags voraus.

Das Gründungsrecht für Aktiengesellschaften änderte sich erst durch die Einführung französischen Rechts in Deutschland. Durch das badische Landrecht von 1810 wurde der code de commerce in deutscher Übersetzung geltendes Recht in einem deutschen Teilstaat. Das badische Landrecht regelte als erste Kodifikation die Aktiengesellschaft als eigene Gesellschaftsform. Es führte für die Gründung von Aktiengesellschaften das Konzessionssystem ein. Durch dieses System wurde die Aktiengesellschaft zu einer offiziell anerkannten Gesellschaftsform des Privatrechts, die nicht mehr allein durch staatlichen Einfluß geschaffen wurde, sondern aus privatautonomer Gründung hervorging, aus Gründen des Anlegerschutzes und einer Beschränkung bürgerlicher Macht aber einer staatlichen Genehmigung bedurfte.[479]

Auf Grundlage einer in Deutschland entworfenen Kodifikation wurde das Konzessionssystem erstmalig durch das preußische Eisenbahngesetz von 1838 und für alle Aktiengesellschaften durch das preußische Aktiengesetz von 1843 eingeführt. Nach dem Konzessionssystem war die Aktiengesellschaft grundsätzlich eine Sozietät, d.h. eine Personengesellschaft, die durch die Konzession die Eigenschaft einer juristischen Person und damit das Privileg der beschränkten Haftung erhalten konnte. Das Konzessionssystem des preußischen Aktienrechts hat seine dogmatische Grundlage in der Fiktionstheorie des Friedrich Carl v. Savigny. Nach dieser Theorie konnte grundsätzlich nur jeder einzelne Mensch rechtsfähig sein, die Rechtsfähigkeit einer juristischen Person war etwas künstliches, die nur durch eine Fiktion herbeigeführt werden konnte. Grundvoraussetzung für eine solche Fiktion war eine staatliche Konzession. Als erste aktienrechtliche Kodifikation stellte das preußische Aktienrecht von 1843 umfangreiche Anforderungen an den notwendigen Inhalt des Gesellschaftsvertrages einer Aktiengesellschaft, Anforderungen, die sich heute noch zum Teil in § 23 AktG wiederfinden. Lediglich in den Hansestädten, allen voran Hamburg, fand das Konzessionssystem bei der Errichtung von Aktiengesellschaften keine Anwendung. Im Bereich des Privatrechts galt hier der Grundsatz der freien Aktiengesellschaftsbildung. Zur Gründung einer Aktiengesellschaft mußten lediglich bestimmte Publizitäts- und Formvorschriften eingehalten werden.

---

[479] Vgl. *Kübler,* S. 8.

Das ADHGB von 1861 hielt grundsätzlich am Konzessionssystem fest, auf Betreiben der Hansestädte wurde allerdings in Art. 249 ADHGB eine Öffnungsklausel eingeführt, die es den einzelnen Ländern bei Einführung des ADHGB durch Erlaß eines entsprechenden Landesgesetzes ermöglichte, von dem Erfordernis der Konzession als Gründungsvoraussetzung der Aktiengesellschaft abzusehen. Ansonsten hielt das ADHGB im wesentlichen an den durch das preußische Aktiengesetz von 1843 geschaffenen Grundlagen fest.

Endgültig abgeschafft wurde das Konzessionssystem durch die Aktienrechtsnovelle von 1870. Diese Novelle beendete die bestehende Dichotomie der Gründungssysteme in Deutschland. Voraussetzung für die Gründung einer Aktiengesellschaft war neben dem Abschluß des Gesellschaftsvertrages die Einhaltung gesetzlicher Normativbestimmungen, die im Bereich des Gründungsrechts insbesondere eine ordnungsgemäße Kapitalaufbringung gewährleisten sollten, und die formelle Eintragung der Gesellschaft in das Handelsregister. So finden sich erstmalig Vorschriften zur qualifizierten Gründung, d.h. einer Aktiengesellschaftsgründung, bei der das Grundkapital nicht in bar aufgebracht wird.[480] Solche Normativbestimmungen waren unter dem Konzessionssystem nicht notwendig, da solche Fragen umfassend im Konzessionsverfahren geprüft wurden. Die Einführung des Normativsystems beruhte im wesentlichen auf den veränderten dogmatischen Grundlagen der Aktiengesellschaft. Während nach v. Savigny die rechtlichen Grundlagen des Aktienrechts grundsätzlich im Sozietätsrecht fußten und die Aktiengesellschaft nur durch eine Konzession im Rahmen einer Fiktion die Eigenschaft einer juristischen Person erlangen konnte, sah die Genossenschaftstheorie die Aktiengesellschaft von Natur aus als eine Körperschaft an. Die Frage ihrer juristischen Personfikation war nicht von einer Konzession des Staates abhängig. Eine juristische Person konnte durch einen einfachen Rechtssatz in Form einer formellen Eintragung entstehen. Die Verleihung der Rechte einer juristischen Person sah die Genossenschaftstheorie eher als einen Akt formeller Natur an. Damit waren die geistigen Grundlagen für ein System von Normativbestimmungen geschaffen. In seinem Werk „Die Genossenschaftstheorie und die deutsche Rechtsprechung“ stellt Otto v. Gierke eindeutig den Einfluß dieser Theorie auf die Aktienrechtsnovelle von 1870 und das neue Gründungsrechtssystem fest.[481] In rechtsdogmatischer Hinsicht wurde dadurch die Grundlage für das heute noch bestehende Gründungsrechtssystem geschaffen.[482]

---

[480] Bzw. den Gründern im Rahmen der Gründung oder später Sondervorteile eingeräumt wurden.

[481] *Gierke,* Deutsches Privatrecht, Bd. I, S. 484.

[482] Vgl. m.w.N. *Laux,* S. 51.

Die Normativbestimmungen des Gründungsrechts der Novelle von 1870 erwiesen sich jedoch bald als unzureichend. Insbesondere im Bereich der qualifizierten Gründung, d.h. der Sachgründung, waren die Normativbestimmungen leicht zu umgehen, was in den Gründerjahren nach 1871 zu folgenschweren Gründungsschwindeln und Unternehmenszusammenbrüchen führte. Das 1870 eingeführte Normativsystem wurde deshalb durch die Aktienrechtsnovelle von 1884 schärfer konturiert. Im Rahmen der Sachgründung wurde die Gründungsprüfung erheblich verschärft, das Erfordernis einer umfassenden Prüfung des Gründungshergangs wurde eingeführt. Die Anforderungen an die Publizität der für die Anleger zur Anlageentscheidung wichtigen Tatsachen im Rahmen einer Sachgründung wurden ebenso ergänzt, wie die Haftung der Gründer für fehlerhafte Angaben im nunmehr obligatorischen Prüfungsbericht. Das Gründungsrecht des heutigen AktG fußt im wesentlichen auf der Novelle von 1884. Durch die 2. EG-Richtlinie zur Koordinierung des Gesellschaftsrechts (Kapitalschutzrichtlinie)[483] fanden diese Grundsätze sogar Eingang in das Europarecht und wurden auf diesem Weg Bestandteil des jeweiligen nationalen Gesellschaftsrechts der übrigen Mitgliedstaaten.[484] Für den Bereich des Gründungsrechts kann man die Novelle von 1884 somit als einen der bedeutsamsten Schritte in der Aktienrechtsgeschichte einstufen.[485]

Der einzige Nachteil des neuen Gründungsrechts lag darin, daß die Verkomplizierung des Gründungsrechts die Gründung einer Aktiengesellschaft erheblich erschwerte und als Gesellschaftsform für kleine und mittlere Unternehmen weitgehend unattraktiv machte. Der unternehmerische Mittelstand forderte daher die Einführung einer Kapitalgesellschaftsform auch für Unternehmen dieser Größenordnung. Der Gesetzgeber sah sich zum Handeln gezwungen und führte 1892 die GmbH als weitere Kapitalgesellschaftsform ein. Das Gründungsrechtssystem dieser Gesellschaftsform folgte im wesentlichen den Grundsätzen der Aktienrechtsreformen von 1870 und 1884, die entsprechenden Normativbestimmungen waren aber, wie noch im heutigen GmbHG, weniger streng als die der Novelle von 1884.

Das HGB von 1897 brachte keine wesentlichen Neuerungen im Bereich des Gründungsrechts.[486] Neu eingeführt wurde durch dieses Gesetz ledig-

---

[483] ABl. EG L 26/1 v. 31.1.1977. Zur Umsetzung der Richtlinie vgl. *Hüffer,* in: NJW 1979, S. 1065 ff.

[484] *Hommelhoff,* in: Schubert/Hommelhoff, Hundert Jahre modernes Aktienrecht, S. 103.

[485] Vgl. *K. Schmidt,* Gesellschaftsrecht, S. 770.

[486] Vgl. Denkschrift zu dem Entwurf eines Handelsgesetzbuches, in: Reichs-Justizamt, Entwurf eines Handelsgesetzbuchs, 1896, S. 119.

lich die heute in § 33 Abs. 2 Nr. 4 AktG geregelte obligatorische Prüfung einer qualifizierten Gründung durch externe Gründungsprüfer.

Die Aktienrechtsreform von 1884 besaß in einem weiteren Bereich Vorbildcharakter. Sie ließ erstmalig die Errichtung einer Aktiengesellschaft durch Umwandlung zu. Nach Art. 206 a ADHGB konnte eine KGaA im Wege des Formwechsels in eine AG umgewandelt werden.[487]

[487] Vgl. *K. Schmidt,* Gesellschaftsrecht, S. 350. Die Umwandlung einer Kapitalgesellschaft in eine andere ist erst seit dem Aktiengesetz von 1937 lückenlos geregelt.

Schlußbetrachtung

Die Untersuchung zeigt, daß die Dogmatik des heutigen Gründungsrechts von Handels- und Aktiengesellschaften auf einem langen rechtshistorischen Entwicklungsprozeß beruht. Dabei setzt die Entwicklung bei den Personenhandelsgesellschaften schon wesentlich früher ein als die bei den Aktiengesellschaften. Aufgrund der Möglichkeit der beschränkten Haftung sowie der Furcht der Obrigkeit vor dem Anwachsen bürgerlicher Macht durch Bündelung von Kapital wurde die Gründung von Aktiengesellschaften lange Zeit stark reglementiert.

Der Ausgangspunkt des Gründungsrechts ist für beide Arten von Gesellschaften das ius commune und damit letztlich das römische Recht. Während die Personenhandelsgesellschaften auf den Grundlagen zur societas beruhen, wurden die ersten Aktiengesellschaften, d.h. Frühformen dieser Gesellschaftsform, als wirtschaftlich tätige collegia gegründet. Die Gründungsvoraussetzungen haben sich zunächst mangels bestehender Vorbilder eng an das Gesellschaftsrecht des römischen Rechts angelehnt, sich aber in der Folgezeit selbständig entwickelt. Die Entwicklung des Gründungsrechts der Personenhandelsgesellschaft war dabei stets eingebettet in die allgemeine Entwicklung des Handelsrechts als Sonderprivatrecht der Kaufleute. Den vorläufigen Schlußpunkt der Entwicklung bildet dabei das ADHGB von 1861.

Die Entwicklung des Gründungsrechts der Aktiengesellschaft nimmt ihren vorläufigen Schlußpunkt ebenfalls im 19. Jahrhundert. Wesentliche Meilensteine sind das preußische Aktiengesetz von 1843 und die Aktienrechtsnovellen von 1870 und 1884. Durch das Aktiengesetz von 1843 wurde der Wechsel vom Octroi- zum Konzessionssystem in Deutschland endgültig vollzogen. Damit wurde grundsätzlich anerkannt, daß die Gründung von Aktiengesellschaften wie bei den Personenhandelsgesellschaften nicht allein dem Einfluß des Staates unterworfen war, sondern zunächst aus einer privatautonomen Entscheidung hervorging. Die Aktiengesellschaft wurde als eigenständige Gesellschaftsform des Handelsrechts anerkannt. Das Privileg der beschränkten Haftung, verbunden mit der juristischen Personifikation sollte aber weiter der staatlichen Kontrolle unterworfen sein. Die Entwicklung der Genossenschaftstheorie führte zur Einführung des Normativsystems. Dadurch veränderte sich das Gründungsrecht der Aktiengesellschaft grundlegend. Es genügte nunmehr, daß eine Reihe zwingend vorgeschriebener Voraussetzungen, sog. Normativbestimmungen, eingehalten und vom Registerrichter vor Eintragung auf ihre formelle Einhaltung überprüft wurden; mit dem Eintrag in das Handelsregister entstand die AG als eigenständiges Rechtssubjekt.

An diesen stetigen Änderungen des Gründungsrechts wird auch deutlich, daß die Gründung von Gesellschaften als Unternehmen und die entsprechenden rechtlichen Voraussetzungen bereits seit dem 16. Jahrhundert immer wieder Gegenstand gesellschaftlicher und politischer Diskussionen waren. Bereits während des Erlasses der Reichspolizeiordnungen von 1548 und 1577 gab es Bestrebungen, in das Gründungsrecht der Fernhandelsgesellschaften einzugreifen und die rechtliche Möglichkeit der Gründung derartiger Unternehmen stark zu beschränken. Diese Strömungen konnten sich aber nicht durchsetzen. Eine ähnliche Diskussion gab es im Fall der Aktiengesellschaft in Folge der Gründerkrise 1872/1873. Hier gab es sogar Stimmen, die Gründung von Aktiengesellschaften generell zu verbieten.[1] Letztlich erkannte man aber stets die volkwirtschaftliche Bedeutung unternehmerischer Tätigkeit an. Wie im Fall der Aktienrechtsreform von 1884 begnügte sich der Gesetzgeber letztendlich damit, das Gründungsrecht durch die Behebung von Mißständen weiterzuentwickeln. Durch das GmbHG von 1892 wollte man die unternehmerische Tätigkeit des Mittelstandes durch Erleichterung der Gründung von Kapitalgesellschaften fördern. Damit schuf man in der Folgezeit des ADHGB von 1861 ein Gründungsrecht für Unternehmen, daß im wesentlichen seit über 100 Jahren Bestand hat.

De lege ferenda dürften sich aber auch in der Zukunft noch Änderungen des Gründungsrechts als erforderlich erweisen. Ein Beispiel hierfür ist das Gründungsrecht der KGaA. So verlangt § 280 AktG anders als § 2 AktG für die Gründung einer KGaA die Mitwirkung von mindestens fünf Personen. Wenn man im Fall der AG Einmanngründungen zuläßt, darf die KGaA nicht augespart bleiben. Weil sie nach Gründung und Verselbständigung zur juristischen Person nach h.M. auch als Einmanngesellschaft bestehen kann[2], ergeben sich keine Gesichtspunkte, die der Zulassung der Einmanngründung speziell bei der KGaA entgegenstehen.[3]

---

1 Vgl *v. Ihering,* Der Zweck im Recht, S. 223.

2 Vgl. m.w.N. *Hüffer,* § 278 Rn. 5.

3 *Hüffer,* § 280 Rn. 2.

Quellen- und Literaturverzeichnis

A. Quellen

I. Materialien, Entwürfe, Gesetze

Allgemeines Deutsches Handelsgesetzbuch von 1861

Allgemeines Landrecht für die Preußischen Staaten von 1794

Allgemeines Bürgerliches Gesetzbuch für Österreich von 1811

Cirkular-Verfügung betreffen die Bedingungen zur Errichtung von Aktien-Gesellschaften v. 7.3.1856, abgedruckt bei Weinhagen, S. 79 ff.

Cirkular-Verfügung wegen der bei Bestätigung der Statuten von Aktien-Gesellschaften festzuhaltenden allgemeinen Grundsätze v. 29.3.1856, abgedruckt bei Weinhagen, S. 80 ff

Code Napoléon 1807, Code de Commerce 1806

Code Napoléon mit Zusätzen und Handelsgesetzen als Landrecht für das Großherzogtum Baden, Karlsruhe 1809

Codex Maximilianeus Bavaricus Civilis, München 1756

Corpus iuris civilis

Edikte des preußischen Staates v. 13.5.1766 (Stempeledikt) und 8.2.1770

Entwurf eines allgemeinen Gesetzbuches für die Preußischen Staaten
Erster Theil, Berlin und Leipzig 1784
Erster Theil, Zweyte Abtheilung, Berlin und Leipzig 1785

Entwurf eines Gesetzes „die Actien-Vereine betreffend" des Königreichs Sachsen v. 14.11.1836 (Landtags-Acten 1836/37 I. Abt., 1. Bd., S. 457–462)

Entwurf eines allgemeinen Handelsgesetzbuches für Deutschland (1848/49)

Entwurf eines Handelsgesetzbuches für das Königreich Württemberg, Stuttgart 1839

Entwurf eines Handelsgesetzbuches für die Preußischen Staaten, Berlin 1856

Entwurf eines Handelsgesetzbuches für die Preussischen Staaten. Nebst Motiven, Berlin 1857

Entwurf Preußens zur Novellierung des Aktienrechts des ADHGB, Berlin 1869

Entwurf eines Gesetzes zur Reform des Aktienrechts des Reichsjustizamtes, Berlin 23.6.1880

Entwurf eines Gesetzes zur Reform des Aktienrechts vom 7.9.1883 („Entwurf A")

Entwurf eines Gesetzes zur Reform des Aktienrechts vom 7.3.1884 („Entwurf B“)

Frankfurter Stadtrechtsreformation von 1578

Gesetz über Eisenbahn-Unternehmungen v. 1838, Gesetzessammlung für die Königlich Preußischen Staaten 1838, S. 505 ff.

Gesetz über die Aktiengesellschaften v. 9.11.1843, Gesetzessammlung für die königlich Preußischen Staaten 1843, S. 341–346

Gesetz über die Aktiengesellschaften, bei welchen der Gegenstand des Unternehmens nicht in Handelsgeschäften besteht, v. 15.2.1864, Gesetzessammlung für die königlich Preußischen Staaten 1864, S. 57–61

Gesetz betreffend die Kommanditgesellschaften auf Aktien und die Aktiengesellschaften v. 11.6.1870, BGBl. des Norddeutschen Bundes, S. 375–386

Gesetz betreffend die Kommanditgesellschaften auf Aktien und die Aktiengesellschaften v. 18.7.1884, RGBl. 123 ff.

Gutachten des Reichsoberhandelsgerichts von 1877 zur Reform des Aktienrechts, abgedruckt in: Schubert/Hommelhoff, Hundert Jahre modernes Aktienrecht, S.186 ff

Instruktion, die Grundsätze in Ansehung der Konzessionierung von Aktiengesellschaften betreffend, v. 22.4.1845, abgedruckt bei Weinhagen, S. 41–43

Materialien zu einem Handelsgesetzbuch für die Stadt Frankfurt a. M, nach dem Plane des kaiserlich französischen Handelsgesetzbuches und mit Zugrundelegung desselben entworfen, Frankfurt a.M. 1811.

Nürnberger Stadtrechtsreformationen von 1479 und 1564

Octroi für die Brandenburgisch-Afrikanische Kompagnie von 1682, abgedruckt bei Schück, Theil II, S. 136 ff.

Octroi für die Asiatische Handelskompagnie vom 8. Juli 1751, abgedruckt bei Ring, S. 365 ff.

Privileg Friedrichs III. für die Stadt Nürnberg von 1464, abgedruckt bei Strieder, Zur Genesis des modernen Kapitalismus, S. 104

Reichsabschied des Reichstages zu Köln und Trier von 1512 (Monopoltatbestände, Tit. IV, §§ 16–18), abgedruckt in: Neue und vollständigere Sammlung der Reichsabschiede (NSRA) Teil II, S. 136–146.

Reichsabschied des Reichstages zu Augsburg von 1530 (§§ 134–136, Monopoltatbestände), abgedruckt in: NSRA Teil II, S. 306–345

Reichpolizeiordnung vom 30.6.1548 (Monopolverbot, Tit. XVIII, §§ 6–8), verabschiedet auf dem Reichstag zu Augsburg, abgedruckt in: NSRA Teil II, S. 587–606.

Reichspolizeiordnung vom 9.11.1577, abgedruckt in: NSRA Teil III, S. 379–398.

Verordnung der freien Hanse-Stadt Hamburg v. 28.12.1833, Sammlung der Verordnungen der freyen Hanse-Stadt Hamburg XIV (1837), Nr. LXXXIX. S. 307 ff.

II. Gesellschaftsverträge

Fugger-Vertrag von 1494, abgedruckt in Auszügen bei Lutz, Bd. I, (s. Stichwort Fuggervertrag von 1494) S. 542

Meuting-Grander-Vertrag v. 4.10.1436, abgedruckt bei Lutz, Bd. II (Urkundenband), S. 1–4

Vertrag der Saigerhandelsgesellschaft Mansfeld v. 4.7.1472, abgedruckt bei Möllenberg, Urkundenbuch Saigerhandel, Urk. Nr. 3, S. 3 ff.

Imhof-Vertrag v. 20.12.1481, abgedruckt bei Lutz, Bd. II (Urkundenband), S. 5 ff.

Weißhaupt-Schreiber-Dittmar-Vertrag v. 8.2.1491, abgedruckt bei Lutz, Bd. II (Urkundenband), S. 9–20

Koler-Kress-Saronno-Vertrag v. ca. 1500, abgedruckt bei Lutz, Bd. II (Urkundenband), S. 21–27

Verträge der Grander-Rehlinger-Hanolt-Gesellschaft v. 15.7.1503 und 15.7.1507, abgedruckt bei Lutz, Bd. II (Urkundenband), S. 28.

Rietwieser-Pruner-Vertrag v. 30.12.1525, abgedruckt bei Lutz, Bd. II (Urkundenband), S. 49–60

Imhof-Verträge vom 26.7.1527 und 26.7.1531, abgedruckt bei Lutz, Bd. II (Urkundenband), S. 60–71.

Haug-Linck-Vertrag v. 10.10.1547, abgedruckt bei Lutz, Bd. II (Urkundenband), S. 123–131

Manlich-Vertrag v. 1.8.1548, abgedruckt bei Lutz, Bd. II (Urkundenband), S. 131–137

Reglement der Brandenburgisch-Afrikanischen Kompagnie von 1683, abgedruckt bei Schück, Theil II, S. 367 ff.

B. Literatur

Andreas, Willy: Die Einführung des Code Napoleon in Baden, in: ZGA 31 (1910), S. 182 ff.

– Stichwort: Brauer, in: Neue Deutsche Biographie, Band II (S. 542 f.), Berlin 1955.

Barzen, Carola: Zur Entstehung des Entwurfs zum Allgemeinen Landrecht, in: Gose, Walter (Hrsg.), Zur Ideen- und Rezeptionsgeschichte des Preußischen Allgemeinen Landrechts, Stuttgart 1999.

Bauer, Clemens: Unternehmung und Unternehmungsformen im Spätmittelalter und in der beginnenden Neuzeit, Jena 1936.

Baums, Theodor: Entwurf eines allgemeinen Handelsgesetzbuches für Deutschland (1848/49), Heidelberg 1882 (zitiert: Baums, Handelsgesetzbuch).

– Gesetz über die Aktiengesellschaften für die königlich preußischen Staaten vom 9. November 1843, Aalen 1981 (zitiert: Baums, Handelsgesetzbuch).

Baums-Stammberger, Brigitte: Der Versuch einer Aktiengesetzgebung in Sachsen 1836/37, Diss. Hagen 1981.

Behrend, J.F.: Lehrbuch des Handelsrechts, Bd. I, Berlin/Leipzig 1886.

Beitzke, Günther: Konzessionssystem, Normativbestimmungen und freie Körperschaftsbildung, in: ZHR 108 (1941), S. 32 ff.

Bender, Johann H.: Grundsätze des engeren Handelsrechts, Darmstadt 1824.

Bergfeld, Christoph: Der Entwurf eines Handelsgesetzbuches für das Königreich Württemberg von 1839, in: Ius Commune Bd. VII (1978), S. 226 ff.

Bielitz, Gustav A.: Praktischer Kommentar zum ALR, Bd. 1–6, Erfurt 1823–1835.

Boldt, Hans: Deutsche Verfassungsgeschichte, Bd. I, München 1990.

Bösebeck, Ernst: Die kapitalistische Kommanditgesellschaft, Frankfurt 1938.

Bösselmann, Kurt: Die Entwicklung des deutschen Aktienwesens im 19. Jahrhundert, Ein Beitrag zur Frage der Finanzierung gemeinwirtschaftlicher Unternehmungen und zu den Reformen des Aktienrechts, Berlin 1939.

Bracht, Klaus: Der Bau der ersten Eisenbahnen in Preußen, Eine Untersuchung der rechtlichen Grundlagen und der bei der Gründung und dem Grunderwerb aufgetretenen Rechtsprobleme, Berlin 1998.

Brauer, Johann: Erläuterungen über den Code Napoléon und die Großherzoglich Badische Bürgerliche Gesetzgebung, Bd. 1–6, Karlsruhe 1809–1842.

Brinckmann, Carl: Lehrbuch des Handelsrechts, Heidelberg 1853.

Brüggemeier, Gerd: Entwicklung des Rechts im organisierten Kapitalismus, Bd. I (Von der Gründerzeit bis zur Weimarer Republik), Frankfurt 1977.

Bülow, Peter/*Artz,* Markus: Neues Handelsrecht, JuS 1998, S. 689 ff.

Bürge, Alfons: Der Code de Commerce in Frankreich – traditionaler Geist im liberalen Umbruch, in: Modernisierung des Handelsrechts im 19. Jahrhundert, ZHR – Beiheft Nr. 66.

Büsch, Johann Georg: Theoretisch-praktische Darstellung der Handlung, Bd. I, Hamburg 1808.

Coing, Helmut (Hrsg.): Handbuch der Quellen und Literatur der neueren europäischen Privatrechtsgeschichte, Band II/2, München 1976, Band III/3, München 1986 (zitiert: Coing, Handbuch).

– Die Frankfurter Reformation von 1578, Weimar 1935 (zitiert: Coing, Reformation).

– Europäisches Privatrecht 1500 bis 1800

  – Bd. I: Älteres Gemeines Recht (1500–1800), München 1985

  – Bd. II: 19. Jahrhundert (1800–1914), München 1989 (zitiert: Coing, Europäisches Privatrecht).

Coing, Helmut/*Wilhelm,* Walter: Wissenschaft und Kodifikation des Privatrechts im 19. Jahrhundert, Bd. I, Frankfurt 1974.

– Bd. IV: Eigentum und industrielle Entwicklung, Wettbewerbsordnung und Wettbewerbsrecht, Frankfurt 1979.

– Bd. V: Geld und Banken, Frankfurt 1980.

– Bd. VI: Zur Verselbständigung des Vermögens gegenüber der Person im Privatrecht, Frankfurt 1982.

Conrad, Hermann: Das Allgemeine Landrecht von 1794 als Grundgesetz des friderizianischen Staates Berlin, 1965 (zitiert: Conrad; Landrecht).

– Deutsche Rechtsgeschichte, Bd. I: Frühzeit und Mittelalter, 2 A., Karlsruhe 1962; Bd. II: Neuzeit bis 1806, Karlsruhe 1966 (zitiert: Conrad, Deutsche Rechtsgeschichte).

– Die geistigen Grundlagen des Allgemeinen Landrechts für die Preußischen Staaten, Köln 1958 (zitiert: Conrad, ALR).

– Preußen und das französische Recht in den Rheinlanden, in: Recht und Rechtspflege in den Rheinlanden, S. 79 ff.

Conradi, Johannes; Das Unternehmen im Handelsrecht, Eine rechtshistorische Untersuchung vom preußischen Allgemeinen Landrecht (1794) bis zum Allgemeinen Deutschen Handelsgesetzbuch (1861), Heidelberg 1993.

Cordes, Albrecht, Spätmittelalterlicher Gesellschaftshandel im Hanseraum, Habil. Freiburg 1998.

Daumke, Michael/*Keßler,* Jürgen: Gesellschaftsrecht, 3. A., München 2000.

Denkschrift zum Entwurf eines Bürgerlichen Gesetzbuches nebst drei Anlagen. Dem Reichstag vorgelegt in der vierten Session der Neunten Legislaturperiode, Berlin 1896.

Dernburg, Heinrich: Lehrbuch des Preußischen Privatrechts, Bd. I a, Halle 1875.

– Pandekten, Bd. II: Obligationenrecht, 5. A., Berlin 1896.

Dilcher, Gerhard/*Lauda,* Rudi: Das Unternehmen als Gegenstand und Anknüpfungspunkt rechtlicher Regelungen in Deutschland 1860–1920, in: *Horn/Kocka*: Recht und Entwicklungen der Großunternehmen im 19. und frühen 20. Jahrhundert, Göttingen 1979 (S. 535 ff.).

Droysen, Gustav: Beiträge zur Beurteilung des Handelsrechts im Allgemeinen preußischen Landrecht, Halle 1896.

Ebel, Friedrich/*Thielmann,* Georg: Rechtsgeschichte, Bd. I: Mittelalter, Heidelberg 1989; Bd. II: Neuzeit, Heidelberg 1993.

Eggers, Christian Ulrich v.: Bemerkungen zur Verbesserung der deutschen Gesetzgebung, Ein freier Auszug aus seinen Preisschriften, Theil 2, Kopenhagen 1798.

Ehrenberg, Richard: Das Zeitalter der Fugger. Geld-, Kapital- und Kreditverkehr im 16. Jahrhundert, Jena 1912.

Eisenhardt, Ulrich: Gesellschaftsrecht, 9. A., München 2000 (zitiert: Eisenhardt, Gesellschaftsrecht).

– Deutsche Rechtsgeschichte, 3. A., München 1999 (zitiert: Eisenhardt, Rechtsgeschichte).

– Zu den deutschrechtlichen Wurzeln des Handelsrechts oder Wie deutsch ist das deutsche Handelsrecht? in: Unternehmen, Recht und Wirtschaftsordnung, Festschrift für Peter Raisch, Heidelberg 1995.

Emmerich, Markus: Die historische Entwicklung von Beschlußverfahren und Beschlußkontrolle im Gesellschaftsrecht der Neuzeit unter besonderer Berücksichtigung des Aktienrechts, Berlin 2000 (Diss. Hagen 1999).

Endemann, Wilhelm: Das deutsche Handelsrecht, Bd. I, Leipzig 1881 (zitiert: Endemann, Handelsrecht).

– Das Recht der Eisenbahnen. Nach den Bestimmungen des Deutschen Reiches und Preußens, Leipzig 1886.

Falke, Johannes: Geschichte des deutschen Handels, Bd. II, Leipzig 1860.

Ferid, Murad/*Sonnenberger,* Hans J.: Das französische Zivilrecht, Bd. 2, Heidelberg 1986.

Fick, H.: Mittheilungen über den gegenwärtigen Stand der Gesetzgebung betreffend die Bildung von Handelsgesellschaften mit beschränkter Haftbarkeit, Insbesondere von anonymen und Kommanditaktiengesellschaften, in: ZHR 13 (1869), S. 394 ff.

Fischer, Ferdinand: Preußens kaufmännisches Recht, Breslau 1856 (zitiert: Preußens kaufmännisches Recht).

Fischer, Otto: Preußisches Privatrecht, Berlin 1887 (zitiert: Fischer, Privatrecht).

Floßmann, Ursula: Österreichische Privatrechtsgeschichte, 2. A., Wien 1992.

Flume, Werner: Savigny und die Lehre von der Juristischen Person, in: Festschrift für Franz Wieacker zum 70. Geburtstag, Göttingen 1978 (S. 340 ff.).

Förster, Franz: Preußisches Privatrecht, Bd. II, Berlin 1882.

Frey, Matthias: Die spanische Aktiengesellschaft im 18. Jahrhundert und unter dem Codigo de Commercio von 1829, Frankfurt 1999.

Füssel, Friedrich Franz: Societates innominatae (Actiengesellschaften) in quantum sequuntur Romani juris des soecietatibus principia, Leipzig 1842.

Gans, Eduard: Beiträge zur Revision der preußischen Gesetzgebung, Berlin 1830–32.

Gareis, Carl/*Fuchsberger,* Otto: Das allgemeine Deutsche Handelsgesetzbuch, nebst den sich daran anschließenden Reichsgesetzen (u. a. Markenschutzgesetz, Aktiennovelle vom 18. Juli 1884), Berlin 1891.

Geßler/Hefermehl/Eckardt/Kropff: Kommentar zum Aktiengesetz, Bd. I, München 1973.

Gierke, Otto v.: Schuld und Haftung im älteren deutschen Recht, insbesondere die Form der Schuld- und Haftungsgeschäfte, Breslau 1910 (zitiert: Gierke, Schuld und Haftung).

– Das deutsche Genossenschaftsrecht, Bd. IV: Die Staats- und Korporationslehre, Berlin 1881 (zitiert: Gierke, Genossenschaftsrecht).

– Die Genossenschaftstheorie und die deutsche Rechtsprechung, Berlin 1887 (zitiert: Gierke, Genossenschaftstheorie).

– Deutsches Privatrecht, Band I, Leipzig 1895 (zitiert: Gierke, Deutsche Privatrecht).

Glück, Christian Friedrich: Pandecten, Kommentar, Bd. XV, Erlangen 1813.

Gmür, Rudolf: Die Emder Handelscompagnien des 17. und 18. Jahrhunderts, in: Festschrift für Harry Westermann zum 65. Geburtstag, S. 167 ff., Karlsruhe 1974.

– Grundriß der deutschen Rechtsgeschichte, 5. A., Berlin 1992 (zitiert: Gmür, Rechtsgeschichte).

Goldschmidt, Levin: Handbuch des Handelsrechts, Bd. I, 2. A. Stuttgart 1875.

Großfeld, Bernhard: Aktiengesellschaft, Unternehmenskonzentration und Kleinaktionär, Tübingen 1968.

– Die rechtspolitische Beurteilung der Aktiengesellschaft im 19. Jahrhundert, in: Coing, Helmut/Wilhelm, Walter, Wissenschaft und Kodifikation im 19. Jahrhundert, Bd. IV (1979), S. 236 ff.

Haab, Robert: Beitrag zur Geschichte und Dogmatik der Handelsfirma, Straßburg 1888.

Hahn, Friedrich v.: Das Handelsrecht nach dem allgemeinen deutschen Handelsgesetzbuch, Bd. II, Braunschweig 1883.

Härter, Karl: Die Entwicklung und Funktion der Policeygesetzgebung des Heiligen Römischen Reiches Deutscher Nation im 16. Jahrhundert, in: Ius Commune, Bd. XX (1993). S. 61 ff.

Hartung, Wilhelm: Geschichte und Rechtsstellung der Compagnie in Europa, Eine Untersuchung am Beispiel der englischen East-India Company, der niederländischen Vereenigten Oostindischen Compagnie und der preußischen Seehandlung, Diss. Bonn 2000.

Hattenhauer, Hans (Hrsg.): Allgemeines Landrecht für die Preußischen Staaten von 1794, Frankfurt 1970 (zitiert: Hattenhauer, ALR).

– Die geistesgeschichtlichen Grundlagen des deutschen Rechts, 3. A., Heidelberg 1983 (zitiert: Hattenhauer, Grundlagen).

Hecker, Hans-Joachim: Das Recht der Reichsstadt Augsburg und die Versuche einer Kodifizierung im 18. Jahrhundert, in: ZGA 113, S. 391 ff.

Heckscher, Eli F.: Der Merkantilismus, Bd. I, Jena 1932.

Heise, Arnold: Handelsrecht, Vorträge Göttingen 1814–1817, Nach dem Originalmanuskript hrsg. von Agathem Wunderlich, Frankfurt 1858.

Henning, Friedrich Wilhelm: Die Industrialisierung in Deutschland 1800–1914, 7. A., Paderborn 1989.

Hergenhahn, Theodor: Die offene Handelsgesellschaft, Leipzig 1895.

Heße, Manfred: Die historische Entwicklung der Wettbewerbsverbote im Gesellschaftsrecht der Neuzeit, Frankfurt 1994 (zugleich Diss. Hagen 1994).

Heymann, Ernst: Die Beziehungen des Handelsrechts zum Zivilrecht, Berlin 1932.

Höffner, Joseph: Wirtschaftsethik und Monopole im fünfzehnten und sechzehnten Jahrhundert. 2. A., Darmstadt 1969.

Hommelhoff, Peter: Eigenkontrolle statt Staatskontrolle – rechtsdogmatischer Überblick zur Aktienrechtsreform von 1884-, in: Schubert, Werner/derselbe: Hundert Jahre modernes Aktienrecht, Berlin 1985.

Honsell, Heinrich/*Mayer-Maly,* Theo/*Selb,* Walter: Römisches Recht, Berlin 1994.

Hopt, Klaus J.: Ideelle und wirtschaftliche Grundlagen der Aktien-, Bank- und Börsenrechtsentwicklung im 19. Jahrhundert, in: Coing, Helmut/Wilhelm, Walter: Wissenschaft und Kodifikation des Privatrechts im 19. Jahrhundert, Bd. V (1980), S. 128 ff., HRG, Bd. 4, S. 110.

Horn, Norbert: Aktienrechtliche Unternehmensorganisation in der Hochindustrialisierung (1860–1920), in: derselbe/Kocka, Jürgen (Hrsg.): Recht und Entwicklung der Großunternehmen im 19. und frühen 20. Jahrhundert, Göttingen 1979 (S. 123 ff.).

Hueck, Alfred: Das Recht der OHG, 4. A., München 1971.

Hüffer, Uwe: Harmonisierung des aktienrechtlichen Kapitalschutzes, in: NJW 1979, S. 1065 ff.

Jansen, Max: Jakob Fugger der Reiche, Studien und Quellen I, Leipzig 1910.

Kaiser, Gabi: Die Rechtsprechung badischer Gerichte zu den Personenhandelsgesellschaften und der Stillen Gesellschaft während des 19. Jahrhunderts, Diss. Mannheim 1995.

Kammerer, Klaus: Das Unternehmensrecht süddeutscher Handelsgesellschaften in der Montanindustrie des 15. und 16. Jahrhunderts. Eine Untersuchung zum Gewerkschafts- und Gesellschaftsrecht, Diss. Stuttgart 1977.

Kaser, Max: Das Römische Privatrecht, 13. A., München 1983.

Kayser, Paul: Gesetz betreffend der Kommanditgesellschaft auf Aktien und die Aktiengesellschaft vom 18. Juli 1884, 2. A., Berlin 1891.

Keutgen, Fritz: Hansische Handelsgesellschaften vornehmlich des 14. Jahrhunderts, in: VSWG 4 (1906), S. 278–324, 461–514, 567–632.

Keyssner, Hugo: Die Aktiengesellschaften und die Kommanditgesellschaften auf Aktien unter dem Reichs-Gesetz vom 11. Juni 1870, Berlin 1873.

– Allgemeines Deutsches Handelsgesetzbuch, Kommentar, Stuttgart 1878 (zitiert: Keyssner, ADHGB).

Klein, E. F.: System des preußischen Zivilrechts, Halle 1801.

Klein, Franz: Die neueren Entwicklungen in Verfassung und Recht der Aktiengesellschaften, Wien 1904.

Kleinheyer, Gerd/*Schröder,* Jan: Deutsche und Europäisches Juristen aus fünf Jahrhunderten, 4. A., Heidelberg 1996.

Kiefner, Hans: Personae vice fungitur? Juristische Person und „industrielle Corporation" im System Savignys, in: Festschrift für Harry Westermann zum 65. Geburtstag, Karlsruhe 1974 (S. 263 ff.).

Köbler, Gerhard: Deutsche Rechtsgeschichte, 5. A., München 1996 (zitiert: Köbler, Rechtsgeschichte).

– Reformation der Stadt Nürnberg, Arbeiten zur Rechts- und Sprachwissenschaft Bd. 25, Gießen 1975.

Koch, Christian Friedrich: Allgemeines deutsches Handelsgesetzbuch, herausgegeben mit Kommentar, Berlin 1863 (zitiert: Koch, ADHGB).

– Das Recht der Forderungen nach Gemeinem und Preußischem Rechte mit Rücksicht auf neuere Gesetzgebungen, Bd. III, Breslau 1843.

Kocka, Jürgen: Unternehmer in der deutschen Industrialisierung, Göttingen 1975.

Körber, Torsten: Änderungen im Handels- und Gesellschaftsrecht durch das Handelsrechtsreformgesetz, in: Jura 1998, S. 452 ff.

Krause, Ortwin: Die Entwicklung des Firmenrechts im 19. Jahrhundert, Frankfurt 1994 (zugleich Diss. Hagen 1994).

Kreittmayr, Wiguläus X. A,: Anmerkungen über den Codicem Maximilaneum Bavaricum civilem, Vierter Teil, München 1768.

– Compendium Codicis Bavarici, München 1773 (zitiert: Kreittmayr, Compendium).

Kroeschell, Karl: Deutsche Rechtsgeschichte, Bd. 2, 8. A., Opladen 1992.

Kropff, Bruno: Textausgabe zum Aktiengesetz von 1965, Düsseldorf 1965.

Kübler, Friedrich: Gesellschaftsrecht, 5. A., Heidelberg 1998.

Kunkel, Wolfgang/*Thieme,* Hans/*Beyerle,* Franz (Hrsg.): Quellen zur neueren Privatrechtsgeschichte Deutschlands, Bd. 1, 1 Hlbd. (Stadtrechtsreformationen), Weimar 1936.

Ladenburg, Leopold: Über Handelsgesellschaften, in: ZHR 1 (1857), S. 132.

Landwehr, Götz: Die Verfassung der Aktiengesellschaft – Rechtsverhältnisse in Preußen vom Anfang des 19. Jahrhunderts bis zum Jahre 1870, in: ZGA 99 (1982), S. 1 ff.

Lange, Hermann: Römisches Recht im Mittelalter, Bd. I: Die Glossatoren, München 1997.

Lastig, Gustav: Markenrecht und Zeichenrecht, Halle 1889.

Lauckhard, Ludwig: Rechtsfälle mit Entscheidungen der französischen und belgischen Gerichtshöfe. Zur Erläuterung des französischen Zivilrechts mit Rücksicht auf das badische Landrecht, Bd. 1–10, Mannheim 1834–1859.

Laufs, Adolf: Rechtsentwicklungen in Deutschland, 5. A., Berlin 1996.

Lauterbach, Wolfgang Adam: Collegii theoretico-practici ad quinquaginta Pandectarum libros, Bd. 2 zu D 3,4., Tübingen 1796.

Laux, Frank: Die Lehre vom Unternehmen an sich, Berlin 1998.

Lehmann, Karl: Die geschichtliche Entwicklung des Aktienrechts, Nachdruck Berlin 1968.

– Das Recht der Aktiengesellschaften, Bd. I, Berlin 1898 (zitiert: Lehmann, Aktiengesellschaften).

Lévy-Bruhl, Henri: Histoire juridique des Sociétés de Commerce en France au XVIIe et XVIIIe siècles, Paris 1938.

Lex, Peter: Die Versicherung an Eides statt und ihr Verhältnis zum Geloben und zum feierlichen Eid, Diss. Zürich 1967.

Lexer, Matthias: Mitteldeutsches Handwörterbuch, Band I, Leipzig 1872.

List, Helge-Alexander: Die geschichtliche Entwicklung der Rechnungsprüfung im deutschen Aktienrecht bis zum Aktiengesetz von 1937, Diss. Tübingen 1998.

Lossaeus, Nicolaus: Tractatus de iure universitatum, Venetiis 1601.

Löwenfeld, Hermann: Der Entwurf des neuen Aktiengesetzes in seinen Grundzügen betrachtet, Berlin 1884.

Lübbert, Erich: Die rechtliche Natur der stillen Gesellschaft unter besonderer Berücksichtigung ihrer historischen Entwicklung, in: ZHR 58, S. 476.

Luig, Klaus: Römisches Recht, Naturrecht, Nationales Recht, Goldbach 1998.

Lutz, Elmar: Die rechtliche Struktur süddeutscher Handelsgesellschaften in der Zeit der Fugger, Bd. I (Darstellung), Bd. II (Urkundenband), Tübingen 1976.

Lutz, J. v. (Hrsg.): Protokolle der Kommission zur Berathung eines allgemeinen deutschen Handelsgesetzbuches, Bd. 1–9, 3 Bände Beilagen, Würzburg 1858–1867 (zitiert: Lutz, Protokolle).

Marquard, Johannes: Tractatus politico-juridicus De iure mercatorum et commerciorum singulari, Frankfurt 1662.

Martens, Fritz: Die Aktiengesellschaft in der Kritik der ersten drei Viertel des 19. Jahrhunderts und ein Beitrag zur ihrer Geschichte, Diss. Oldenburg 1934.

Martens, Georg Friedrich v.: Grundriß des Handelsrechts, 3. A., Göttingen 1820 (zitiert: Martens, Handelsrecht).

Martin, Paul C.: Die Entstehung des preußischen Aktiengesetzes von 1843, in: VSWG 56 (1969), S. 499–552.

Mayer, Valentin: Die Fürlegung in den Handelsgesellschaften des Mittelalters und des Frühkapitalismus, Diss. München 1925.

Meisel, Bernd: Die Geschichte der deutschen Wirtschaftsprüfung, Köln 1992.

Mertens, Bernd: Im Kampf gegen die Monopole, Reichstagsverhandlungen und Monopolprozesse im frühen 16. Jahrhundert, Tübingen 1996.

Miles, Magnus Henning: De iure principis circa commerciorum libertatem tuendam dissertatio (praes. Johann Gottlieg Heineccius), Halle 1738.

Mitteis, Heinrich/*Lieberich,* Heinz: Deutsches Privatrecht, 9. A., München 1981.

Mittermaier, C. J. A: Die Leistungen der Gesetzgebung, Rechtsprechung und Wissenschaft in Italien auf dem Gebiet des Handelsrechts, in: ZHR 4 (1861), S. 327 ff.

Mohnhaupt, Heinz: Untersuchungen zum Verhältnis Privileg und Kodifikation im 18. und 19. Jahrhundert, in: Ius Commune Bd. V (1975), S. 71 ff.

– Vom Privileg zum Verwaltungsakt. Beobachtungen zur dogmengeschichtlichen Entwicklung in Deutschland sei der Mitte des 18. Jahrhunderts, in: Ius Commune Sonderheft XXI (1984), S. 41 ff.

Möllenberg, Walter: Die Eroberung des Weltmarktes durch das mansfeldische Kupfer. Studien zur Geschichte des Thüringer Saigerhüttenhandels im sechzehnten Jahrhundert, Gotha 1911.

– Geschichtsquellen der Provinz Sachsen und angrenzender Gebiete. Herausgegeben von der historischen Kommission für die Provinz Sachsen und das Herzogtum Anhalt. 47. Bd.: Urkundenbuch zur Geschichte des Mansfeldischen Saigerhandels im 16. Jahrhundert, Halle 1915.

Möllers, Thomas: Die Rolle des Rechts im Rahmen der europäischen Integration, Tübingen 1999.

Morstadt, E.: Kommentar über das Handelsrecht Deutschlands und Frankreichs, Heidelberg 1849.

Müller-Guggenberger, Christian: Zweite Etappe der Gesellschaftsrechtsreform in Frankreich, in: ZHR 142 (1978), S. 589 ff.

Münchener Handbuch des Gesellschaftsrecht, Bd. 2 (Kommanditgesellschaft und Stille Gesellschaft), Bd. 4 (Aktiengesellschaft), 2. A., München 1999.

Oechelhäuser, Wilhelm: Die Nachteile des Aktienwesens und die Reform der Aktiengesetzgebung, Berlin 1878.

Orth, Johann Philipp: Nöthig und nützlich erachteter Anmerckungen über die sogenannte erneuerte Reformation der Stadt Franckfurt am Main, Frankfurt 1775.

Ott, Claus: Recht und Realität der Unternehmenskorporation, Ein Beitrag zur Theorie der juristischen Person, Tübingen 1977.

Peterka, Otto: Zum handelsrechtlichen Inhalt der Gesellschaftsverträge Jakob Fuggers des Reichen, in: ZHR 73 (1913), S. 387 ff.

Planiol, Marcel/*Ripert,* Georges: Traite pratique de Droit Civil Français, Bd. XI, Paris 1932.

Pohl, Hans: Zur Entwicklung der Formen der Betriebs- und Unternehmensorganisation, in: Coing/Wilhelm, Wissenschaft und Kodifikation des Privatrechts im 19. Jahrhundert, Bd. VI, S. 111 ff.

Pöhls, Meno: Das Recht der Actiengesellschaften mit besonderer Rücksicht auf Eisenbahngesellschaften, Hamburg 1842 (zitiert: Pöhls, Actiengesellschaften).

– Darstellung des gemeinen Deutschen und des Hamburgischen Handelsrechts, Bd. I, Allgemeiner Teil, Hamburg 1828 (zitiert: Pöhls, Handelsrecht).

Puchelt, Ernst Sigismund: Commentar zum allgemeinen deutschen Handelsgesetzbuch, Leipzig 1874.

Pütter, Johann Stephan: Institutiones iuris publici germanici, editio III Göttingen 1782.

Raisch, Peter: Die Abgrenzung des Handelsrechts vom Bürgerlichen Recht als Kodifikationsproblem im 19. Jahrhundert, Stuttgart 1962 (zitiert: Raisch, Abgrenzung).

– Geschichtliche Voraussetzungen, dogmatische Grundlagen und Sinnwandlung des Handelsrechts, Karlsruhe 1965 (zitiert: Raisch, Grundlagen).

– Unternehmensrecht, Bd. I: Unternehmensprivatrecht, Handels- und Gesellschaftsrecht, Reinbek bei Hamburg 1973 (zitiert: Raisch, Unternehmensrecht).

Rauch, Karl: Die Aktienvereine in der geschichtlichen Entwicklung des Aktienrechts, in: ZGA 69 (1952), S. 239 ff.

Rehme, Paul: Das rechtliche Wesen der großen Ravensburger Handelsgesellschaft, in: ZGA 47, S. 535 ff.

Reich, Norbert: Die Entwicklung des deutschen Aktienrechts im neunzehnten Jahrhundert, in: Ius Communue Bd. II (1969), S. 239 ff.

– Auswirkungen der deutschen Aktienrechtsreform von 1884 auf die Konzentration der deutschen Wirtschaft, in: Horn/Kocka: Recht und Entwicklung der Großunternehmen im 19. und frühen 20. Jahrhundert, Göttingen 1979 (S. 255 ff.).

Reiter, Hans J.: Die Handelsgesellschaft Villeroy und Boch von der Gründung 1836 bis zum Jahr 1878, Frankfurt 1992.

Renaud, Achilles: Das Recht der Aktiengesellschaften, 2. A., Leipzig 1875.

Riebartsch, Joachim: Augsburger Handelsgesellschaften des 15. und 16. Jahrhunderts, Bergisch-Gladbach 1987.

Ring, Victor: Asiatische Handelskompanien Friedrichs des Großen, Berlin 1890.

Rintelen, Max: Untersuchungen über die Entwicklung des Handelsregisters, Stuttgart 1914.

Roesler, C. F. H.: Die rechtliche Natur des Vermögens der Handelsgesellschaften nach römischem Recht, in: ZHR 4 (1861), S. 291 ff.

Röh, Thomas: Die allgemeinen und besonderen Gesellschaften des Allgemeinen Landrechts für die Preußischen Staaten, Münster 1995.

Rosenberg, Hans: Große Depression und Bismarckzeit, Berlin 1967.

Savigny, Friedrich Carl v.: Das Oligationenrecht als Theil des heutigen römischen Rechts, Bd. II, Berlin 1853 (zitiert: Savigny, Obligationen).

– System des heutigen römischen Rechts, Bd. II, Berlin 1840 (zitiert: Savigny, System des römischen Rechts).

– Geschichte des römischen Rechts im Mittelalter, Bd. III, Heidelberg 1822 (Nachdruck 1961) (zitiert: Savigny, Geschichte des römischen Rechts).

Scherer, Martin: Der Entwurf eines Gesetzes betreffend die Kommanditgesellschaften auf Aktien und die Aktiengesellschaften, in: JW 1884, S. 125 ff., 144 ff., 205 ff.

Scherrer, Werner: Die geschichtliche Entwicklung des Prinzips der Vertragsfreiheit, Basel 1948.

Schiebe, August: Die Lehre von den Handelsgesellschaften nach französischen Quellen, Leipzig 1841.

– Lehrbuch des Handelsrechts, Leipzig 1838 (zitiert: Schiebe, Handelsrecht).

Schimke, Martin, Die historische Entwicklung der Unterbeteiligungsgesellschaft in der Neuzeit, Berlin 1991 (zugleich Diss. Hagen 1991).

Schlosser, Hans: Grundzüge der neueren Privatrechtsgeschichte, 7. A., Heidelberg 1992 und 8. A., Heidelberg 1996.

Schmalz, Wolfgang: Die Verfassung der Aktiengesellschaft in geschichtlicher, vergleichender und rechtspolitischer Betrachtung, Berlin 1950.

Schmidt, Friedrich Gustav Adolf: Handelsgesellschaften in den deutschen Stadtrechtsquellen des Mittelalters, Breslau 1883, in: Gierke, Otto v., Untersuchungen zur Deutschen Staats-und Rechtsgeschichte, S. 1 ff.

Schmidt, Karsten: Gesellschaftsrecht, 3. A., Köln 1998 (zitiert: Schmidt, Gesellschaftsrecht).

– Handelsrecht, 5. A., Köln 1999 (zitiert: Schmidt, Handelsrecht).

– Das Handelrechtsreformgesetz, in: NJW 1998, S. 2161 ff.

Schmoller, Gustav: Die geschichtliche Entwicklung der Unternehmung, XIII: Die Handelsgesellschaften des 17. und 18. Jahrhunderts, in: Schmollers Jahrbuch 17 (1893), S. 959–1018, S. 985.

Schneider, Hans: Der preußische Staatsrat 1817–1918, München/Berlin 1852.

Schubert, Werner/*Hommelhoff,* Peter: Hundert Jahre modernes Aktienrecht, ZGR Sonderheft 4 Berlin 1985.

– Das preußische Eisenbahngesetz von 1838, in: ZGA 116 (1999), S. 152 ff.

– Die Abschaffung des Konzessionssystems durch die Aktienrechtsnovelle von 1870, in: ZGR 1981, S. 287 ff.

– Französisches Recht in Deutschland zu Beginn des 19. Jahrhunderts, Köln 1977 (zitiert: Schubert, Französisches Recht).

– Die Entstehung des Aktiengesetzes vom 18. Juli 1884, in: derselbe/Hommelhoff, Peter, Hundert Jahre modernes Aktienrecht, S. 1 ff.

Schück, Richard: Brandenburg- Preußens Kolonialpolitik unter dem Großen Kurfürsten und seinen Nachfolgern (1647–1721), Theil I und II, Leipzig 1893.

Schultheiß, Werner: Die Geschichte des Nürnberger Ortsrechts, Nürnberg 1957.

Schumacher, Detlef: Das Rheinische Recht in der Gerichtspraxis des 19. Jahrhunderts, Stuttgart 1969.

Schumacher, Hermann: Die Entwicklung der inneren Organisation der Aktiengesellschaft im deutschen Recht bis zum ADHGB, ZHR-Beiheft 10, Stuttgart 1937 (zitiert: Schumacher, ADHGB).

Sehte, Rolf: Die personalistische Kapitalgesellschaft mit Börsenzugang, Köln 1996.

Sehrt, Otto: Die niederrheinischen Aktiengesellschaften unter dem Code de Commerce, Gießen 1911.

Servos, Rüdiger: Die Personenhandelsgesellschaften und die stille Gesellschaft in den Kodifikationen vom ALR bis zum ADHBG, Diss Köln 1984.

Siegle, D.: Das allgemeine deutsche Handelsgesetzbuch nebst Württembergischen Einführungsgesetz, Stuttgart 1862.

Siemers, Henricus Ernestus: De collegiis mercatorum (praes. Dietrich, Hermann Kemmerich), Jena 1739.

Simon, August H.: Bericht über die szientivische Redaktion der Materialien der preussischen Gesetzgebung, in: AJM 11 (1811), S. 191 ff.

Simon, Heinrich Veit: Der Entwurf eines Gesetzes betreffend die Kommanditgesellschaften auf Aktien und die Aktiengesellschaften, in: ZHR 29 (1884), S. 445 ff.

Sombart, Werner: Der moderne Kapitalismus, Bd. I, München 1919.

Stadtarchiv Nürnberg (Hrsg.): Quellen zur Geschichte und Kultur der Stadt Nürnberg, Band 3: Satzungsbücher und Satzungen der Reichsstadt, Nürnberg aus dem 15. Jahrhundert, Nürnberg 1965.

Stobbe, Otto: Geschichte der deutschen Rechtsquellen, Leipzig 1964.

Strieder, Jakob: Die sogenannte Fürlegung, eine Institution des deutschen Gesellschaftsrechts im Zeitalter des Frühkapitalismus, in: VSWG 19 (1912), S. 521 ff.

– Zur Genesis des modernen Kapitalismus, 2. A., München 1935 (zitiert: Strieder, Kapitalismus).

Strieder, Josef: Zwei Handelsgesellschaftsverträge aus dem 15. und 16. Jahrhundert, ihre Geschichte und ihr Recht. Ein Beitrag zur Entwicklungsgeschichte des Gesellschaftsrechts, Diss. Leipzig 1908 (zitiert: Strieder, Gesellschaftsverträge).

v. Stromer, Wolfgang: Organisation und Struktur deutscher Unternehmen in der Zeit bis zum Dreißigjährigen Krieg, in: Tradition 1/1968, S. 29 ff.

Sudhoff, Heinrich: Der Gesellschaftsvertrag der Personengesellschaften, 5. A., München 1978.

Thöl, Heinrich: Das Handelsrecht, Bd. I, Leipzig 1878.

Treitschke, Karl Georg: Die Lehre von der unbeschränkt obligatorischen Gewerbegesellschaft und von Kommanditen, Leipzig 1844.

Voet, Johannis: Commentarius ad pandectas Coloniae Allobrogum, 1757.

Wagenseil, Walter: Der römische Gehalt des Nürnberger Schuldrechts zur Zeit der Entstehung der Reformationen von 1479 bis 1564, Diss. Erlangen 1964.

Weber, Georg Michael, v.: Provinzial- und Statuarrechte des Königreichs Bayern Band 2 Mittelfranken, Teil II, Augsburg 1839.

Weber, Max: Zur Geschichte der Handelsgesellschaften im Mittelalter. Nach südeuropäischen Quellen, Stuttgart 1889, Nachdruck Amsterdam 1964 (zitiert: Weber, Geschichte der Handelsgesellschaften).

Weinhagen, Napoleon: Das Recht der Aktiengesellschaften nach dem Allgemeinen Deutschen Handelsgesetzbuch und dem Preußischen Gesetz vom 15.2.1864, Köln 1866.

Weißen-Micus, Marion: Tatbestandsmerkmale des Gesellschaftsvertrages im 19. Jahrhundert, Frankfurt 1984.

Wesenberg, Gerhard/*Wesener,* Gunther: Neuere deutsche Privatrechtsgeschichte, 2. A., Wien 1985.

Wieacker, Franz: Privatrechtsgeschichte, Göttingen 1967.

– Zur Theorie des Juristischen Person des Privatrechts, in: Festschrift für Ernst Rudolf Huber zum 70. Geburtstag, Göttingen 1973 (S. 343 ff.).

Wiedemann, Herbert: Gesellschaftsrecht, Ein Lehrbuch des Unternehmens- und Verbandsrechts, Band I: Grundlagen, München 1980.

Wiethölter, Rudolf: Interessen und Organisation der Aktiengesellschaft im amerikanischen und deutschen Recht, Karlsruhe 1961.

Willoweit, Dietmar: Gewerbeprivileg und „natürliche" Gewerbefreiheit, in: Scherner, Karl Otto/derselbe (Hrsg.): Vom Gewerbe zum Unternehmen, S. 95 ff., Darmstadt 1982.

Woelckern, Lazarus Karl v.: die 1564 verneuerte … mit Anmerkungen und Praijudicien erläuterte Nürnbergische Reformation, Band II, Nürnberg 1737.

Zachariä von Lingenthal, Karl, Handbuch des französischen Zivilrechts, 6. A., Heidelberg 1875.

Sachwortverzeichnis